ものと人間の文化史

185

# 柿

今井敬潤

法政大学出版局

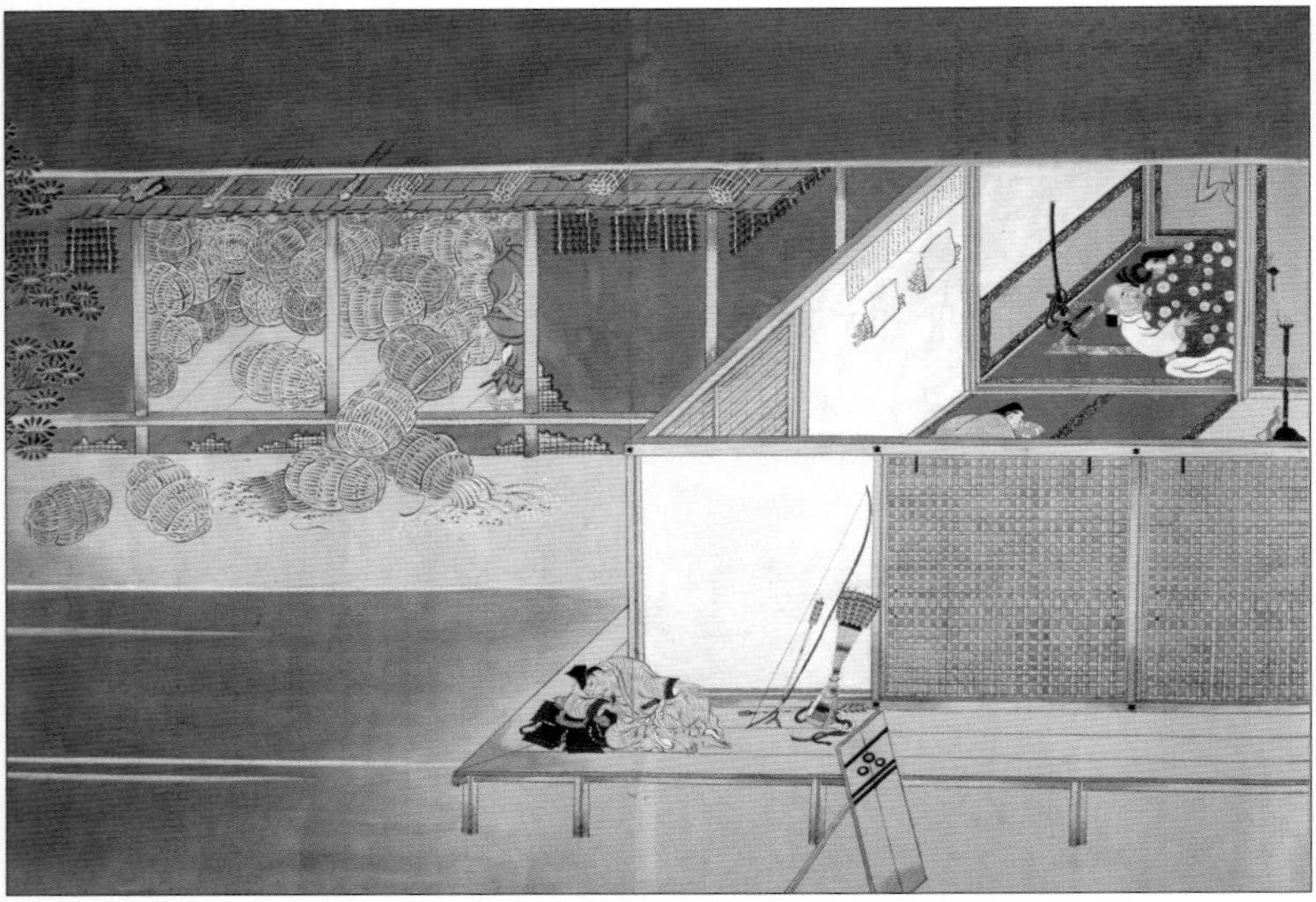

①『春日権現験記』（1309 年）巻一五に描かれた軒先の串柿（1870 年、板橋貫雄による模本より。国立国会図書館蔵。本文 18 頁参照）

②『慕帰絵詞』（1351 年頃）巻四に描かれた串柿（1919–20 年、鈴木空如・松浦翠苑による『慕帰絵詞』の模本『慕帰絵々詞』より。国立国会図書館蔵。本文 18 頁参照）

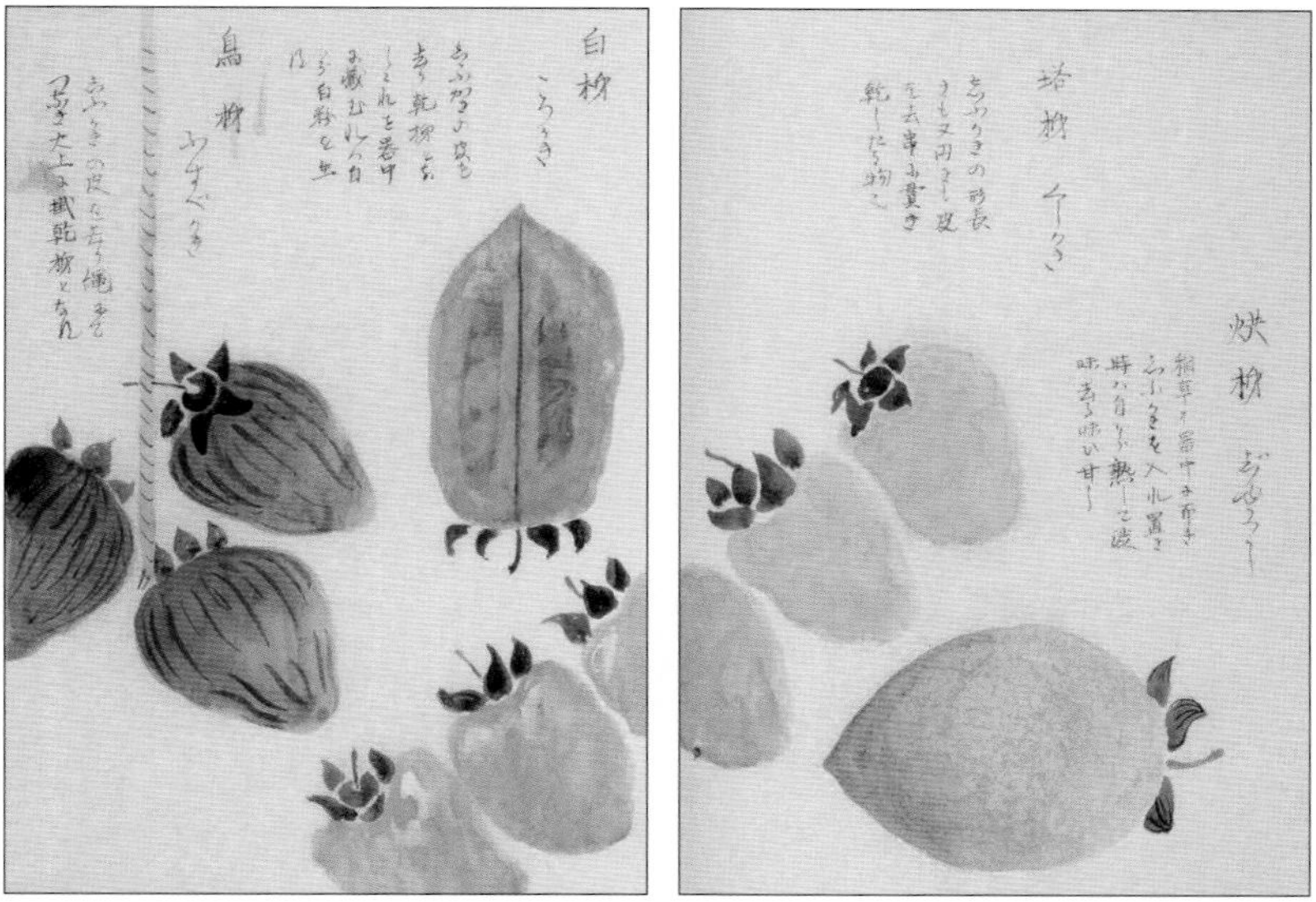

③『本草図譜』（岩崎灌園、1844 年）巻之六四にみられる「烘柹」（国立国会図書館蔵。本文 36 頁参照）

④蜂屋柿のレッテル（美濃加茂市民ミュージアム編『蜂屋柿 その歴史と人々展』2008 年。本文 23–24 頁参照）

ウィーン万国博に岐阜県が出品した蜂屋柿は高い評価を受け、表彰状も授与された。この後、明治 33 年のパリ万国博、明治 37 年のセントルイス万国博にも出品され、それぞれ銀牌、金牌を受け、世界的に銘菓として高い評価を得た。図は明治末から戦前まで、出荷する化粧箱に貼られていたもの。

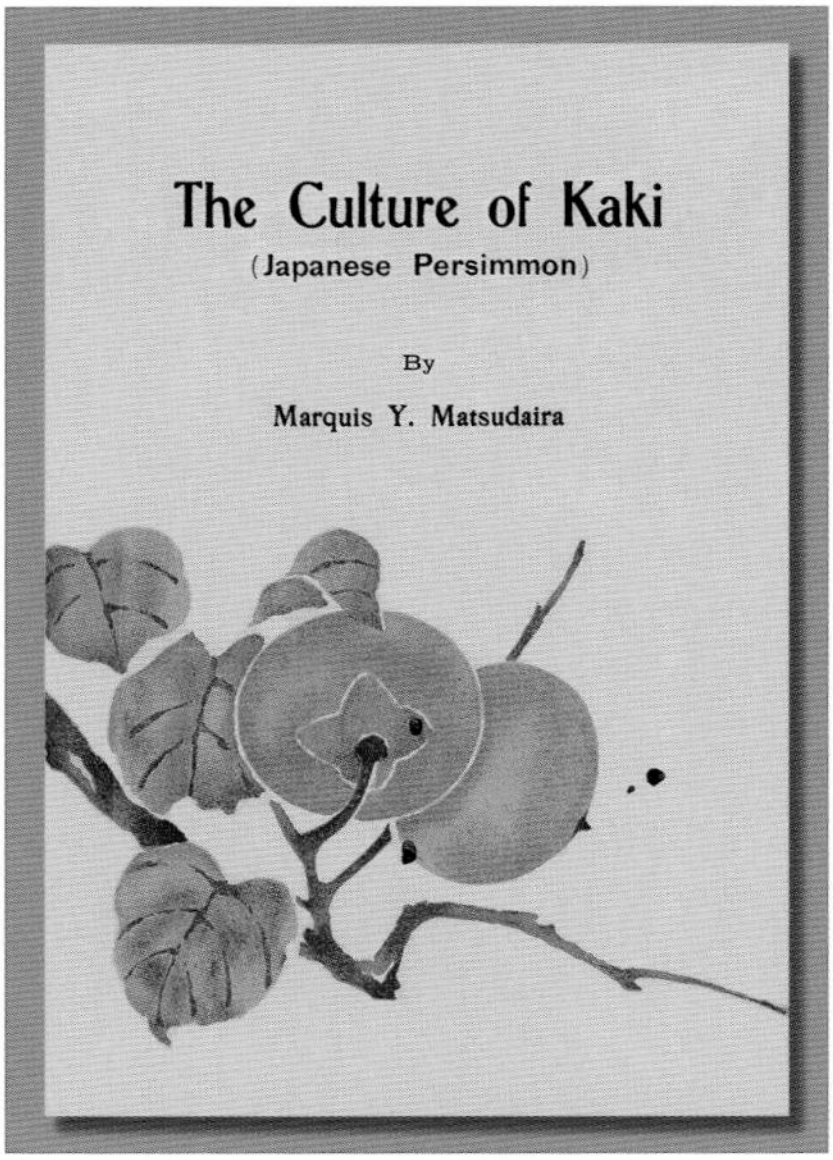


⑥松平康荘による『The Culture of Kaki』(1910年) の表紙（福井県文書館提供。汚れは修正した。本文 77–78 頁参照）

幕末から明治初頭に活躍した福井藩主松平春嶽の孫にあたる松平康荘は、日英同盟８周年を記念してロンドンで明治43年に開催された日英博覧会に、長年の成果をまとめた英文論文 *The Culture of Kaki* を出品して名誉賞を受賞している。菊池秋雄はこの論文を、柿に関する実験結果を明らかにし、日本産の柿に対する認識を欧米の園芸界に与えたのみならず、国内でも多方面にわたる柿の研究報告の嚆矢であると高く評価した。

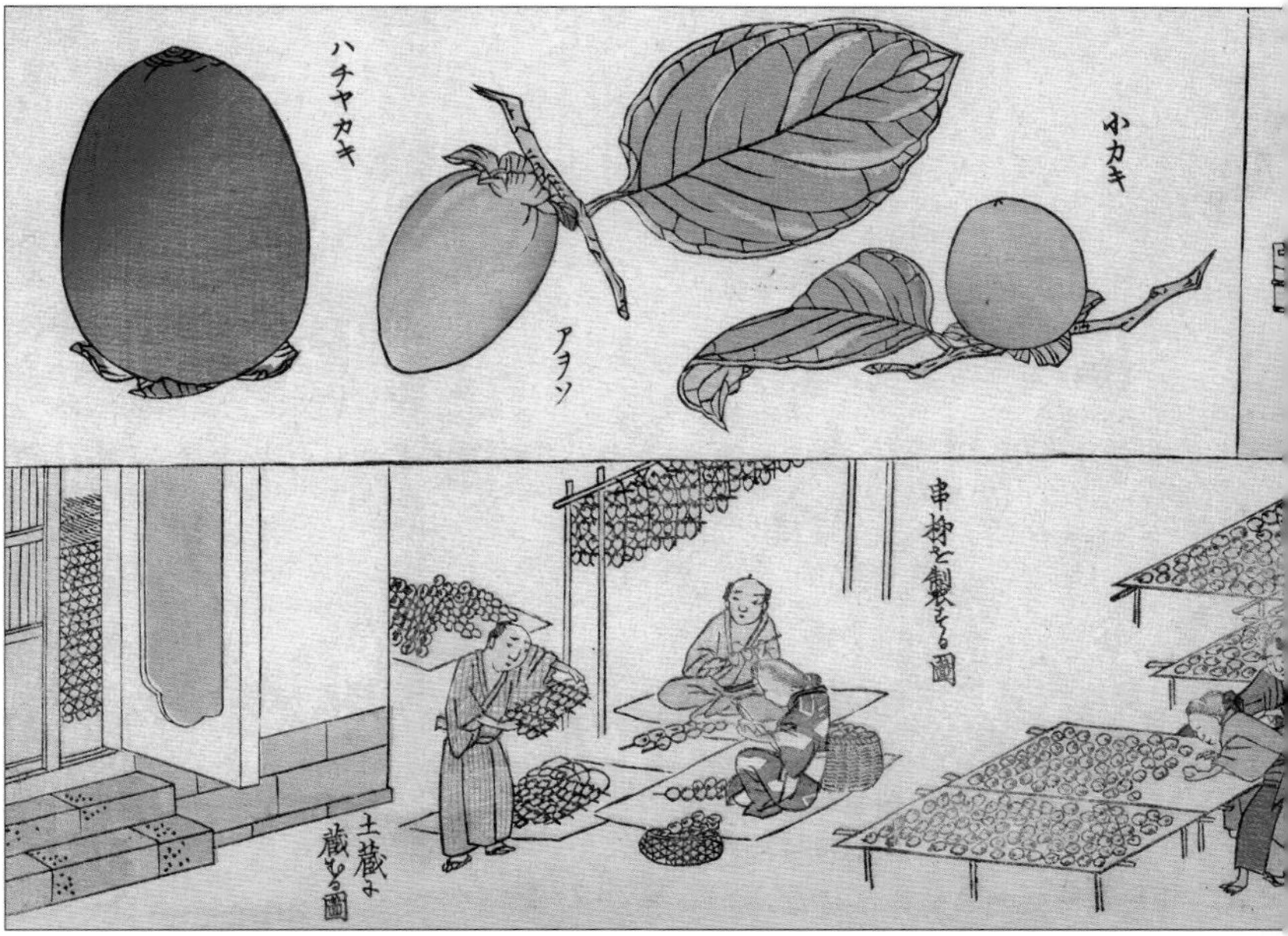


⑤白柿の製法（『教草』第二〇、文部省博物局、1873 年。著者蔵。本文 23 頁参照）

明治政府は明治 6 年（1873）のウィーン万国博覧会に参加するため、各府県に対し輸出品として有望な物産品の原料や作業工程を図説化するよう求めた。この図説をもとに文部省博物局が作成した子供向けの教育絵図が『教草』で、稲作や養蚕などが木版多色刷りで解説される。「白柿」のつくり方も収穫にはじまり、皮をむき、吊るし、白霜を出す作業まで細かく示している。

⑦「富有柿発祥の地」の碑と母木（著者撮影。本文 75–76 頁参照）

「富有柿」の原木は岐阜県瑞穂市居倉（旧本巣郡川崎村大字居倉）の小倉長蔵の宅地内にあった。福嶌才治がこれを自宅の柿に接ぎ木して試作し、明治 22 年より「水御所」もしくは「居倉御所」という名で各地の品評会などに出品した。そして明治 31 年に「富有」と命名される。

次郎柿（甘）

『實物寫生 柿實圖譜』表紙

衣　紋（渋）

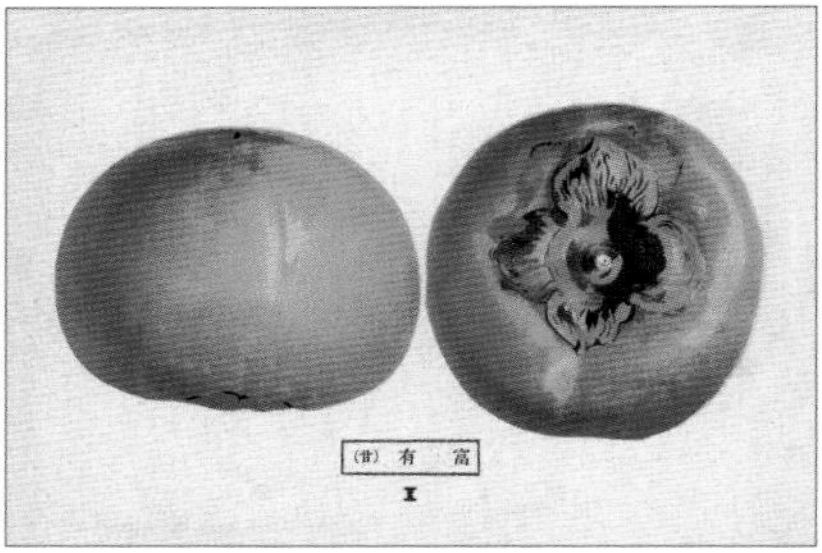


富　有（甘）

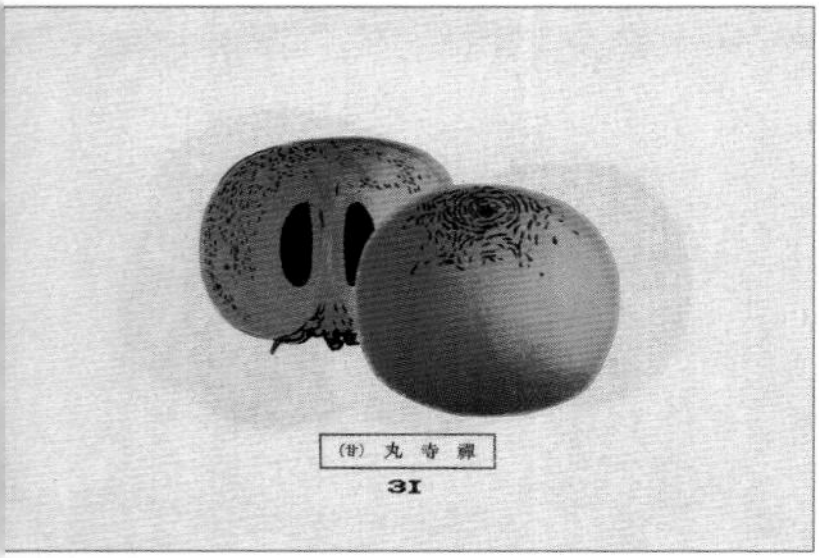


禪寺丸（甘）

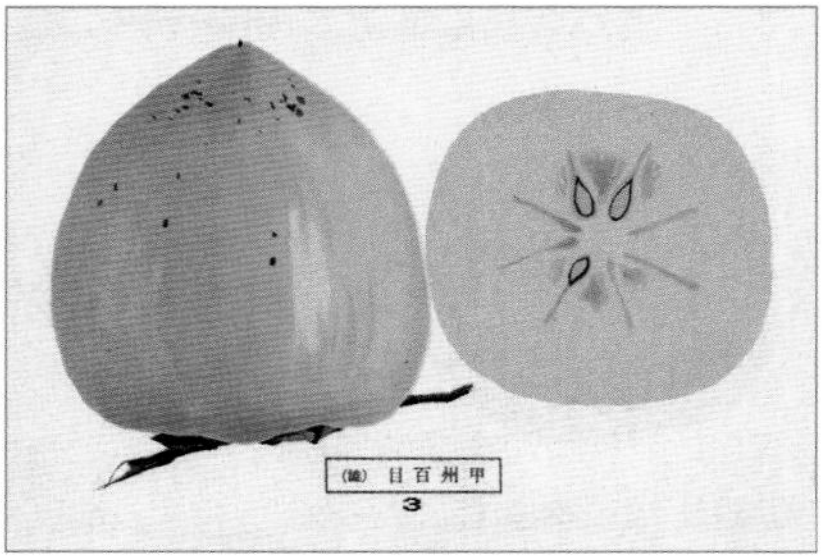


甲州百目（渋）

⑧『實物寫生 柿實圖譜』より（日本種苗株式会社、1911 年。著者蔵。本文 76–77 頁参照）

本書には、富有・次郎・御所など甘柿が 22 品種、甲州百目・衣紋など渋柿が 10 品種、カラーの図に甘渋の区別が付してある。柿色が鮮明に施され、種子、褐斑の様子、条紋も丁寧に描かれている。凡例によると、「明治四十一年、四十二両年に渉りて本社内に開催せし果実蔬菜品評会において全国著名の産地より集めたる実物を写生したもの」だという。

⑨上：木の頂上部での柿もぎ
⑩下：木の上でもいだ柿は籠のなかに入れて綱で降ろす（いずれも中山茂氏提供。103-105頁参照）

「大木の場合は、長い竹竿を使って高い枝にロープをかけて、下に垂らします。そのロープを伝って高い枝まで上がるのです。高い木の上の作業は、足がすくむほどの緊張感でした。柿の木はもろく、雨が降ると滑りやすく、木から落ちると治らないとよく言われました。それでも一年かけてよい実をつけてくれたからには、持ち主は危険を承知で木に登らねばなりません。命がけの柿もぎと言ってもよいでしょう。事故も時々ありましたが、昔は実をもぐことが優先でした。私自身も二度木から落ち、柿は折れやすく危険だと骨身にしみて学びました」（中山茂氏談）

上：黒柿材に蘇芳染めが施された「黒柿蘇芳染金絵長花形几第４号」
中：表面に黒柿の朽木を菱形に貼り合せた「朽木菱形木画箱第 21 号」
下：馬鞍（右：第３号、左：第４号）

⑪用材として黒柿を用いた正倉院宝物（上・中・下、本文 177–179 頁参照）

柿の仲間であるカキ属の樹木には黒色の心材を有するものがあり、これらは黒檀と総称される。紫檀と並ぶ代表的な唐木の一つで、床柱、框、仏壇、細工物などに賞用される。ただ、黒檀を産する樹種は限られており、主な産地はインド～インドシナ、スリランカ、フィリピン、スラウェシ、熱帯アフリカである。日本のカキやマメガキなどの心材にも黒色の縞模様が認められることがあり、黒柿と呼ばれた。東大寺の正倉院宝物にも黒柿を使った品がいくつもみられる。

# はじめに

柿の本の出版について当出版局からお話を頂いたのは二〇年ほど前の事である。それは、その一〇年ほど前に出版した『柿の民俗誌——柿と柿渋』（一九九〇年）をみられた著名な日本中世史学者の故網野善彦氏のお取り持ちによる。『柿の民俗誌』は柿渋でかなりを占めており、柿全般について書くだけの資料の蓄積のみならず力量もなかったので、とりあえず、当時、学位論文に提出した『カキ渋の生産・利用の歴史および伝統的カキ渋製造法に関する研究』をもとに『柿渋』（二〇〇三年）として出版することとなった。続いて、柿全般に関わるものをという宿題を頂いたわけであるが、なかなかまとめることができず、今に至ってしまった。お陰さまで『柿渋』については四刷を重ね、中には現在も、読者となってもらった柿渋製造業者、染色家はじめ、地域おこしで柿渋を利用しようとする地方自治体の職員の方々との交流がある。それらの方は、単に柿渋だけでなく原料となる柿についても関心を持たれている方が多いから、それぞれの地方の柿の品種について学ばせてもらうことが多い。

古希を迎えたばかりの筆者ではあるが、振り返ってみると日々の生活において柿は大きな部分を占めて来た。大げさに言えば、柿の事を考えなかったことは一日たりともなかった。家族にも呆れられるほどで、自分で柿道楽と言っている。

農業高校に勤務し、長らく「果樹」という科目を担当してきた。果樹栽培の歴史について生徒に説明するために資料を調べる中で、果樹園芸学の大御所の方々の「果樹類はデザート」とする「果樹観」に疑問を持つことになった。その様な折、ある百貨店で催されていた古書展で、『柿との対話』（永野忠一著、私家版）という小冊子に巡り会った。分厚い書物の中に挟まれて隠れるように置かれていたこの冊子は引き出して手にとってよく見ないと書名が読み取れないほどのものであった。その時は柿という語に魅せられての衝動買いであったが、これを読んでいるうちに、この書のとりこになっている自分に気づいた。同書の一節で、主食となる穀類の栽培が満足にできないような山間部の人々が山地に自生している柿の実を穀類などと交換していたという事例が紹介され、「これらの人々は柿にしがみついて生きて来た」と言い表されていた。ここで筆者は柿の新たなる姿に遭遇することになったのである。

『柿の民俗誌』出版から随分年月を経たが、基本的には同書の「はじめに」で記した「柿樹は生活樹とも言えるし、日本人と苦楽を共にして来た樹」「柿は食用的価値と同時に、柿渋は非常に古くから見出されており、とりわけ近世においてはこの方面での利用がしきりに行われていて、人々の日常生活における必需品となっていたのである」とする立ち位置に変わりはない。

当初、『柿』としてまとめるだけの力があるか不安であったが、とりあえず、先行研究の文献を参考にすべく探すことにした。柿の栽培技術に関わるものは幾つかあったが文化誌、民俗誌として総合的にまとめられたものはほとんどなく、極めて身近な存在であるはずの柿なのにと驚いたものである。調査に相当の年月を費やしてはいるものの、力量不足から所期の目的には程遠いものがある。この間、柿・柿渋にかかわる民俗について調査を続ける中で、これらについて知っておられる古老が急速に少なくなっている。このような状況からも、途中の段階のものではあれ、まとめて表すことの必要性を痛感している。本書が先人とともに歩んできた生活樹としての柿の姿の一端を知る上で参考になれば幸いである。

柿・目次

# 第一章　柿への誘い

## 1 柿の特性

日本における秋の味覚の代表である柿は、カキノキ科（*Ebenaceae*）カキ属（*Diospyros*）に分類され、学名は *Diospyros kaki* Thunberg とあらわされる。その属名 *Diospyros* は dios（神）と pyros（穀物）のギリシャ語が語源で、「神の食べ物」の意である。学名（種小名）に和名 kaki が用いられ、海外でも kaki で通用する。ちなみに、命名者ツンベルク（Thunberg）はスウェーデンの植物学者・医学者で、一七七五年に長崎オランダ商館医として来日し、シーボルト以前の日本研究の第一人者とされ、『日本植物誌』などの著作がある。

なお、カキ属の植物は大部分が熱帯・亜熱帯に分布しており、温帯に分布し果実が利用されるものは柿のほかマメガキ（*Diospyros lotus* L.）、アメリカガキ（*Diospyros virginiana* L.）など数種に過ぎない。

図1-1　不完全甘柿では、種子の少ないもの（上）はゴマが少なく、脱渋が不完全である（杉浦明『新版果樹栽培の基礎』農山漁村文化協会、2004年）

柿は、中国、朝鮮半島、日本に古くからある果樹であり、原産地は中国中南部とされている。現在栽培されている品種は奈良時代を中心に大陸から導入されたものをもとに発達したのではないかと考えられている。特に日本のような温暖多雨の気候に適応しており、青森県から鹿児島県に至る広い地域でそれぞれの風土に適した多くの在来品種（地方品種）が発達した。

## 甘柿と渋柿

柿に甘柿と渋柿があることは、他の果樹には見られない大きな特徴である。秋に果実が着色して成熟したころ、渋くて食べられないものが渋柿、渋味がなくなり食べられるものが甘柿である。渋味は果実に含まれる可溶性のタンニンによる。歴史的にみると、もともとは渋柿品種ばかりであり、後の時代に甘柿品種が生じた。甘柿は中国原産のごく一部の品種を除くと、もっぱら日本において生まれ、発達した。

甘柿には二種類あり、種子ができると果肉にタンニンが凝固してできた黒褐色の斑点（ゴマ）が多量に生じて渋味が抜ける不完全甘柿（図1－1）と、種子ができるできないに関係なく渋味が抜ける

表1-1　現在栽培されている主な品種

| | |
|---|---|
| ①完全甘柿 | 富有、松本早生富有、次郎 |
| ②不完全甘柿 | 西村早生（にしむらわせ） |
| ③不完全渋柿 | 平核無（ひらたねなし。別名：庄内柿、八珍など）<br>刀根早生（とねわせ。平核無の枝変わりから生まれた品種）<br>甲州百目（別名：富士、蜂屋など） |
| ④完全渋柿 | 市田柿、西条、愛宕 |

完全甘柿がある。完全甘柿は渋味が抜けるためには夏・秋の気温が高いことが必要で、主産地は東海、近畿、瀬戸内、九州といった温暖な地方である。寒冷地で栽培すると渋味が残る。市場に出ている甘柿のほとんどはこの完全甘柿であり、主要品種は「富有」と「次郎」で、近年は育種によって「太秋」や「早秋」などの新品種が誕生して栽培が広がっている。

渋柿にも二種類あり、種子の有無にかかわらず果肉全体が渋い完全渋柿と、種子ができるとその周辺にゴマが生じ部分的に渋が抜けるが、全体的には渋い不完全渋柿がある。

甘柿はそのまま生で食べるが、渋柿は脱渋《だつじゅう》（渋抜き）をして食べる。脱渋の各種の方法については後述する。

現在栽培されている主な品種を表にまとめると表1－1のようになる。ほかに、古くから文献に見られるなど栽培史上重要な品種として、完全甘柿では「御所」、不完全甘柿では「禅寺丸」、完全渋柿では現在も栽培されている表中の「西条」などがある（次頁図1－2）。

なお、食用ではないが渋柿の未熟果実の搾汁液を発酵させてつくる柿渋は、防水・防腐効果をもつため、古くから、木製品・和紙への塗布や麻・木綿の染色に利用され、漆に匹敵する重要な役割を果たしてきた。漁網、養蚕用具、醸

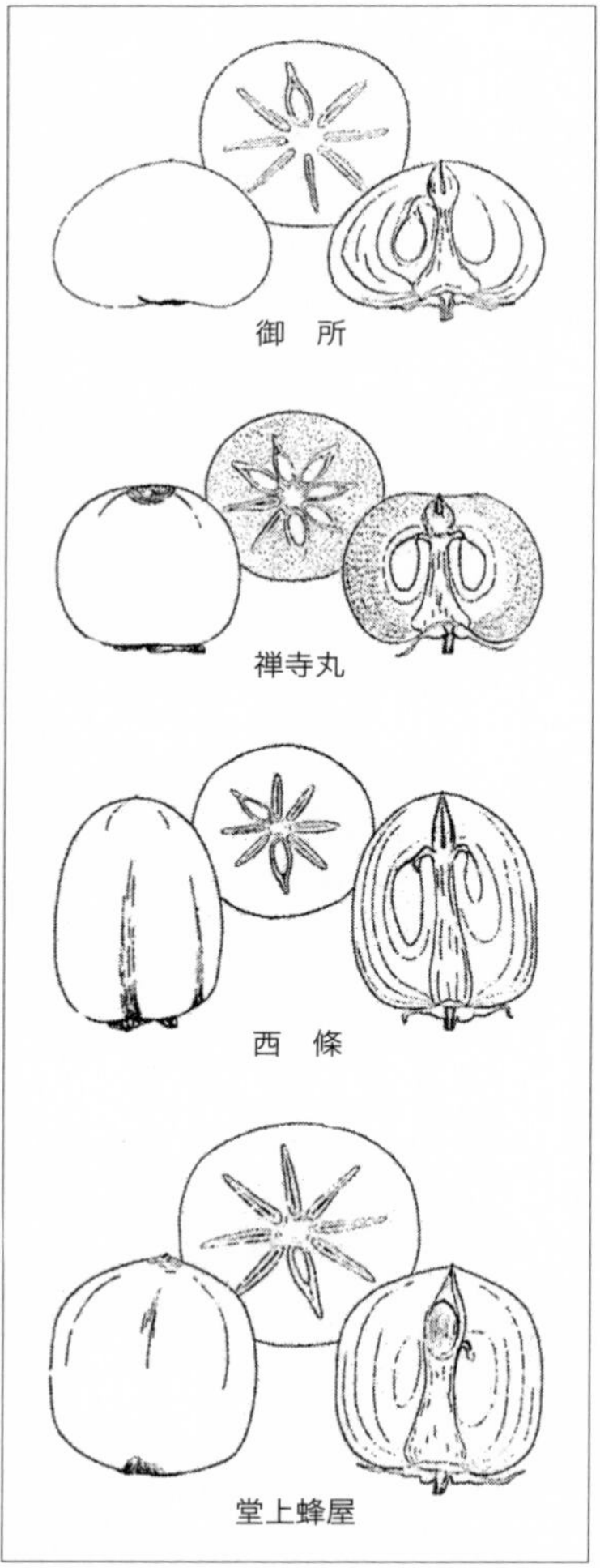


図 1-2　栽培史上重要な主な品種（農商務省農事試験場『農事試験場特別報告』第二十八号、1912 年。縮小比率はそれぞれ異なる。以下同様）

造用搾り袋、染色用型紙などの生産用具や、渋紙、紙子、和傘、渋団扇、漆器などの生活用具をつくる上で必須とされ、特に自給自足的な農山漁村の生活にあっては日常的に用いられた。これについては拙著『柿渋』（法政大学出版局、二〇〇三年）をご覧いただければ幸いである。

## 栽培と利用を辿る

弥生時代の幾つかの遺跡から柿の炭化種子や木質遺物が出土しているが、カキ属のどのような種類のものかはわかっていない。炭化種子は池上遺跡（大阪府）などで（寺澤薫「畑作物」）、木質遺物は杭（四箇遺跡・板付遺跡、福岡市）や柄振《えぶり》で、杭は水田開発のために使われたようである（島地・伊藤編

『日本の遺跡出土木製品総覧』)。弥生人にとって、柿は果実とともに、土木材や農具にも利用される比較的身近な存在であったことが推測できる。

大きく時代は下るが、七世紀末の藤原宮跡から桃や栗などとともに柿の種子が発掘されている。続く八世紀の平城宮跡の遺構では多量の種子が見つかっている（図1－3）。また、出土文字史料である「二条大路木簡」の中に、「柿子籠」と記した柿を入れたことを示す付札（図1－4）や「柿子一石四斗二升直銭八十五文別斗六文」と値段を記したものもある。一方、東大寺写経所の事務帳簿の一つ「神護景雲四年銭用帳」には「壱佰文柿一升直」、「天平宝字二年雑物出納帳」には「干柿十貫直七十文貫別七文」と、「柿」と「干柿」をいくらで購入したかが記載されている。八世紀中頃の平城京では柿が商品として流通していたのである。

上：図1-3　平城宮東方官衙地区から出土したカキの種子（スケールは5mm。『奈良文化財研究所紀要2013』）

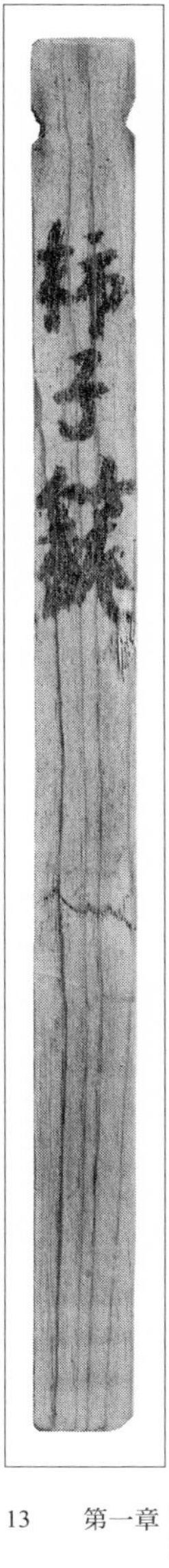

左：図1-4「柿子籠」と記された付札（奈良文化財研究所提供）

律令に対する施行細則を集大成した古代法典である『延喜式』（九二七年）の内膳式には、「雑果樹四百六十株、柿百株」という記述がある。祭礼をはじめ宮中で使う果物類を賄うために宮廷付属の園地で柿も栽培されていた

図1-5 『粉河寺縁起』第三段（部分）に描かれた柿の木（粉河寺蔵）

ことがわかる。

一二世紀後半作とされる『粉河寺縁起』第三段の長者の館には柿の木が描かれている（図1－5）。柿を描いたものとしては最古の部類のもので、平安時代の柿の態様の一端が窺える。

南北朝末期作とされる庶民用の初等教科書『庭《てい》訓《きん》往来《おうらい》』三月状には、柿と樹淡《こねり》が見られる（石川松太郎校注による）。樹淡とは木になったままで甘くなるという意味で、この時代には甘柿（不完全甘柿）があったと考えられている。室町時代の国語辞書『下学集《かがくしゅう》』（一四四四年）には「木練《コ子リ》・木《キ》淡《ザハシ》 以上二共柿之異名也」、その約一〇〇年後の国語辞書『永禄十一年本節用集』には「木練《コネリ》 柿名也、木熟」という記載が認められる。イエズス会が日本語をポルトガル語で解説した『日葡辞書《にっぽ》』（一六〇三年）には「木練」の項が設けられ、「Coneri（コネリ）。味の良い、ある種の柿」とある（『邦訳 日葡辞書』）。この頃になると甘柿を指す「木練」という言葉はかなり知られていた。

松江重頼が編んだ俳書『毛吹草《けふきぐさ》』（一六四五年）巻四は諸国の名物を紹介しており、「御所柿《ゴショガキ》」や「西條柿《サイデウガキ》」など現代の品種と同じ名前のものもみられる。図1－2で触れた「御所」は完全甘柿のルーツで、江戸時代初期にはその栽培があったことが示唆される。「西條柿」は同名の渋柿が原料の干し柿である。一八世紀中頃に幕府の命を受けて全国的規模で調査、集約された『江戸中期農作物諸国産物帳』によれば、ほとんどの国・藩領に柿の品種の記載があり、「果類」の中で最も品種が多かった（第二章で詳述）。小野蘭山の講義録をもとに刊行された『本草綱目啓蒙』（一八〇三年）巻二六では、二〇〇あまりの品種を挙げる。大蔵永常が殖産興業政策の要請と相まって農業技術をまとめた『広益国産考』（一八五九年）四之巻は、渋柿にかなりの紙幅を割いている。「甘柿《あまかき》ハ熟《じゆく》して食《くら》ふべき間《あひだ》纔《わづか》三十日にハ過《すぎ》ず。……利《り》を得《う》るといへども、わづかにて所《ところ》の産《さん》ともなることなし。多《おほ》く造《つく》りて利《り》を得《え》其所《そのところ》の産《さん》ともなれるハ渋柿《しぶかき》なり」と、甘柿よりも利益を得ることができるとした。特に、干し柿の産地と柿渋の製造法・販路などについて詳述している。

江戸時代には、各地の庭先や畑の周りなどに植えられ利用されてきた柿は、その風土に適した多くの在来品種を生んだ。ただ、樹園地で経済栽培が本格化したのは明治時代後半である。

農商務省農事試験場は明治末期（一九一二年）にはじめて本格的な調査を行い、『農事試験場特別報告』第二十八号（「柿ノ品種ニ関スル調査」）としてまとめた（以下本文中では『明治四五年柿調査報告』。第三章詳述）。これによると甘柿は四二二品種、渋柿は六九三品種で、同名異種や異名同種のものがかなりあったと考えられるが渋柿が相当多い。これは、渋柿が干し柿と柿渋を生産する上で必要とされたことによるものと考えられる。このように明治時代まで、わが国では柿といえば渋柿が中心であった。現在の甘柿を代表する「富有」が普及するのは大正、昭和の時代になってからのことである。

二〇一六年の日本における総生産量は二三万二九〇〇トンだった。一位は和歌山県が四万六五〇〇トンで全体の二〇パーセントを占め、以下奈良県（一四・七パーセント）、福岡県（七パーセント）、岐阜県（六・八パーセント）、愛知県（六・五パーセント）と続く。

二〇一六年の農林水産省による統計（「特産果樹生産動態調査」）では、七五品種について品種別栽培面積が報告されている。一位は「富有」三六〇三ヘクタール（以下、小数点以下四捨五入）、二位は「平核無」二三九五ヘクタール、三位は「刀根早生」二二四六ヘクタール、四位は「甲州百目」（蜂屋、富士）一一〇六ヘクタール、五位は「松本早生富有」七二二ヘクタールである。合計栽培面積は一万四五四五ヘクタールで、「富有」は全体の約四分の一を占める。甘柿、渋柿の品種数はそれぞれ二五品種、五〇品種と、圧倒的に渋柿品種が多い。栽培面積は、甘柿は六〇四六ヘクタール、渋柿は八四九九ヘクタールと渋柿が六割弱となっている。同年の「作況統計」を見ると柿の結果樹面積は二万四〇〇ヘクタールで、「特産果樹生産動態調査」の栽培面積を大きく上回っているが、これは後者が一ヘクタール以上という基準を設けているのに対して前者は全数調査であるためだ。いずれの統計でも、甘柿と渋柿の栽培の概要は十分把握できよう。なお、栽培面積が二位の「平核無」と三位の「刀根早生」は醂《さわし》柿に、四位の「甲州百目」は干し柿に主に用いられている。醂柿、干し柿については後述する。

世界に目を向けると、FAOSTAT（国連食糧農業機関による食料・農林水産業関連の統計データベース）の二〇一六年統計によれば中国が約三九三万トンと突出して世界総生産量の約七三パーセントを占め、韓国（約六・六パーセント）、スペイン（約六パーセント）、日本（約四・三パーセント）と続く。世界総生産量のほとんどを東アジア産が占めるが、最近ではスペインが急増している。

## ②　渋柿の利用

渋柿を生で食べると果肉に含まれる可溶性（水溶性）タンニンが口の中で舌のたんぱく質と反応して、強烈な渋味を感じる。そこで古くから現在に至るまで、この渋味を抜くためにさまざまな工夫が凝らされてきた。代表的な脱渋の方法としては、干し柿、熟柿、湯抜き法、アルコールや二酸化炭素（炭酸ガス）の利用などが挙げられる。いずれの方法でも、基本的には果肉内にアセトアルデヒドが生じて可溶性タンニンが不溶化し、舌のたんぱく質と結合できなくなるために渋味が感じられなくなる。脱渋の方法は、干し柿と醂《さわし》柿に大きく分けることができる。

## 干し柿

干し柿の場合、皮を剝いて干すと表面に皮膜が形成され、果実が嫌気的条件におかれてアセトアルデヒドが発生し、可溶性タンニンが不溶性になる。また、果肉が軟らかくなると水溶性ペクチンが増えて可溶性タンニンと結合し、不溶化を促す。干し柿は剝皮乾燥脱渋法とも呼ばれる。

干し柿に関する最も古い記述は、東大寺写経所の事務帳簿などに見いだせる。奈良時代の食生活を考察した先駆的な『奈良朝食生活の研究』で、著者の関根真隆氏は「干し柿の多くは貫単位でみられ、『宝字六年収納帳』では「干柿子拾弐貫各四尺」とみられ、一貫の長さ四尺の寸法の紐か縄かまたは竹串状に幾つかの柿を取りつけて干したと考えられ、特に貫の語彙から解釈すれば柿の実に刺し通したと推定される」という。富山県の果樹試験場に勤務し同県の干し柿の歴史に詳しい小竹碵《おだけただし》氏は、小形の柿を萩の枝や竹串などで連ねて刺したものを串柿と見なす（『とやま果樹史稿』）。竹串だけでなく、萩の枝のような軟らかくしなるものも用いられたといっており、関根氏の推論と併せて当初の串柿の姿が想像できそうである。京都の東寺《とうじ》には、空海の没した三月二一日に行われる御影供《みえぐ》の供え物の菓子を進上するよう僧侶らに命じた平安時代の文書が伝わっており、ここに「串柿二折」（康和四年〔一一〇二〕三月一〇日）と書いてある。串柿の初出と思われる。

鎌倉時代の代表的な絵巻物『春日権現験記《げんき》』（一三〇九年奉納）巻一五の一場面では、軒先に串柿が下がっている（図1―6、口絵①）。一本に七個刺した串を七段つなげたすだれ状のものが八枚確認できる。『慕帰絵詞《ぼきえことば》』（一三五一年頃）巻四（図1―7、口絵②）にも同様の様子が描かれている。串柿の

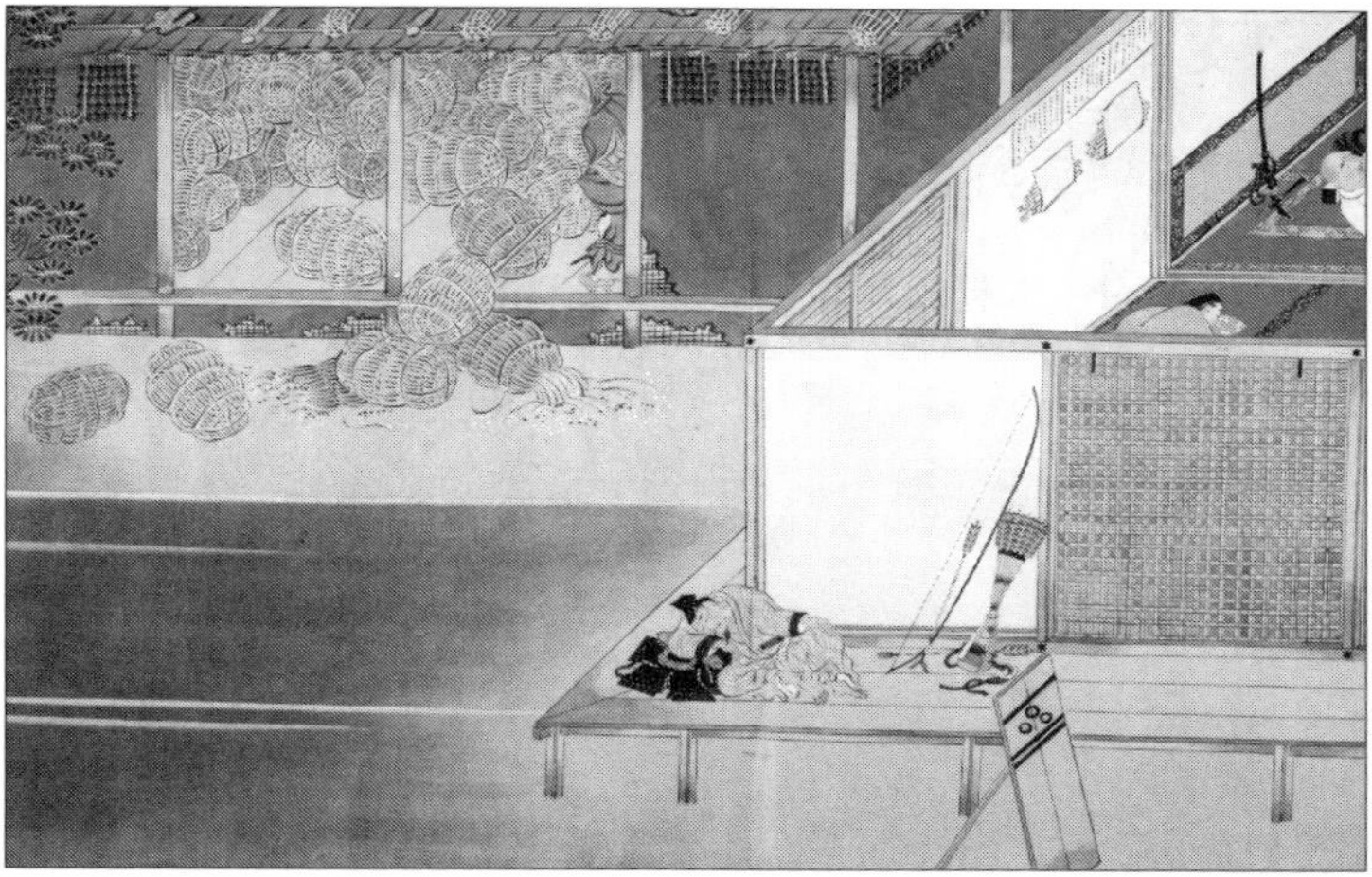

図 1-6 『春日権現験記』（1309 年）巻一五に描かれた串柿（1870 年、板橋貫雄による模本。国立国会図書館蔵）

図 1-7 『慕帰絵詞』（1351 年頃）巻四に描かれた串柿（1919-20 年、鈴木空如・松浦翠苑による模本『慕帰絵々詞』。国立国会図書館蔵）

形態が現在とほとんど変わりがないことに注目したい。中世の干し柿に関わる文献資料では串柿としての記載を多くみることができ、この二つの絵巻に描かれた串柿と併せ考えると、このような串柿づくりは当時一般的に行われていたものと推察できる。

近世初頭の『日葡辞書』（一六〇三年）にも、「Cuxigaqi クシガキ　干し柿」とある。

織田信長が美濃の干し柿を重宝し、好んだことは知られている。美濃の浄土宗の有力寺院立政寺《りゅうしょうじ》（岐阜市）から陣中に枝柿を差し入れてもらい、喜んだことがうかがえる朱印状写（天正五年・一五七七）が残っている。枝柿は後述する吊し柿・釣柿《つりがき》のことである。また、自身も朝廷に串柿を献上しており、『言継《ときつぐ》卿記』永禄一二年（一五六九）三月一六日条に「禁裏へ織田今朝串柿二盆、台物一、進上之」とある。

『慶長見聞集』（一六一四年成立）は新興都市江戸の見聞記で、この時代の風俗を知るてがかりとなる。その巻之九の「柿に異名のある事」では、「見しは今、木の實さまざま有中に、柿は異名多し。木練、木淡、熟柿、しぶ柿、めうたん、串柿、柿餅は古来仕出せり。つるし柿は近年出来たるか」と、最近、吊し柿を目にするようになったといっており、干し柿の歴史を紐解くうえで重要な証言である。

人見《ひとみ》必大《ひつだい》が食用・薬用の本草についてまとめた『本朝食鑑《ほんちょうしょっかん》』（一六九七年）巻二は「釣柿・串柿というのは、いずれも乾柿である」とし、それぞれのつくり方を詳しく説明する。釣柿は「青い渋柿が黄熟する時期に採り、蔕《へた》および小枝を着けたままで皮を剥《む》き、これを毎日枝に釣り曝乾《さらしほ》すと、柿の表面が霜をつけたように白くなる。日が経つと白い霜はますます重なり……尾州濃州のものが勝れて

図1-8　美濃釣柿（『日本山海名物図会』巻之二の四〜五丁。国立国会図書館蔵）

おり、就中《とりわけ》尾陽蜂屋のものが第一である」。「尾陽」は尾張のことで、「蜂屋のもの」とは、前述の『毛吹草』で信濃の「串柿」、伊勢の「川俣谷の串柿」とともに諸国の名物として紹介されている美濃の「八屋の釣柿」のことと思われる。「尾陽蜂屋」という表現は、後述するように尾張徳川家の献上品であったためであろう。釣柿は紐で吊すためにヘタと小枝を残す必要があった。串柿は木串に連ねて貫くためそうしなくてよい。釣柿、串柿ともに、表面に白い粉が吹くのが完成の目安で、『大和本草』（一七〇九年）巻之一〇では「白霜生スルヲ白柿ト云」とある。

『日本山海名物図会』（一七五四年）巻之二は、「美《み》濃《の》釣柿《つるし》」を干し柿の代表として取り上げる。『毛吹草』の「八屋」や『本朝食鑑』の「蜂屋」と同じ釣柿を指すと思われる。これは吊し柿の図としては初出であろう（図1－8）。「しぶ柿のいまだ熟せぬう

右から左へ：柿を摘む図、白柿を製する図、串柿を製する図、土蔵に蔵むる図

ちに取りて皮をむき糸をつけて竿にかけ日に干す也」と、『本朝食鑑』と似た説明も添えてある。現在の吊し柿のつくり方はおおむねこの頃には確立していたようだ。

徳川林政史研究所蔵の『禮物軌式《れいもつきしき》 春』（文化一三年・一八一六）所収「枝柿の図」では、まるで純白の粉をまぶしたかのように描かれている。江戸時代、諸大名は将軍家に「時献上」と称して四季

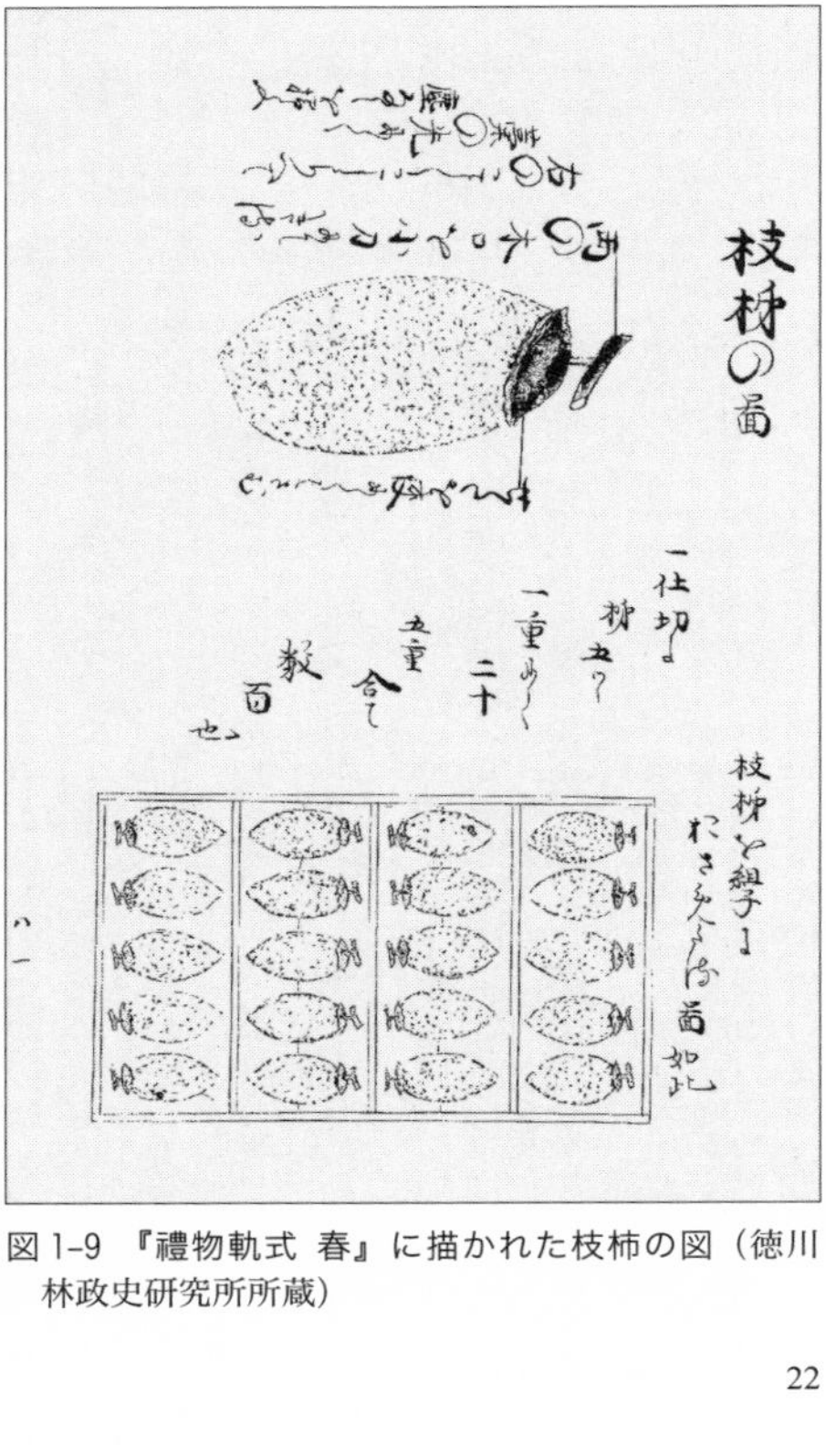

図 1-9 『禮物軌式 春』に描かれた枝柿の図（徳川林政史研究所所蔵）

図1-10　白柿の製法（『教草』第二〇、文部省博物局、1873年。著者蔵）

折々の領内の名産を競って贈った。『禮物軌式』は、尾張徳川家がいつどのようにして献上品を贈ったか書き留めた仕様書である。「枝柿の図」を見ると、吊しやすいように撞木《しゅもく》（枝とヘタのT字型の部分）が残っており、釣柿であることがわかる（図1－9）。

明治政府は明治六年（一八七三）のウィーン万国博覧会に参加するため、各府県に対し輸出品として有望な物産品の原料や作業工程を図説化するよう求めた。この図説をもとに文部省博物局が作成した子供向けの教育絵図が『教草《おしえぐさ》』で、稲作や養蚕などが木版多色刷りで解説される。「白柿《つるしがき》」のつくり方も収穫にはじまり、皮をむき、吊るし、白霜を出す作業まで細かく示している（図1－10、口絵⑤）。『日本山海名物図会』には収穫や白霜を出す仕上げの作業は描かれていないので、それを補完する重要な資料である。説明文で何度も「美濃の蜂屋柹」に言及しており、代表的な白柿だったことがわかる。

ウィーン万国博に岐阜県が出品した蜂屋柿は高い評価を受け、表彰状も授与された。この後、明治三三年のパリ万国博、明治三七年のセントルイス万国博にも出品され、それぞれ銀牌、金牌を受け、世界的に銘菓として高い評価を得た（次頁図1－11、口絵④）。

干し柿は干す方法によって吊し柿と串柿に、乾燥の程度でころ柿とあんぽ柿に大きく分けられる。普通、ころ柿は乾燥が進んだ状態で水分が二五～三〇パーセント、あんぽ柿は半乾きの状態で水分五〇パーセント前後のものをいう。ころ柿は果実の表面に白粉を吹かせ製品化することから、白柿とも呼ばれる。白粉は表面近くの糖分が乾燥して飽和状態になり晶出したもので、品種により若干異なるが平均してブドウ糖と果糖が六対一の割合で混在する（『丸善食品総合辞典』）。

乾燥後、白粉をうまく吹かせ、品質の良いころ柿に仕上げるために、寝せこみ、柿もみなどの作業を行う。南信州の特産品として全国的に有名な市田柿の寝せこみは、以下のとおりである（『果樹園芸大百科6　カキ』）。皮を剥いた果実を畳糸に果柄を絡ませて連にし（一連は二〇～二五個）、乾燥を終えた果実ははずして山積みにする。ピロシートやござなどに乾果を積み、上からシートで覆っておく。

図1-11　明治末から戦前まで、出荷する化粧箱に貼られていた蜂屋柿のレッテル（美濃加茂市民ミュージアム編『蜂屋柿　その歴史と人々展』2008年）

約一昼夜たつと、乾果の表面には汗をかいたように水分と糖分が滲出してくる。このまま干し上げると表面に白粉が均一に残る。柿もみは果実中の水分を外部に滲出させ、乾燥を速めて果肉を緻密にする効果があり、十分な白粉を生じる。また、仕上げの段階で、表面を歯ブラシや刷毛でこすると白粉が出やすいことも知られている。白粉の量は製品の評価を決める重要な要因であるため、生産者はさまざまに工夫をこらす。岐阜県の蜂屋柿づくりに長年携わってきた岩田昭氏は、「一〇日ほど干して行う手もみ作業と、二〇〜二五日ほど干して行うニゴボウキ（脱穀後の稲穂の先を束ねたもの）で掃く作業は必須である」という（図1－12）。

図1-12　脱穀後の稲穂の先を束ねたニゴボウキ（岩田昭氏提供）

干し柿の産地は、冬寒く、乾いた風が吹きつける地方が多い。これはカビが生えず、乾燥しやすいためである。干し柿には糖含量が高く、肉質が粉質でなくて粘質で、繊維と種子が少ない、渋が抜けやすい品種が適している。この条件を満たした在来品種がそれぞれの地方で発達した。たとえば山形県の紅柿《べにがき》、長野県の市田柿、富山県の三社《さんじゃ》、岐阜県の堂上蜂屋、京都府の鶴ノ子、和歌山県のアオソ、徳島県の大和、中国地方の西条、佐賀の葉隠《はがくし》がそうである。広く使われている干し柿用の栽培品種としては、蜂屋（甲州百目）と平核無がある。

干し柿は生産量が少なかった時代は軒下で乾燥させていたが、大量につくるようになると屋根のある乾燥施設を屋敷の中などに設けるようになった。施設の呼称は地

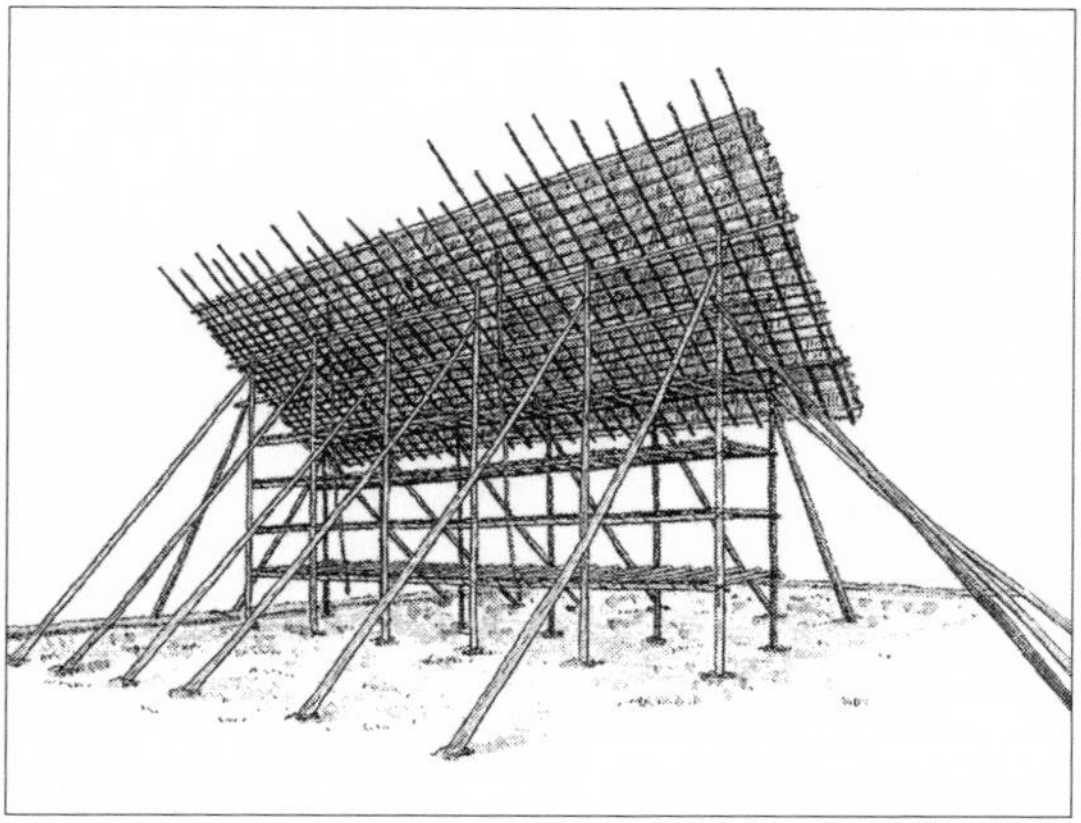

図 1–13　京都府宇治田原町の柿屋。当地域では吊さずに棚の上で乾燥するため特殊な構造となっている（京都府ふるさと文化再興事業推進実行委員会『宇治田原の古老柿作り』2008 年収載の図を一部改変）

方によって異なり、柿屋（かきや・かきのや）、柿小屋、柿架《かきはせ》などがある。江戸時代から「古老《ころ》柿《がき》」をつくっていた京都府宇治田原町では柿屋《かきや》と呼ばれる（図１－13）。一一月に入ると刈り取りの終わった田に、丸太で骨組みをして、屋根をワラで葺いた柿屋が並び、秋の風物詩となっている。なお、「古老柿」は当地域特産の干し柿の名称である（『宇治田原の古老柿作り』）。

『果樹園芸大百科６　カキ』によると、主な産地で乾燥の際に気をつけることは以下のとおりである。「北風など風通しが非常に良好な場所でなければならない」（山梨・あんぽ柿）、「乾燥場は風通しが良いところを選ぶ」（福島・あんぽ柿）、「従来は軒端を利用していたが、加工量も増加したので、専用の〈カキはせ〉が使用されている。この〈はせ〉は東西に長く南向きとする」（山形・庄内柿）、「通風がよく、寒い北風がよく当たる場所」（長野・市田柿）、「南東に面した軒下や風通しの良い作業小屋」（福井・今庄）、「通風の良い位置」（岡山・西条柿）。当然のことではあるが、いかに乾燥をスムーズに行うかが大切であることがわかる。

『日本山海名物図会』に見える乾燥場所は、こうした施設の先駆けと言える。

**醂柿《さわしがき》**

醂柿は、渋柿を干さずに生の果実の状態で渋抜きしたものである。果実が完全に軟化した熟柿にするものと、比較的短期間で果肉を軟化させずに醂すものとがある。ここでは短期間で醂す方法について取り上げることにする。温湯で脱渋するやり方は古くからあり、アルコールによる方法は比較的新しい。現在、市販の醂柿の大半は二酸化炭素で脱渋する。なお、特殊な方法として、かつては行われていた焼柿、漬柿についても述べる。

醂柿に関わる記載は室町時代の幾つかの文献で、「淡柿（アワセガキ）」、「淡柿（アワシガキ）」、「漬柿（アワシガキ）」、「アハセ柿」、「合かき」、「淡柿（サハシガキ）」、「淡柿（サハシカキ）」、「さはし柿」としてみられる。さらに古い時代の文献としては、平安時代中期の『小右記《しょうゆうき》』（長元四年〔一〇三一〕九月二九日条）にも「淡柿」の記載をみることができる。ただ、これらの文献に具体的な醂し方の記述は見当たらない。江戸時代初頭の『日葡辞書』には「Cuxigaqi（クシガキ）」とともに「Auaxegaqi（アワセガキ）」の項があり、「渋くないように湯で煮た柿」と説明している。これは温湯脱渋法を指すと考えられ、当時「アワセガキ」と呼ばれる温湯脱渋が一般に普及していたようである。

京都の地方誌ともいえる『雍州府志』（一六八五年）には、詳しい醂し方が載っている。巻六土産門に「醂柿《さはし》」の項がある。

澁柿、新芻湯をもって煮ること一二沸。新芻湯の煎汁を灰《あく》といふ。しかるときは、苦渋たちまち去りて、甘味に変ず。これを醂柿《さはし》といふ。新芻の煎汁をもってこれを煮る故に、外皮壊爛す。これによりて爛柿《ただれ》といふ。

新しい芻《まぐさ》（秣に同じ。飼料用の干し草）の煎汁で煮れば渋が脱けるというのである。土産物として売っているくらいだから、完全に渋が抜けたものであったのだろう。『日葡辞書』と同じように、「煮る」と表現している。現代の『丸善食品総合辞典』では、「湯ざわし法」を「渋柿を四〇℃程度の温湯に一昼夜浸漬して脱渋する方法」と説明する。『農学体系 園芸部門 柿編』は、「湯の温度は高温すぎると果皮色が黒変し、裂傷するし、脱渋不十分となる」と注意をうながしており、「煮る」といっても、渋が抜ける程度の熱さだったと思われる。

江戸時代以前の文献では「淡柿」という表記が多かったが、江戸時代になると「醂柿」が用いられる。江戸初期に伝来し、日本の本草学に大きな影響を及ぼした明の『本草綱目』（一五九六年）巻三〇では「醂柿」が使われている。

『本朝食鑑』巻二に、「佐和志柿というがあり、京都では阿和世柿と呼んでいる。この造法は、青柿の黄色に熟する直前のものを採取し、石灰を抹《まぶ》すかあるいは蕎麦の稭《かい》灰汁に二・三日浸しておいて取り出し、曝し乾す。すると青色は淡黄色に変わり、渋みが抜けて微甘に変わり、食べられるようになる。然れどもこれは民間の弄物であって上饌とはしない」とある。同時期の『雍州府志』は土産物だと紹介しているのに、ここでは決してうまいものではないという。蕎麦の藁の芯の灰汁に浸しているが、『雍州府志』の方法のように温湯を用いていないことが大きな要因と考えることができる。

『雍州府志』や『本朝食鑑』と同時期の『農業全書』（一六九七年）巻八には、醂柿のつくり方が的確にまとめられている。

渋柿を調《ととのゆ》る法、あまたあり。先《まづ》さハしがきは、よく色付きたるを取りて、桶に手引《てひき》がんの湯を入れて柿より上に湯少上がる程にして、気の漏れざる様に、莚などをよくおほひ、桶の廻りをも包み巻て、一夜をくべし。明る日しぶ気ぬけて、甘くなる物なり。此湯かげん極めて肝要なり。柿ふとく渋気つよくハ、少《すこし》あつくすべし。また、灰のあくにてさハす事もあるべし。

湯の温度を保つ重要性のみならず、渋柿の大きさや渋の濃度によって温度を変えるべきとまで言っていて、驚くばかりである。これは、昭和初期頃まで全国各地に広くみられた温湯脱渋法とほぼ合致する（『日本の食生活全集』）。『農業全書』が刊行された一七世紀末にはこの方法はほぼ確立されていたものと考えられる。

湯の温度は高過ぎても低過ぎても具合が悪く、摂氏四〇～四五度がよいとする文献がほとんどである。保温のために樽の周囲を蓆《むしろ》や菰《こも》で捲き、樽の上部には藁、麦稈を入れるなどさまざまな工夫をこらした。その地域に特有の方法もみられる。

島根県大田市川合町瓜坂の小林一枝氏（一九二九年生まれ）が行っていた方法は次のとおりである。

柿は西条柿を使います。夕方、まず釜に七〜八升の水を入れて温め、ぬるま湯になったら柿と一つまみの木灰を入れます。しばらくして、湯が手を入れておけないくらい熱くなったら、柿と湯を樽（二斗樽）に移し替えます。湯が冷めないように蓋をして、藁などで覆って一晩置きます。冷めてきたら湯をつぎ足します。堆肥小屋にもって行き、堆肥に穴を掘って、汚れないように菰などで覆った桶をうずめることもよくしました。昔は牛を飼っており、常時下《しも》が出たので、堆肥はいつもありました。堆肥の中は暖かく、樽の保温にちょうど良かったのです。木灰を入れるのは、少し甘さが増し、果実が傷みにくく、いい色に仕上がるからです。

「西条」は室町時代に遡る渋柿品種で、広島県東広島市西条を原産地とし、中国地方全域から瀬戸内海側まで広く生育している。先に述べたように古くから干し柿に利用されてきたが、今日ではもっぱら醂柿として出荷される。

木灰を使わない地域もある。鹿児島県種子島の中種子町では、かつてはタデ草など二、三種類の草を大量に煮て、少し冷ました湯に渋柿を浸けて渋抜きをしたという。同様の話は、隣接する南種子町でも聞くことができた。脱渋にタデを用いる事例は鹿児島県だけでなく、熊本県にもある。昭和一〇

図1-14　鹿児島県さつま町紫尾温泉の渋抜きの様子（11月上旬。上之原純夫氏提供）

年の『実際園芸』五号は、「家庭で出来る柿の渋抜法」と題して、「お湯の中に大豆の莢、イヌタデなどを入れて煮出し、そのお湯を適度に冷まして樽に入れ、それに柿を入れ」る方法を紹介している。イヌタデの煮汁を用いるのは一般的な方法であったと考えられる。

　鹿児島県さつま町では町内の紫尾《しび》温泉の湯を脱渋に利用しており、この方法は一〇〇年以上の歴史があるといわれる（図1－14）。実際に携わってきた上之原純夫さん（一九五二年生まれ）にお話をうかがった。

　近郊の農家や湯治を兼ねた人が持って来た渋柿を、お金をいただいて専用の浴槽で渋抜きしています。お湯の温度を一定に保つことにいちばん気を遣います。「高瀬」という柿が主ですが、ほかにもいくつか品種があり、品種によって脱渋の時間が違うことも頭に入れておかねばなりません。この地域では、醂《さわ》した柿を「あおし柿」と呼びます。柿を預かると、品種を確認して湯につけるおおよその時間を決めます。ただ、渋が抜けづらい品種でも長時間湯につけると皮が破けてしまうので、皮の丈夫さも考慮しています。

かつては一〇月の運動会や神社の秋祭りのためにたくさんの「あおし柿」がつくられたという。

渋抜きにアルコールが用いられるようになるのは江戸時代の中頃になってからのことで、安永年間(一七七二～八一年)の小咄「大下戸《だいげこ》」に、「先日も樽《たる》ぬきの柿を給《たべ》て、ぼうだらに成り」という台詞がみられる。「樽ぬきの柿」というのは、空いた酒樽に渋柿を詰め、樽のアルコール分によって渋味を抜き取ったものである。まったく酒を飲めない人が樽抜柿を食べて酔っぱらってしまうという噺である。また、天明年間の『俳諧筆真実』(一七八七年)の九月には「樽ぬき柿」がみられる。これらから「樽ぬき柿」は一八世紀後半の江戸市中で一般的によく知られた食べ物であったと考えられる。

農書『広益国産考』(一八五九年)四之巻では、原初的なアルコール脱渋法である樽ぬき法が詳しく説明されている。

江戸にてさハしがきをするに、伊丹池田灘辺より積送りたる酒樽のあきて間なき酒の気つよきをかゞミをはづし、桶一はいに大きなる丸き渋柿を詰、かゞミをはめ、五六日置て又かゞミをはづし取出せバ、渋ハさつはり抜けて甘柿となる也。樽に詰るによりてか樽ぬき柿といへり。

酒の香りがまだ強く残る空き樽に渋柿を詰め、蓋をしておけば五〜六日で渋がすっかり抜けるという。

渋を抜いた柿について、近代園芸の基礎を築いたといわれる福羽逸人は、温湯で渋抜きしたものは「澁気全ク去リテ甘味ヲ呈シ食スルニ佳ナリ」、樽抜柿は「澁気全ク去リテ甘美トナル味甚ダ上品ナリ」と述べている（『果樹栽培全書』）。大正はじめの農学校で使われた教科書『実験果樹栽培教科書』も、温湯法が「渋み全く除去する」のに対して、樽柿（樽抜）は「渋み全く去りテ極めて美味」とたたえる。樽柿はよほどおいしかったのだろう。

さて、柿好きで知られた正岡子規は一九〇一年に随筆「くだもの」を『ホトトギス』に連載し、「くだものと余」と「御所柿を食ひし事」の節で柿に触れた。「くだものと余」で、「二ヶ月の学費が手に入」ると「大きな梨ならば六つか七つ、樽柿ならば七つか八つ、蜜柑ならば十五か二十位食うのが常習であった」と述べている。豪快な食べ方もさることながら、ただ柿と言わず樽柿としている点が興味深い。当時、東京では甘柿の「禅寺丸」なども出回っていたはずであるが、渋柿を醂した樽柿を挙げている。『果樹栽培全書』もいうようによほど美味であったと思われる。

『広益国産考』から一世紀後に刊行された『農学大系 園芸部門 柿編』（一九五七年）では、樽抜法は「営利的に行われている最も普通の方法である。容器は普通四斗樽或は石油箱が用いられる」と解

図1-15　樽抜脱渋。㋑：木綿等の充填物（木村光雄『農学大系 園芸部門 柿編』養賢堂、1957年）

説する。空き樽になって間もない酒樽をそのまま用いる方法では「酒精が樽に浸み込んで残っているので、酒精類を添加せずに五～七日で完全に脱渋する」。『広益国産考』の脱渋に要する日数とまったく変わらない。また、「古樽を用いる場合は、空き樽に柿を詰めたら清酒や焼酎、アルコールを噴霧する必要があり、七日間くらいかかる」と述べる。『広益国産考』の樽抜き法が一〇〇年後も現役で活用されているのである（図1－15）。

樽柿について、果物の老舗・銀座千疋屋の二代目斉藤義政氏は、「酒の風味が柿に浸み込んで、えもいわれぬ味となる。世界一の果物調理だ」と絶賛している（『くだもの百科』）。このようなアルコール類を用いた脱渋法は中国の文献には見当たらず、日本独自の工夫と考えてよいであろう。焼酎を使った渋抜きは、現在も家庭で手軽にできる方法として行われている。

現在、業務用に大量に脱渋処理する場合は、二酸化炭素（炭酸ガス）脱渋法が一般的に用いられている。明治四四年（一九一一）にアメリカのゴアという人が発見し（北川博敏『カキの栽培と利用』）、日本で台湾バナナを追熟させるために使っていた追熟室《むろ》で柿に応用したのがはじまりだといわれる。

## 熟柿

渋柿を遅くまで樹に成らせておいたり、収穫後、箱などに安置して、軟熟したものである。アセトアルデヒドが生成して自然に脱渋するので、そのまま食べることができる。熟柿にするために、渋柿を密閉した器中に籾殻などとともに置いたり、藁で包んでおいたりする方法は各地に認められ、よく知られている。

柿研究の第一人者であった傍島《そばじま》善次《よしつぐ》氏は、これを「古来から使われる最も普及した渋抜き法である」と述べている。

熟柿がはじめて文献に登場するのは、一〇世紀はじめの『延喜式』大膳式下で、「熟柿子」とある。それから大きく時代は下って、室町時代の代表的な辞書『運歩色葉集』（一五四七～四八年）に「熟《ジュク》柿《シ》」、饅頭屋本『節用集』（一五六八年）に「熟柿《ジュクシ》」が出てくる。同時代の辞書『いろは字』（一五五九年）には「熟柿《ジュクシ》《ウミカキ》」とあるので、別名「うみかき」と呼ばれていたことがわかる。『日葡辞書』（一六〇三年）は、「Iucuxi ジュクシ（熟柿）」を「非常によく熟した柿」と的確に説明している。

近世にはいると、主だった本草書や農書では「熟柿」にかわって、「烘柿」という表記が多くみられるようになる。その理由として、一六世紀末に明で出版され日本の本草学にも大きな影響を及ぼした『本草綱目』の存在が挙げられよう。同書三〇巻の「柹」の項に出てくる「烘柹」は、まだ青いうちに器に保存して、自然に紅色になるまで追熟させた柿のことである。そして、こう呼ぶのは、まるで火で烘《あぶ》ったかのように赤いからだという。

『農業全書』巻八では、「烘柿《ふすべがき》と云ハ、是も色付きたるを、器物の中に入れ、ふたをしておくか、又はわらにて厚くつゝみつり置バ、後ハあかくやハらかに熟し、渋気さりて、其甘き事蜜のごとし」と説明する。『大和本草』（一七〇九年）巻之一〇でも「白柹」のあとに「烘柹」を丁寧に説明している。「霜後皮を不ㇾ去してわらに包み、或器中にて熟したるを烘柹《つゝみがき》と云。味佳し。臘月を過てばくさる。しぶ柹大あり小あり。大なるは如ㇾ椀。皆烘柹とし、白柹とす」。当時、大きく立派な柿は白粉を吹かせて白柿とするか、器に安置して熟柿にされた。熟柿の価値は白柿に引けをとらなかったことがわかる。また、一二月（臘月）を過ぎれば腐るとし、保存期間に注意することを促している。

『本草綱目啓蒙』（一八〇三〜〇六年）巻二六にも烘柿は登場する。「時珍ノ説ノ烘柿ハ、漆柿ノ青キ者ヲトリ、皮ヲ去ラズ稲草《ワラ》ニツヽミ器ニ入置、熟スルヲ云。故ニ、ツヽミガキト呼」。「わらに包む」から「ツツミガキ」と呼ぶとした。祖本の『本草綱目』では器の中に入れるだけだったが、『本草綱目啓蒙』では、わらに包んでから器に入れて熟させるとし、それ故に「ツツミガキ」と呼ぶとしている。『本草綱目啓蒙』より四〇年ほど後に刊行された江戸時代後期の代表的植物図譜である『本草図譜』（岩崎灌園、一八四四年）巻之六四にも、「烘柹」の記載がある。「こうし」の読み仮名がふられ、別名「じゆくし」と書いてある。彩色された長形のカキ果実の図に「稲草を器中へ布きしふかきを入れ置く時ハ自ら熟して渋味を去る味ひ甘し」と説明が付されている（図1-16、口絵③）。『本草綱目啓蒙』では、わらで渋柿を包むとされていたが、ここでは、わらを布いた上に渋柿を置くとされている。

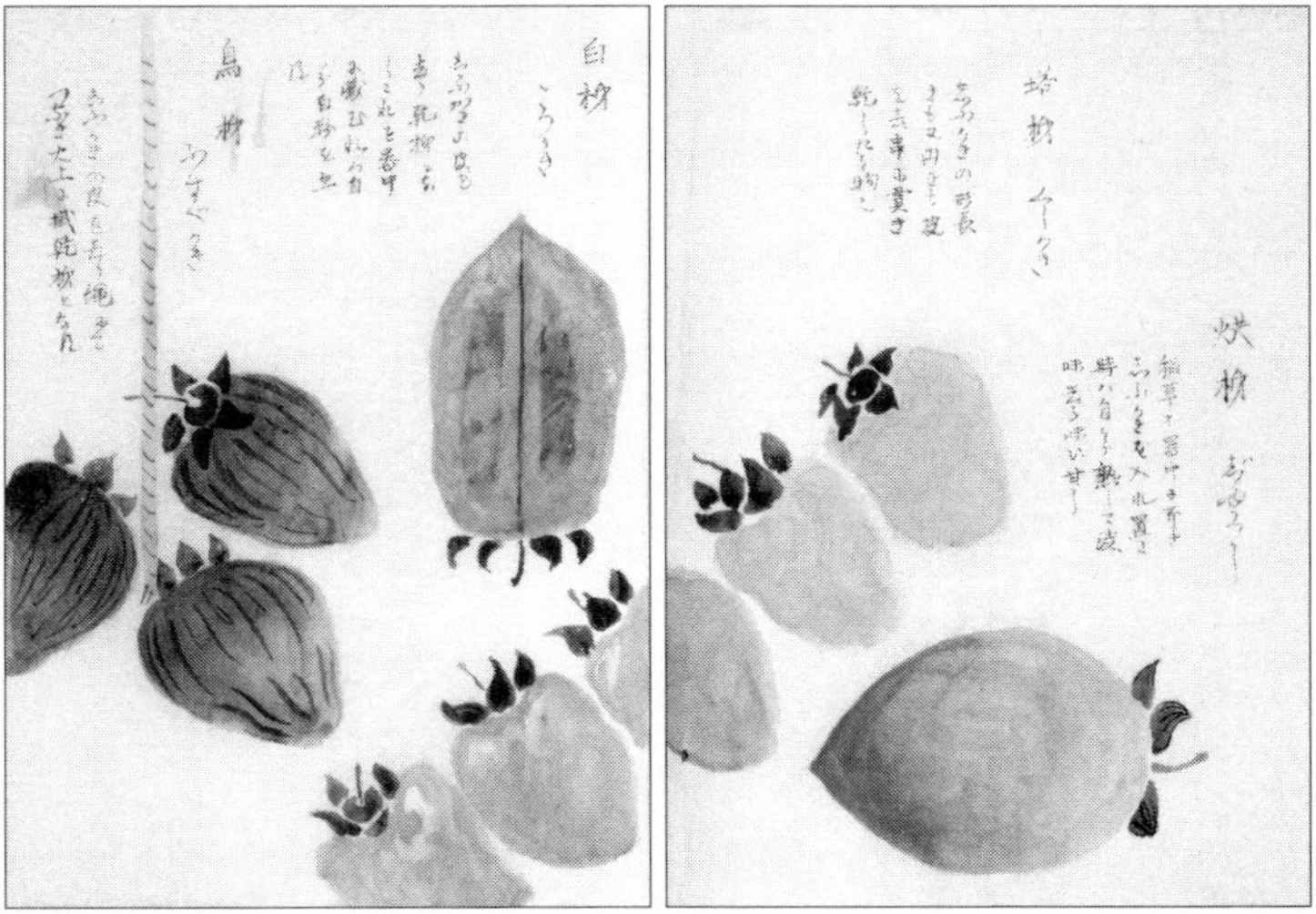


図 1-16　『本草図譜』巻之六四、二〜三丁にみられる「烘柿」（国立国会図書館蔵）

大正元年発行のわが国最初の柿に関する学術文献『実験・柿栗栽培法』では、脱渋法として干し柿、湯抜き法、樽抜き法とともに「烘柿《ウマシ》」をあげて、またの名を熟柿と記し、こう説明する。

> 渋柿の十分成熟せしときを見計らひ果を損傷せざるよう丁寧に採取し其の儘桶若しくは箱の類に乾燥せる藁を敷きたるものの中に安置し蓋を施し置くとき、（中略）渋味は全く去り軟熟して所謂熟柿となる。

さらに特徴ある方法をいくつか紹介もしている。米糠中に埋めておく方法、青森県などでは渋柿を空俵に入れ、炉のあたりの天井に上げて軟熟させる。岩手県盛岡市付近では、簡単な棚をつくって柿を並べ、その下で火を焚き熱を加えて軟熟させるが、この方法はすぐに食べるぶんにはよいが、保存がきかない。

米糠に入れておく方法は全国各地に見られるが、炉や焚火の温熱を利用し、早く渋が抜けるように軟化を促す方法も紹介されている。なお、同書には、近世の文献でよく目にした「わらで包む」方法はない。「烘柿」の読みを「ツツミガキ」「つつみがき」ではなく、「ウマシ」としているのも、ここに理由があるのかもしれない。

また、「祇園坊」、「西条」、「富士」、「倉光」、「作州実不知」などの品種は、熟柿にすると甚だ甘味となり洋ナシに匹敵すると述べている。ちなみに、「富士」は本章①で述べたように「甲州百目」である。

『実験・柿栗栽培法』と同じ頃に日本種苗株式会社が刊行した『柿樹栽培法』(一九一一年)にも、白柿とともに烘柿の製造法が紹介されている。烘柿の読み方は「うましがき」である。

昭和初期の『柿樹栽培法』では、烘柿製造法の項が設けられており、烘柿が柿の主要な加工品として位置づけられていたことがわかる。

福井県の勝山市、大野市一帯では、烘柿を「うませ柿」と呼ぶ。「八ちゃ」という柿を用い、ひと月くらいでやわらかく、甘く熟してくるが、早く熟させたいときは箸で二、三か所つっつくという(『聞き書 福井の食事』)。この「八ちゃ」は形状などから「蜂屋」の別名をもつ「甲州百目」に当ると思われる。

先の『実験・柿栗栽培法』では、早く熟させるために温熱を与える方法が紹介されていたが、ここでは、「つっつく」という方法がなされている。先人の工夫のあとがうかがわれる。

現代になると「烘柿」という表記は姿を消し、熟柿となった。木村光雄著『カキの増収技術』では、熟柿とする方法は、「渋ガキの渋抜き」の節で、湯抜き法などのように一項目としてではなく、その他として扱われている。熟柿用の品種として「富士」がもっぱら使われ、『実験・柿栗栽培法』では米糠であったのが、同書ではもみ殻の中に埋める方法が示されている。

傍島善次氏の『健康食 柿』も、「もみがら中にうずめこみ」としている。日田盆地では、「熟れた柿を籾殻を入れた箱の中に囲っておくと、軟らかく甘くなる。風呂あがりなどにこたつに入って薄皮をはいで食べる」(『聞き書 大分の食事』)。

前出の千疋屋の齋藤義政氏は自著で熟柿のつくり方を詳しく説明し、「果肉が軟らかくなり天然ゼリーのように熟しており、これをスプーンで掬いとって食べる。ああ美味なる哉」と述べている。数え切れないほどの種類のくだものを味わってきた齋藤氏をしてこう言わしめる「甲州百目」の熟柿なのである。

焼柿

現在、干し柿で全国的に有名な市田柿は、かつては渋が強いが焼くと美味であることから「焼柿」と呼ばれていた(『市田柿のふるさと』)。長年、長野県下の農業改良普及所や同センターに勤務され、『柿の文化誌』の著書もある岡田勉氏(一九四〇年生)に、焼柿のお話をお聞きした。岡田氏はひとまわり年上の親族からかつての作業の様子について詳しく教えてもらったそうだ。

昭和二〇年頃までは、干し柿にするための皮剝きは手作業でしていました。昼間収穫した柿を夜、囲炉裏の脇に高く積み、家族や手伝いを頼んだ人たちでそれを取り囲むようにして小刀で剝くのです。小刀は先が湾曲した千重《せんかさ》と呼ばれる独特のもので、果実の基（蔕）の方から縦方向に剝いた。囲炉裏の熾《おき》を隅に移し、その上に「わたし」という五徳（図1－17）を置いておきます。ここに熟し過ぎたりして干し柿に使えないようなものを皮をむかずに並べます。何度か転がして全体が黒くなるまで焼き、皮を手でむいて作業の合間に食べました。「わたし」は普通の五徳と少し異なり、物を載せる部分が扇形をした、幅七～八センチ、長さ約四〇センチ、足の長さ約一〇センチのもので、この上で餅などを焼いたり、なべを載せて温めたりしました。五徳を使わず、直接熾混りの灰の中に柿を突っ込んで焼くこともありました。市田柿の産地の七〇歳以上の方であれば、焼き柿の事について覚えていると思う。

図 1–17 「わたし」（岡田勉氏提供）

ジャーナリストの本多勝一氏（一九三一年生）は、中学一年生頃のこととして「焼き柿」について記している。本多氏は市田柿の発祥の地とされる高森町の隣の松川町で高校生まで過ごした。

市田柿は村では「焼き柿」と言っていた。イロリやカマドなどで丸ごと焼いて食べると実にうまい。自分の家では、カマドの火の中に網を入れその上で焼いた。焼けるにつれて表面がひび割れ、中からじゅくじゅくと渋が吹き出してくる。イモのようにふかしてもうまい（『本多勝一はこんなものを食べてきた』）。

戦前は、囲炉裏がない家でも、子どもたちにとって焼柿が大変おいしいおやつであった様子がうかがえる。東京都西多摩郡奥多摩町、岐阜県揖斐郡徳山村（現・揖斐川町）でも同様のことが行われていたようだ（『聞き書 東京の食事』『聞き書 岐阜の食事』）。

漬柿（漬け柿）

この方法について、大正元年発行『実験・柿栗栽培法』では、「塩抜き」と称するとし、「一般に行われつつある方法にあらずと雖も其の風味亦捨つべからざるものありと」と記し、その方法を詳述している。

大釜に水八升乃至一斗を入れ、之に食塩二三《にさん》合を投入溶解せしめ一旦煮沸せし後大桶に移し其の儘放置して充分冷却せしめ此の中に果実約一斗を浸漬しこれに蓋を施して密閉し置くときは其の後約一週間にして全く脱渋し得るべし。

一七世紀末の『農業全書』巻八の柿の項には、脱渋法の一つとして漬柿の方法が記されている。

生なる柿をかめに水を入、其中に漬置たるも、数日の後熟柿し味よし。されども、性冷なる物にて、塩柿と是とハ毒あり。人によりて用捨すべし。

ここで、塩柿とあるのが、本項で取り上げている漬柿で、塩を用いずに単なる水に浸けておく方法も記されており興味深い。いずれにしても、管見では、漬柿の製法を記したものとしては初出と思われる。なお、韓国にも日本の漬柿と同様な「塩漬け法」という方法があり、脱渋したものは〝沈柿〟と呼ばれる。塩を用いず水に浸すだけで醂す「水漬け法」という方法もあるという（明石書店『韓国の食文化』）。

漬柿は湯抜き法ほど一般的なものでなかったが、幾つかの県でその事例をみることができる。

青森県三戸郡階上《はしかみ》町は県南東部に位置し、太平洋からのヤマセをまともに受け、かつてはたびたび冷害に見舞われた地域である。『聞き書 青森の食事』は、大根の水漬やたくあん漬などとともに漬柿を漬けものとして扱っている。漬柿は干し柿と違い、渋抜きした生の果実を保存して食べるのが特徴である。

十一月ごろ妙丹柿を採って、板の間に一〇日ほど並べておくと、少しやわらかくなる。四斗樽に柿を並べ、そば殻をその上に敷き、これをくり返しいっぱいになったら、七合の塩で塩水をつくり、樽いっぱいにする。押しぶたも重石もしないで冬までおくと、渋がとれておいしくなる。冬、こたつにあたりながら食べる漬柿は、歯にしみるほど冷たく、甘じょっぱい。漬けものの材料はほとんどが大根であるが、三戸、八戸地方には柿の漬物もある。……この柿は妙丹といい、種がなく、塩漬にする（『聞き書 青森の食事』）。

この青森県の「妙丹」は、東北地方の渋柿の重要な地方品種であった（『農学大系 園芸部門 柿編』）。甘柿が栽培できず、生で食べる機会がほとんどなかったこの地方の人々にとって、漬柿の味は格別のものであったろう。また、民俗学者瀬川清子氏は著書『食生活の歴史』で、石川県能登地方とともに、「青森県の八戸付近でも漬柿といって塩を少し入れて貯えて置き、冬中氷を割って出して食うた」と述べている。冷害による凶作に苦しんできたこの地方では、冬期の重要な食料のひとつだったと考えられる。

島根県浜田市では、畑のすみや屋敷のまわりに甘柿も渋柿も植わっていた。渋柿は主に干し柿にされたが、他に「漬け柿」と「あわし柿」にもされた。漬け柿の製法は「生柿（渋柿）を桶かかめに入れ、水をいっぱいに張り、中に塩を適宜に入れて塩漬けにする。一カ月ほどすると渋が抜ける」で、「寒くなったこたつで食べる冷たい漬け柿は格別においしい」（『聞き書 島根の食事』）。湯で渋抜きをする「あわし柿」は「長くはおけないが、お祭りや農作業の間食に食べる」としている。漬け柿も生の状態で渋抜きをする醂柿にあたるが、醂してすぐ食べるあわし柿と、保存して冬期に食べる漬け柿の二つを使い分けていることに注目しておきたい。

漬柿用にわざわざ塩水をつくるのではなく、漬物の漬け汁を利用する事例もある。島根県大和《だいわ》村では、「西条柿や山柿がなると、ひらぐきやしゃくしなの漬物の漬け汁に漬けこんでおく。一週間ぐらいたつと甘くなってとてもうまい」（『聞き書 島根の食事』）。鳥取県日野町では、「柿の塩漬けは塩の節約のため漬物汁を利用」した（『聞き書 鳥取の食事』）。近代になっても塩は貴重なものであったことを考えれば、ほかの山間部でも同様な工夫がこらされたことが推測できる。

# 第二章　歴史的な足どり

## 1 租税・献上品として

中世から近世にかけて、柿は田畠（畑）とともに課税の対象となり、献上品としても使われた。一一七〇年（嘉応二）に摂津国河南荘《かわなみのしょう》桜《さくら》の住人の家が差し押さえられた時の資財目録に、「米九斗五升、大豆四斗五升、串柿三〇杷」という記載が認められる。これについて網野善彦氏は、「九斗五升のうち六斗は年貢で、三斗五升だけが私物です。大豆四斗五升、串柿三〇杷が食糧として大きな意味を持っていたと思います」と述べている（網野善彦・石井進『米・百姓・天皇』）。干し柿は甘味資源であるのはもちろんだが、保存のきく食料として重要だった。

紀伊国の阿《あ》弖《て》河上荘《がわかみのしょう》という荘園の建久四年（一一九三）の検注目録には、桑一八九〇本、栗三一町七〇歩、漆三二本のほか柿五九八本と記され、柿も桑、栗、漆とともに掌握すべき価値があるもの

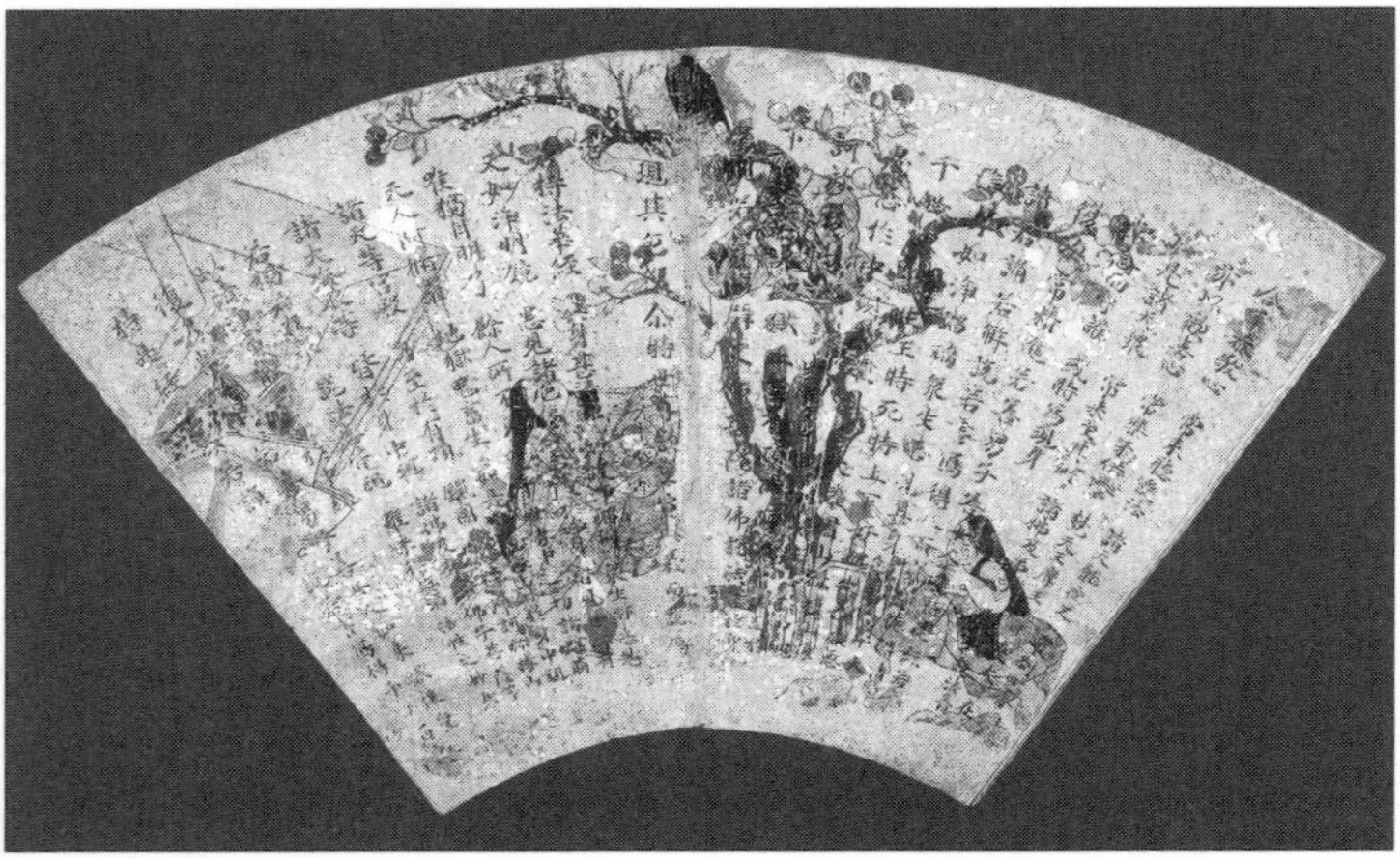

図 2-1　平安時代後期の「柿採りの図」（四天王寺所蔵『扇面法華経冊子』巻六より）

と認識されていた（『鎌倉遺文・古文書編』）。栗は干して皮をとった搗《か》ち栗に、柿は串柿にして税として納められた。平安後期の作とされる大阪市四天王寺蔵の『扇面法華経冊子』巻六「柿採りの図」は柿を描いたものとしては最古といわれ、当時の人々の暮らしとの関わりをうかがい知ることができる。（図２－１）。

　南北朝期に北朝の実務官人として過ごした中原師守の日記『師守記《もろもりき》』には、関係する所領の詳細な記録が残っている。その貞和五年（一三四九）九月六日条には、「奥山田より栗柿到来」とある。奥山田は中世の奥山田御稲田のことで、現在の綴喜郡宇治田原町東部にあたる。同書によると、奥山田は柿や栗のほかに梅、筍《たけのこ》、漆なども負担している。ちなみに、宇治田原町は第一章の干し柿の項で述べた「古老柿」で知られる地域である。

　室町時代後期の公家三条西実隆《さんじょうにしさねたか》の日記『実隆公記』は、戦国騒乱期の政治・社会・文化を理解するうえで一級の史料とされるが、そのなかに「美濃串柿一箱遣之」といった記述をみることができる（『実隆公記』巻八）。また、室町時代から江戸時代まで御所の女官たちが書き継いだ『お湯殿の上の日記』は、宮中儀式などを知る助けとなるが、この天正一五年（一五八七）二月一〇日条に「院の御所よりみのかき一ふたまいる」とある。さらに、江戸初期の公家儒学者舟橋秀賢《ふなはしひでたか》の日記で、宮廷内行事などを知る好史料といわれる『慶長日件録』慶長九年（一六〇四）三月二二日条には、「上様へ美濃柿百進上之」とある（『史料纂集 慶長日件録』第一）。これらから、美濃柿がこの頃贈答品や献上品として使われていたことがわかる。

日本で最初の体系的な農書である『農業全書』（一六九七年）など、おもだった近世農書では柿を農家にとって貴重な商品作物と見なした。柿は、重い年貢を課せられた庶民が生活を支えていくための樹木であった。

年貢には田畑・屋敷地を対象とした本租である本途物成《ほんとものなり》（本年貢）と、雑税である小物成《こものなり》があり、柿も漆、茶などとともに課税された。第一章で市田柿の産地と紹介した南信州の飯田・下伊那は、一七世紀末の『本朝食鑑』巻二に「信州の立石《たていし》に小串柿」（立石は現・飯田市立石）と記されているとおり、古くから干し柿を生産してきた地域である。同地域では穀類の次に干し柿の収入が多かったこともあり、小物成として干し柿も課税の対象とされた。飯田城主脇坂安元が明暦二年（一六五六）に、大島山《おおしまやま》村と吉田村（いずれも現・高森町）で柿改《かきあらため》（柿の調査）を行ったという記録が残っている（『市田柿のふるさと』）。「大島山村柿改《かきあらため》野《の》帳《ちょう》」によると、同村には三二七本の柿の木があり、そのうち生年《なりどし》の木は一八八本、休年《やすみどし》の木は一三九本で、干し柿の収量は二三七重《かさ》二把《わ》であった。吉田村の「柿改帳《かきあらためちょう》」では、「一、三本　弐重　権右衛門　米壱升弐合」というように、それぞれの家の柿の本数と串柿の生産量、それに対する年貢が記されている（図2－2）。串柿一重《ひとかさ》につき米六合の換算比率で課税されていたことがわかる。一重は四把（現在の「たば」に通じる言葉）であるが、地域や時代によって、一串が五または一〇個、一把が五または一〇串と異なる。『市田柿のふるさと』は一重を四〇〇個とする。江戸時代前期はその年の収穫量を見てから年貢率を決める検見法《けみほう》が主流で、柿に課す年貢も成年の木と休年の木の本数を考慮して決められていたようである。しかし、江戸時代後期は豊凶にかかわらず年貢率を一定とする定免法《じょうめんほう》が採用され、干し柿の場合もそれに準じてその年の収穫とは無関係に決められた（『市田柿のふるさと』）。近世のはじめにおいては、柿に顕著にみられる成年《なりどし》と不成年《ふなりどし》が明確に認識され、課税されていたことがわかる。

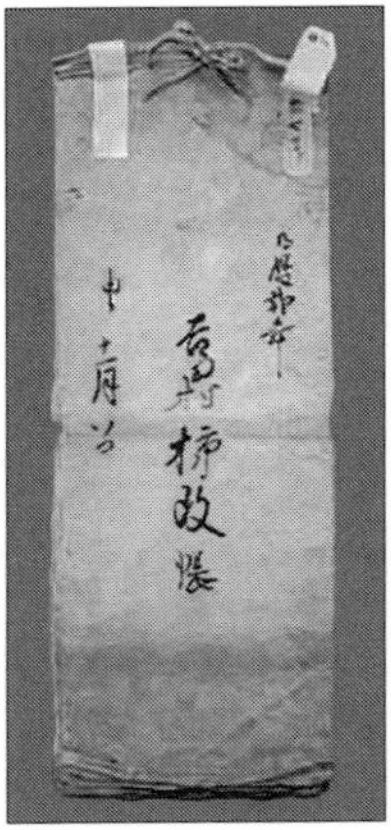

図2-2　明暦2年（1656）「吉田村柿改帳」（高森町吉田区所蔵、「市田柿のふるさと」高森町、2010年より転載）

現在は飯田市の下久堅《しもひさかた》村では、「柿は領主としても大切なので、柿木改を行い、百姓から一本もかくして置かないとの一札を入れさせて」いた（『下久堅村誌』）。

正徳五年（一七一五）三月の「小野村柿木改帳」（現・下伊那郡阿南町）には、「家のまへ　一　壱本壱重

弐把　半三郎」、「井ノ口　一　壱本壱重三把　次郎右衛門」などと、柿の木が植わっている場所、本数、串柿の生産量、所有者が記されている。村内の総本数は四七五本、同年の串柿の総生産量は五九〇重で、課税は「此米弐石三斗六升　但　柿壱重ニ付米四合宛」であった。享保三年（一七一八）七月二六日に地震が起きると、柿が傷んだので村は減免を乞うために詳細に調査し、「伊奈郡小野村柿木減帳」をまとめている（『長野県史 近世史料編』）。減免を願ったのは、柿の木六九本で、所有者は六名だった。『理科年表』を見ると、この地震はマグニチュード七・〇、信濃・三河地域を中心に山崩れなどの被害をもたらし、死者五〇人を出したという。二〇〇四年の新潟県中越地震あるいはそれを上回る規模の災害だったとされる。小野村の近隣の阿南町粟野も同じように「伊奈郡粟野村柿木減帳」をまとめた。こうした文書が災害後速やかに作成されたのは、それだけ小物成である柿が藩の年貢として重要だったからであろう。

なお、柿に課す年貢のことを飯田・下伊那地域では柿相または柿相米《かきあいまい》と呼んだ。ちなみに、元文年間（一七三六～四二）成立の『伊那郡郷村鑑《いなぐんごうそんかがみ》』（『三穂村史』）には、「柿相《あい》」とみられる。だが『下久堅村誌』や『阿南町史』には「柿年貢」という表記もあり、所属する藩や領によって異なったと考えられる。

蜂屋村（現・岐阜県美濃加茂市蜂屋町）を原産地とする渋柿の堂上蜂屋は通称蜂屋柿といい、これを干した枝柿は有名で、古来朝廷や将軍などの支配者に献上されてきた。「関ヶ原の戦の際、村の名産の枝柿を徳川家康に献上した由緒により、毎年幕府並びに尾張藩に枝柿を上納、代わりに諸役免除の特典を受けた」（『角川日本地名大辞典』）。

徳川家康に柿を献上して以来、蜂屋村は御菓子場に指定され、毎年、将軍に上納することになり、それと引き換えに諸役免除の特典が与えられた。御菓子場とは、将軍や大奥の食物となる果物やその加工品を納めるところである。上納の作業を円滑に行えるよう、蜂屋村に地方庄屋とは別に御柿庄屋が設置され、さらに寛文三年（一六六三）には御柿庄屋を補佐する御柿見が設けられた。幕領だった蜂屋村はすでに元和五年（一六一九）に尾張藩領へ編入されており、蜂屋柿は藩へ上納して、将軍家には藩を経由して納めることになった。ただし、「献上しても藩の事情などで必ず諸役が免除されるわけではなく、村々は様々な手法、論理でそれを保持しようとし」、「特権を一旦手に入れたら、事あるごとに由緒書を使って他との差別化を図り、主体的に権利の保持に務めた」（図録『蜂屋柿 その歴史と人々展』）。柿を献上する特典としては諸役免除のほかに、年貢米の軽減があった。これは代米《だいまい》と呼ばれ、上納柿を米に換算した相当量の米が蜂屋村から納める年貢米の中から差し引かれた。延享二年（一七四五）の「蜂屋村御柿差上げ由緒書」の中で、元和七年（一六二一）の「御柿御値段ハ」として、上から無類枝柿、上枝柿、中枝柿、下枝柿の四等級に分かれ、柿一〇〇個あたりの代米はそれぞれ一石、七斗、五斗、三斗であった。一石は一〇斗つまり一〇〇升であるから、極上の枝柿の場合、一個が米一升（約一・五キロ）と同じ価値となる。そうとう高価であったと言ってよい。享和二年（一八〇二）の「蜂屋柿上納勘定下目録」では、上から無類枝柿、御膳上枝柿、上枝柿、中枝柿、下枝柿の五つに分けられ、一〇〇個あたりの代米はそれぞれ一石、七斗、四斗九合、三斗四合、一斗八升九合となっている。等級が最上位と最下位を比べると米の換算率は約五倍の差がある。ちなみに、現在（二〇一九年）、美濃加茂市のＪＡめぐみの蜂屋支店で販売されている堂上蜂屋柿も美濃加茂市堂上蜂屋柿振興会会員によって丹精込めてつくられており、最高級品は一〇個入りで一万五〇〇〇円と高額である。

『市民のための美濃加茂の歴史』によると、蜂屋柿の生産は一六六一～七三年の寛文年間が最も盛んで、年間一〇万個前後だったとしている。ちなみに、延享二年（一七四五）の「蜂屋柿定値段引き下げ断り状幷蜂屋柿仕立入用見積書」には「寛文年中ニハ、九万・十万・十二三万程御用多御座候ニ付」とある（『美濃加茂市史 史料編』）。寛文年間には大量の上納が行われていたことがわかる。蜂屋柿の上納量の変遷について、『美濃加茂市史 通史編』では、「蜂屋柿の産額が最も多かったのは一七世紀後半であり、一八世紀以後は次第に減少していくようになる」とし、具体的には、「一八世紀初期の正徳元年（一七一一）には、三万個になり、同中期の延享二年（一七四五）には、七七四五個に激減している」と記している。寛文年間の一割に満たない大幅な減少である。

さて、『美濃加茂市史 通史編』によれば、柿は成り年と不成り年があって収量が一定せず、村内だけでは需要をまかなえないため、蜂屋村は岐阜や西濃まで足を伸ばしたり商人の手を借りて堂上蜂屋柿を買い集めた。生柿だけでは足らず、すでに干し柿になったものを購入した例もあった。寛文九年（一六六九）の「蜂屋柿売渡証文」を見ると、御柿見が岐阜久屋町（蜂屋村から西へ二〇キロほど）の長助から無類枝柿一五〇〇個を購入したとある。

無類枝柿には特大の堂上蜂屋を用いるが、希少なため入手しづらいうえ、果実が大きいので乾燥しにくく、雨が降ったり気温が高ければ黴《かび》が生えやすい。技術改良が進んだ現代でさえ、天日乾燥は気象条件に左右されるのだから、江戸時代に高品質の蜂屋柿を毎年大量に生産するのは困難だっただろう。正徳元年（一七一一）の「蜂屋村仕立入用見積書（控）」には、約三万個の柿を上納するために、蜂屋村が美濃の国中から生柿三〇万個ほどを買い集めたとある。

こうしたなか尾張藩は、栽培面積を拡大して生産量を増やそうとした。「蜂屋柿苗木生育状況届書写」（一六八〇年）はこれを伝える貴重な史料である。寛文一二年（一六七二）には藩の政策として、可児郡上之郷（蜂屋村の東に近接し、一六村よりなる）に蜂屋柿の苗木を植えさせた。村高一〇〇石につき一〇本、計二四一本が植樹された。うち四六本は枯れ、三五本は二、三年前から結実しはじめた（「柿留り木」と表現）が、残り一六〇本はまだ実がならないと報告する。全体の五分の一が枯死し、三分の二が八年ほど経ても実をつけないことは、苗を植えつけて成木まで育てて結実させることは容易ではなかったことを示している。それにしてもこの当時、組織的に苗を新植し、その後の生育状況まで緻密に調査していることには驚かされる。

「蜂屋村仕立入用見積書（控）」を見れば、蜂屋柿の生産にいかに経費と手間がかかったかがわかる。先ほど述べた生柿を買い集める費用のほか、柿干屋二〇〇軒の整備費、柿ちぎり人足賃、柿むき賃、柿むき小刀代、柿や小刀を拭く紙などの諸経費が記載されている（『美濃加茂市史 史料編』）。

『岐阜県史 通史編 近世下』では、農民の苦労は御膳籾の上納に匹敵するようなものであったとする。将軍家や大奥用の米の生産は、全国でも美濃の幕府直轄領のみに課せられ、細心の注意を払って納められた。蜂屋柿の上納は、それと同じくらい農民にとって大きな負担だったというのである。

「蜂屋柿定値段引き下げ断り状幷蜂屋柿仕立入用見積書」には、山伏を大和の大峰山へ派遣する費用が記されている（『美濃加茂市史 史料編』）。「一 金壱両弐分 御柿御祈禱山伏入峰入用組 百廿余年以来、一 米壱石五斗 御柿出来為御祈禱御日待仕候入用 往古より」。美濃から大和の大峰山に毎年相当の経費をかけて山伏を送り出したのは、良質な蜂屋柿を生産できるよう祈禱してもらうためで、安定した生産をするのはそれほど困難だったのだろう。

## ２ 兵糧として

戦時における軍兵の食糧を兵糧といい、なによりも米が思い浮かぶが、干し柿もその一つとされていた。

『北越軍談』は上杉謙信（一五三〇〜七八）一代の記録で、全五一巻からなる軍記である。元禄一一年（一六九八）、槙島昭武の作といわれる。謙信の訓戒三三か条をはじめ、上杉家の軍法などが記されている。荒唐無稽の記述もあると現代の校注者も指摘するが、籠城戦の心得についてはある程度信頼できると考えられるので、付録巻之五について『上杉史料集』をもとに考察しよう。

城内には日頃から籠城に備えて「松・釣樟・栗・榎・檜梧・梅・渋柿・常山青木・拘杞・五加木・桑・茶・三七・野老・薯蕷《いも》・蕪菁《かぶら》・生姜《しょうが》・管クサ・菜菔の類」を植えていた。渋柿は干し柿にして保存食糧にされたものと推測できる。

松明《たいまつ》については「生樫《なまかし》を百日水に浸し、干乾して細に割、是を把子明礬《みょうばん》を引、紙にて三重、強柿《こき》渋を充て、然して用べし」とした。松明は、戸外で用いる灯火として、宮廷・武家の儀式、葬送などをはじめ広く民間でも用いられ、軍陣には必須だったが、その材料のひとつに柿渋をあげている。防水・補強効果のためと思われ、濃度が異なる柿渋を用途によって使い分けていた。また、陣中には鋤・鍬や斧・鎌・鉈《なた》のほか釘、渋紙・糸楯・麻苧を準備しておくよう指示した。城に植えられた渋柿は、干し柿だけでなく柿渋の原料としても利用されたのだろう。戦国時代にはすでに甘柿は広く知られていたが、それでも渋柿を推奨したのである。

全一六巻からなる林子平《しへい》の『海国兵談』は国防を論じた兵書で、天明六年（一七八六）の成立である。第一二巻（籠城並守具）に「城中には栗《クリ》と澁柿《シブ》を多く植えるべし。栗はかち栗に造り、澁柿は釣《ツリ》乾《ホシ》に造るべし。亦一飢を救《スクフ》也」との記述がみえる。城中に兵糧用として栗や柿を植えるように勧めていることから戦国時代の籠城戦を思い起こしたものと思われる。

『金城《きんじょう》温《おん》古《こ》録《ろく》』は、名古屋城の各施設について現状や歴史、由来など古文献の引用を交えた詳細な記録で、現在も城だけでなく街の歴史の史料として重用される。尾張藩士奥村得義（一七九三〜一八六二）とその養子定（一八三六〜一九一八）が編み、全一〇編六四巻に及ぶ。御深井丸《おふけまる》編では「御深井丸広庭の内に、柿・栗の大樹、所々に在し。此物は万々一の節、人食の助あり」と、万一戦争になれば食料とするために城内の庭に植えてあるさまを描写した。

『名古屋城史』は築城以前からあったものとして、国の天然記念物「榧の木」の次に、「山柿」を取り上げる。西北櫓（清州櫓）の南に山柿の老樹があり、幹囲三メートル余り、地上三メートルのところから二幹に分かれて直上し樹高は一七メートルに達するという。西北櫓の位置からして、この山柿は『金城温古録』に「所々に在し」と記された御深井丸広庭の柿ではないかと思われる。二〇〇一年発行の『名古屋城の自然・樹木と薬草編』は、西北隅櫓のヤマガキを取り上げており、この木は現存する。実見したところ、幹周は二人で抱えるほどで、巨木と言えよう。地際から地上一メートルまで幹の片側には大きな洞ができており、古木の様相を呈している（図2－3）。

図 2-3　名古屋城のヤマガキ（著者撮影）

名古屋城は大坂の豊臣氏への備え、東海道の鎮護として一六一〇年に将軍徳川秀忠が普請を命じ、一四年に完成した。当時の政治情勢は緊迫しており、『北越軍談』『海国兵談』にもあるように籠城を想定し、兵糧用として城内に渋柿などを植えたと考えられる。

中世の兵糧に詳しい久保健一郎は『戦国大名

と兵粮事情』で、「著名な軍記物である『関八州古戦録』を繙くと、内容のほとんどは籠城戦に関わるものである」「食糧である兵粮と戦闘用具である矢玉とが勝敗の帰趨を左右すると認識されていた」と述べている。『北越軍談』『海国兵談』『金城温古録』はいずれも城内に渋柿あるいは柿を植えると記している。籠城を想定して食糧となる草木をかならず植えたのだった。

## 3 茶の湯との関わり

### 茶会の菓子

茶の湯文化史研究家の谷晃氏は、茶の湯関連の資料にはじめて「菓子」という言葉が登場したのは、『松屋会記』の天文六年（一五三七）九月一二日朝の会としている（谷「茶会記に見る菓子」）。メニューは「サケヤキ物《鮭焼》　汁（菜）引物　カサウ　アメノウヲ　カイツケ《貝付》　飯　菓子　ヤキクリ《焼栗》　クワイ《慈姑》　コフ《昆布》」である。引物は焼物膳の次に添えるもの、「クワイ」と「コフ」は調理されている。同氏は「一六世紀の茶会では菓子として調理物だけが出されたのかと言えばそうではなく、菓子の語源とされる果物の種類は結構豊富であったことがわかる。ただよく出されていたのは柿と栗で、それらを様々に加工したものを含めると柿と栗が果物の大半を占める」という。また、『和菓子の文化誌』の著者赤井達郎氏は、「千利休時代の菓子は焼栗、煎榧、椎茸、柿などが大部分を占め、現在言うところの菓子は麸焼、薄皮饅頭などその種類も極めて少なかった」とする。ここでは現存する最古の茶会記『松屋会記』に注目してみよう。

『松屋会記』は、奈良の豪商漆屋松屋源三郎家の久政、久好、久重の三代にわたる茶会記をまとめたものである。天文二年から慶安三年（一五三三〜一六五〇）までの膨大な記録が収められており、茶道の成立期を知るうえで欠かせない。

茶会で出た菓子についての具体的な記載を探し、柿が認められるかについて一六世紀の「久政茶会記」、一六世紀末から一七世紀中頃の「久好茶会記」「久重茶会記」に分けて調べた。

『松屋会記』全体で菓子について具体的に記された茶会は三七五回、そのうち柿の記載があるのは九九回である。ほぼ四回に一度、柿が使われている。一方、栗の記載があるのは全体で一七五回とほぼ二回に一度と頻度が高い。その他の果物で目につくのはみかん（金柑なども含む）が二六回、榧《かや》（煎榧も含む）が一七回であったが、いずれも一割に満たない。柿と栗が断然多く、これは当時の茶会で一般的だったと思われる。

茶会開催の時期と柿の入手の難易（収穫期、干し柿であれば仕上がり期、保存可能期間）との関係もあるので、安易な比較はできないが、一六世紀中から後半は頻度が高く、一六世紀末からは減少しているると言ってよい。干し柿についてみれば、「串柿」は一五六〇〜八〇年代にみられるだけで、その後串柿とは乾燥方法が異なる「釣柿」が一六二〇〜四〇年代に登場している。

『本朝食鑑』（一六九七年）巻二には、釣柿は「竜眼肉のように」きわめて甘いとある。同じ頃の

『和漢三才図会』（一七一三年）巻八八では竜眼肉を「果肉は茘枝《れいし》より薄く、白くて漿がある。それは蜜のように甘い」と描写しているので、そのように甘いとは最大級の賛辞であろう（島田・竹島・樋口訳注『和漢三才図会16』）。干し柿の表面につく白い粉は柿霜《しそう》と呼ばれ、ブドウ糖と果糖が結晶化したものである。『大和本草』巻之一〇には「霜は柿霜ト云薬品ナリ」とあり、近世にはこの霜だけ集めて将軍家に献上する大名もいた（『本朝食鑑2』）。このように吊し柿は当時非常に貴重な菓子で、茶会で串柿から移行したのもうなずける。天正二年（一五七四）二月三日に美濃を訪れていた宗及を信長が招いた茶会では、四汁三菜の後に「御菓子　枝柿一種」が供された（枝柿は釣柿のこと）。これについて今日庵文庫長の筒井紘一氏は著書『利休の茶会』で、「一種菓子が出されただけである。信長は犬山天目と珠光茶碗の両方を使っているので、濃茶・薄茶ともに出したものと考えられるが、柿一種で茶を飲んだことになる」というが、竜眼肉のように甘いのであれば納得できる。

『松屋会記』にはさまざまな種類の柿が登場する。「カキ」はさておき、「ミノ柿」、「コネリ」、「ツリ柿」の頻度が高い。コネリは甘ガキの木練、ツリ柿は吊し柿のことで先述した（第一章）。

ミノ柿については、一七世紀初頭の『日葡辞書』では「Minogaqi ミノガキ　美濃の国産の柿」とあるがその詳細はわからない（『邦訳 日葡辞書』）。ただ、本章[1]で述べたように、『お湯殿の上の日記』天正一五年（一五八七）二月一〇日条に「院の御所よりみのかき一ふたまいる」、『慶長日件録』慶長九年（一六〇四）三月二二日条には、「上様へ美濃柿百進上之」と記されている。このことから、これらのミノガキは生柿ではなく干し柿で、先述した天正二年の茶会の菓子などを併せ考えると「ツリ柿」ではないかと思われる。

さて、『松屋会記』とともに茶の湯全盛期の茶会記の双璧とされる『天王寺屋会記』にもミノ柿はよく出てくる。記載された柿のうち六割強がミノ柿である。『天王寺屋会記』の期間は二年に満たないが、『松屋会記』と同様に当時の茶会でミノ柿が重要な位置を占めていたことがわかる。

## ④『江戸中期農作物諸国産物帳』にみられる品種

享保二〇年（一七三五）から元文三〜四年（一七三八〜三九）にかけて、幕府の命を受けて全国の大名領、天領、寺社領は自領内の産物を克明に調べ、領・国ごとに『産物帳』が編纂された。

ここでいう産物とは、加工品、手工業製品は一切含まず、農作物、植物、動物、鉱物に限られる。江戸幕府がこのように農作物（その品種まで）や動植物を全国一斉に調査したのはこの時が最初で最後であり、画期的なことであった。こうして編まれた『産物帳』は本調査の企画・総括の任にあたった本草学者丹羽正伯のもとに集められたが、所在が分からなくなっていた。しかし、盛永俊太郎、安田健の両氏が、北は陸奥国南部領（盛岡領）から南は日向国諸県郡（鹿児島領）まで、四二の国・藩領の国許に残っていた控えの文書を探しあてた。その農作物の部分を抜粋してまとめたのが、『江戸時代中期における諸藩の農作物——享保・元文諸国産物帳から』（以下『江戸中期農作物諸国産物帳』）

である。

この『江戸中期農作物諸国産物帳』により、江戸中期の柿の品種や栽培の状況が全国的に概観できる。なお、同書が品種として扱うなかには呼称に類するものもみられるが、果樹園芸学者菊池秋雄氏も、ここに収められた金沢藩の『加州物産志』を「当時の柿の品種名を記した代表的な文献」と評価しているので、本書も品種として扱う。

掲載された四二の国・藩領のうち、四〇か所で柿が記されていることから、全国的に農作物として分布していたと考えてよい。その他の果樹を見ると梨は三九か所、桃は三七か所、梅は三五か所、栗は三三か所、みかんは二三か所で、柿が最も多い。柿の品種が多い地域は美濃国の四九品種、次いで加賀国四八、長門国三六、備前備中・岡山領三五、尾張国三一などである。

品種の内訳は、『江戸中期農作物諸国産物帳』巻末の集計表によれば、「ごしょ柿（大和柿）」二五か所、「きねり（こねり）」一九か所、「みやうたん（じ）」一五か所、「きざわし」一一か所、「八王子」一〇か所、「はちや」九か所、「にたり」九か所、「みのかき」九か所、「西条」九か所、「ひら八か所、「しなの（君遷子）」七か所、「えんざ」六か所、「まめかき」六か所である。

当時の代表的な品種について、以下で近世の本草書や農書を中心にみておこう。

ごしょかき

『江戸中期農作物諸国産物帳』では「ごしょかき」「ごしょ」「御所柿」「御所かき」「ごしょ（大和

かき）」「大和柿（御所柿）」などさまざまな表記があり、頻度が高いのは「御所柿」「御所」である。ここではこれらをまとめて「ごしょかき」とする。

「ごしょかき」は全国に分布する品種のなかで最も多く、六割ほどの国・藩領でみられる。北は出羽国庄内領から南は肥後国熊本領まで、全国に広がっていた。

俳諧書『毛吹草』（一六四五年）巻四では「御所柿《ゴショガキ》」が名物として紹介されている。「ごしょかき」の初出の部類に入ると思われる。近世に流行した小噺の祖ともいわれる『寒川入道筆記』（一六一三年頃）にも「御所柿」がみられる。江戸時代初期にはすでに「御所柿」が広く知られていたことがうかがえる。『農業全書』（一六九七年）巻八には、「柿《かき》ハ上品《じょうぼん》の菓子《くハし》にて、味《あじハ》ひ及《およ》ぶ物《もの》なし。其品《しな》甚《はなハだ》多《おお》し。就中《なかんづく》京《きょう》都《と》の、こねり、尤《もっとも》上品《ぼん》なり。大和《やまと》にてハ御所柿《ごしょがき》と云《いふ》」とある。

一七世紀末の『本朝食鑑』（一六九七年）巻二では「御所柿」を「味が絶美」、「和州、城州産が一番良く、味は蜜のように極めて甘い。……土地の人は、その勝美なのを取って、禁裡に貢献している」とし、「濃州、尾州がこれに次ぎ、河州、泉州、摂州、江州、丹州、播州などの産が又これに次ぐ。甲駿〈甲斐、駿河〉でも多く産出するとはいえ、畿内、海西《さいこく》の産には及ばない。江東《かんとう》の産は味が薄く、美《よ》くない」と大和、山城産が一番良いとした。『大和本草』（一七〇九年）巻之一〇は、「京都の木練《こねり》を上品と為し、大和の御所の邑より多出づ。故に御處柿と云。是亦木練の佳品也」と記す。「ごしょかき」は優れた木練（甘柿）を意味している。

『和漢三才図会』（一七一二〜一三年）巻八七は、「柿の品種は多いが、和州の五所の産が最も優れており、今畿内では皆これを移し植えている。……俗に五所柿という（あるいは大和柿とも木練柿ともいう）」（島田・竹島・樋口訳注『和漢三才図会15』以下同様）。同書中の「五所柿」は『農業全書』の「御所柿」ことで、一七〇〇年頃には畿内で「御所柿」の植栽が活発だったことがわかる。また、大蔵永常による『広益国産考』（一八五九年）四之巻には、「甘柿《あまかき》の類《るい》にてハ昔大和《むかしやまと》の御所《ごしょ》といへる村《むら》より出《いで》たる御所柿《ごしょがき》を最上《さいじょう》とす。今ハ諸国《しょこく》に植弘《うゑひろ》められ、近世《きんせい》ハ甲州《かうしう》に多く作《つく》りて東都《えど》に出《いだ》す」と記され、植栽は諸国に広まっていることがうかがえる。

『果樹園芸大百科6　カキ』は「御所《ごしょ》」をこう説明する。「原産地は奈良県御所市で、一七世紀の文献には既にこのカキの記載があり、最も古い完全甘ガキ品種である。江戸時代にすでに広島や山梨など広い地方に栽培されていた。他の完全甘ガキ品種は、この品種またはこの近縁品種と渋ガキ、不完全甘ガキ品種との交雑の結果成立したものと思われる」。

第一章で述べたとおり、甘柿には種子の有無にかかわらず渋味が抜ける完全甘柿と、種子が十分できないと渋味が抜けない不完全甘柿がある。『江戸中期農作物諸国産物帳』の「ごしょかき」が現在の完全甘柿「御所」だとはかならずしも言えない。『昭和五三年度種苗特性分類調査報告書（カキ）』（以下『昭和五三年度調査報告書』）では、「御所」は富有や次郎が普及する以前は近畿・東海地方を中心に栽培され、土質を選び、適地以外では優品を産しないうえ、「関東以北では温度不足で脱渋不完全になり易い」と記している。『江戸中期農作物諸国産物帳』で加賀・能登・佐渡から出羽庄内領まで分布がみられる「ごしょかき」はこれに当てはまると思われる。この地域では温度不足のため「御所」の栽培は難しいので、「ごしょかき」は「御所」のような完全甘柿ではなく不完全甘柿であったと推察される。『本朝食鑑』は、「いろいろな柿の中で下賤でないのを、すべて御所柿と呼ぶこともある」といっているので、不完全甘柿を含め甘柿という大きな括りで「ごしょかき」と呼んだ場合も少なくないのであろう。

前出の『広益国産考』の後段では、「甘柿《あまかき》ハ熟《じゅく》し食《くら》ふべき間《あひだ》纔《わづか》三十日にハ過《すぎ》ず。農家《のうか》にて園中《えんちう》に五本七本づゝ植《うゑ》て利《り》を得《う》るといへども、わづかにて所《ところ》の産《さん》ともなることなし」とも記している。これは甘柿品種全般のことではあるが、品質優良な「御所柿」であっても、保存できる期間が短いことから、その特産地は、たとえば江戸のような大きな消費地近郊の限られた地方に止まっていたと推測できる。

## きねり（こねり）

『江戸中期農作物諸国産物帳』では「きねり（こねり）」は「ごしょかき」に次いで多い。「木練」「こねり」「こねり柿」「こねりがき」「木ねり」「きねり」など地域によって表記は多少異なる。

室町時代の日常語を集めた国語辞典『下学集』（一四四四年）をはじめ、一六〇〇年前後の『天正十八年本節用集』や『和漢通用集』には「木練《こねり》」の記載がみられる。『下学集』や『饅頭屋本節用集』には「木淡」がある。『日葡辞書』（一六〇三年）には、「Coneri コネリ　柿の一種で味のよいもの」、「Qizauaxi キザワシ　柿の一種」と記されている。同書に甘柿を指す両者が収められていることは注意しておきたい。なお「ゴショカキ」の記載は認められない。俳諧書『毛吹草』（一六四五年）では「嵯峨の木練柿《コネリガキ》」と名産として紹介している。

木練や木淡について詳しい説明がある最も古い文献は『雍州府志』（一六八四年）巻六で、まず、「木練の多くは嵯峨より出づ」として、木練《こねり》は「木に在りて練熟するの謂なり」、木醂柿《きざはし》は「枝頭にありて自然に成熟するものなり」とみられる。ともに枝に着いた状態で成熟し甘くなるという意味だが、二品種の違いは判然としない。

なお、地域による呼称について、周防国では、「ゐほしきねり（ときりきねり）」、「ひらきねり（なつきねり）」、「西条きねり」とみられる。どのような違いがあるかはわからないが「きねり」の中で幾つかに区別され認識されていたことは興味深い。

### めうたん類

『江戸中期農作物諸国産物帳』において「みやうたん（じ）」は、ごしょかき・きねり（こねり）に次いで多い。みやうたんかき（陸奥）、めうたん（木曽）、みようたん（信濃）など地域によって表記は多少異なるが、ここではまとめて「めうたん類」とする。『蔭涼軒日録』の長享二年（一四八八）七月一八日条には、「自㆓安楽寺㆒妙坦柨一鑑贈㆑之」とある。「妙坦柨」は贈答品であったこと、この日は新暦では九月三日で、早生種のなかでもきわめて早い部類の甘柿であったことがわかる。

戦国時代や江戸時代の雑兵たちの体験談をまとめた『雑兵物語』には、次のような一節がある。

「妙丹柿の熟れたような大頭の敵が一匹、旦那を討とうと刀を抜いてかかってきた。そこを狙いすまして、この鉄砲で撃ったところ、さいわい妙丹柿に照準がぴたりとあって、即座に成仏した」（吉田豊訳『雑兵物語』）。ここで「妙丹柿」は人の大きな頭を指している。『日葡辞書』には、Miotanは「ミャウタン（妙丹）頭。例、（妙丹打ち割られな）頭を打ち割られないように用心せよ。卑語」とある。「めうたん」柿が転じて「人の頭や首のたとえ」と記した古語辞典もある。頭や首のたとえにされるほど、「めうたん」は一般によく知られた柿であった。

「御所柿」をはじめさまざまな柿を取り上げる『本朝食鑑』（一六九七年）は、次のように解説する。「一種に、平扁な短円形で肥大なものがあり、美也宇多牟《みやうたむ》というが、これには四分するような溝道のついたものもある」。同じ頃の『花壇地錦抄』（一六九五年）は「ミやうたん」など一四品種の柿を挙げていて、当時は主要な品種であったようだ。『本朝食鑑』と同様に特徴を「平大キし」と表している。

月ごとの年中行事や事物を紹介する歳時記の『俳諧手挑灯《てぢょうちん》』（一七四五年）は、九月の果実として「柚子、柹、御所柹、栗」を挙げる。「柹」はさらに「じゅくし、コネリ、串柹、木ざハし、つるし柹、筆柹、めうたん、志ぶ柹、柹餅」と説明する。

甲斐国（山梨県）に関する総合的な地誌として有名な『甲斐国志』（一八一四年）巻之一二三では、「木練《コネリ》、木醂《キザハシ》ハ妙丹トモ云ヒ、始メヨリ渋気ナシ御所柿ヲ第一ノ佳品トス」となっている。ここでは妙丹が甘柿の「木練、木醂」として扱われていることに注意しておきたい。ただ、同じころ刊行された小野蘭山『本草綱目啓蒙』（一八〇三〜〇六年）や『広益国産考』（一八五九年）には、「妙丹」は見あたらない。

一八九〇年頃に曲直瀬《まなせ》愛が編んだ『内国産柿一覧図解』には、二七品種の甘柿と一八品種の渋柿が記載されており、甘柿に「妙丹」も入っている。わが国の園芸学に科学的知見を導入した池田伴親による『The Fruit Culture in Japan』（一九〇七年）には明治期の在来果樹品種が示され、柿八八品種のなかに「妙丹（明丹）」が認められる（『果樹農業発達史』）。

中世から明治のはじめまでの文献では、「めうたん（妙丹）」は甘柿またはそう示唆するものがほとんどであったが、農商務省農事試験場が一九一二年にまとめた『明治四五年柿調査報告』をみると、地域によって渋柿を指すところもある。愛知県、兵庫県、岡山県、佐賀県、長崎県では甘柿、福島県、広島県、香川県では渋柿、静岡県と鹿児島県では両方があった。たとえば静岡県では、「妙丹」「霜妙丹」「平妙丹」「秋妙丹」「新妙丹」「小妙丹」が甘柿、「妙丹」「霜妙丹」「半妙丹」が渋柿である。「妙丹」「霜妙丹」は甘柿と渋柿のものがあるが、同名異種にあたるものである。いずれにしても、地域における品種の分化の様子をみることができる。

同報告書では甘柿の「妙丹」は円形あるいはそれに近い形に分類され、中世や近世の文献における「妙丹」の形状と一致するが、渋柿の「妙丹」は『明治四五年柿調査報告』では長形に分類されてまったく異なる。青森県三戸郡には「漬柿」という柿の漬物があり、渋柿の「妙丹柿」を使う。三戸郡の「妙丹」は江戸時代まで遡ることができる。

ところが同じ頃出版されたわが国初のカキの専門書『実験・柿栗栽培法』では、甘柿二七品種、渋柿三二品種のなかに「妙丹」は見あたらない。当時の農学校用のテキストだった『実験果樹栽培教科書』も甘柿一〇品種、渋柿一一品種を挙げるが、ここにも「妙丹」はない。

なお、先述の静岡県の「霜妙丹」を除く五品種の甘柿の妙丹類と極めて近縁の「天龍坊」という品種は、現在の代表的な甘柿の「富有」の誕生に大きく関わっていることが近年の研究で明らかになっている。

「天龍坊」は『昭和五三年度柿調査報告書』によれば、静岡県遠州地方原産の円形の不完全甘柿で、大正年代まで東京市場における有名な品種の一つであったとされる。また、『農学大系 園芸部門 柿編』（一九五七年）では、東海地方の標準品種として、「富有」「次郎」などとともにあげられている。柿栽培史上注目しておきたい品種である。

八王子

『江戸中期農作物諸国産物帳』では「八王子」も各地に分布しており、越中国、能登国、加賀国、近江・高島郡、備前国、出雲国、長門国、周防国、筑前・福岡領、日向・諸県郡の一〇か所でみられる。このうちの越中国では「味よし」、能登国では「八稜柿、味しぶ又味よし」、加賀国では「実丸、きた《(ママ)》八つ程あり、味渋甘し又よし」、備前国では「八稜柿」の説明がある。形状からすると、紀伊国の「八方柿（八稜柿）」、和泉・岸和田領の「八方かき」も「八王子」に含めることができ、「きざわし」を上回る国・藩領でみられることになる。なお、これらの国の味についての記載は不完全甘柿の特徴を表していると思われる。

古語辞典や国語辞典のなかには「八王子」の意味に「カキの一品種。筆柿」を挙げて、『崑山集《こんざんしゅう》』（一六五一年）から一、二句引いているものもある。『崑山集』は一四巻にも及ぶ大部の俳諧撰集で、四季に分類してある。秋の項では柿を詠んだ三五句が収められている。そのうち「八王子」が出てくるのは「御所柿にくらゐやまけぬ八王子」「客人にすゝむる柿や八王子（貞利）」「柿づきんかぶれあたまのはち王子（易延）」の三句である。最初の句は「御所」と天皇、「王子」と親王をかけており、当時の「八王子」は相当品質の良いものと見なされていたのだろう。

『崑山集』には、御所柿（五句）、円座柿（二句）、縁座柿（一句）、えんざ柿（一句）、八王子（二句）、はち王子（一句）、木練柿（一句）、こねり柿（一句）、ときん柿（二句）、ときんがき（一句）、筆柿（二句）、信濃柿（一句）、ゑぼし柿（一句）とさまざまな柿が登場する。ときん柿と筆柿以外は『江戸中期農作物諸国産物帳』巻末の集計表の品種にみられるものであるが、江戸初期にすでにこれらの呼称があったことがわかる。

山城国の地方誌ともいえる『雍州府志』（一六八四年）にも出てくるが、「八王子」の特徴である表面の溝に触れておらず、果形から考えても『江戸中期農作物諸国産物帳』の「八王子」とは異なると考えられる。

『群書類従』（一七七九～一八一九年）に収められた『柿本氏系図』という御伽草子は、柿の一族を擬人化してその系図を記した異類物であり、「人丸けいづ」を付す。「こねり」(「後に御所がきとめさる」と注記あり)の三男は「八王子」で、「かたちふつ、にか《(ママ)》してかたくななれば、ひえの山にのぼせ学問させけるが、びんぎのみねに行、みづから八わうじとがうす」という(図2-4)。ふつつか(不束)でかたく(頑)なな形とは、『江戸中期農作物諸国産物帳』にあった、溝の入った「八王子」特有の果形を指すのではないかと思われる。『柿本氏系図』の成立年は、室町期または室町末期といわれる。柿に造詣が深い俳人坪内稔典氏は、「『柿本氏系図』は柿を物語にしたもの。柿は物語にするほど親しまれていたのであろう」と述べている(『柿日和』)。

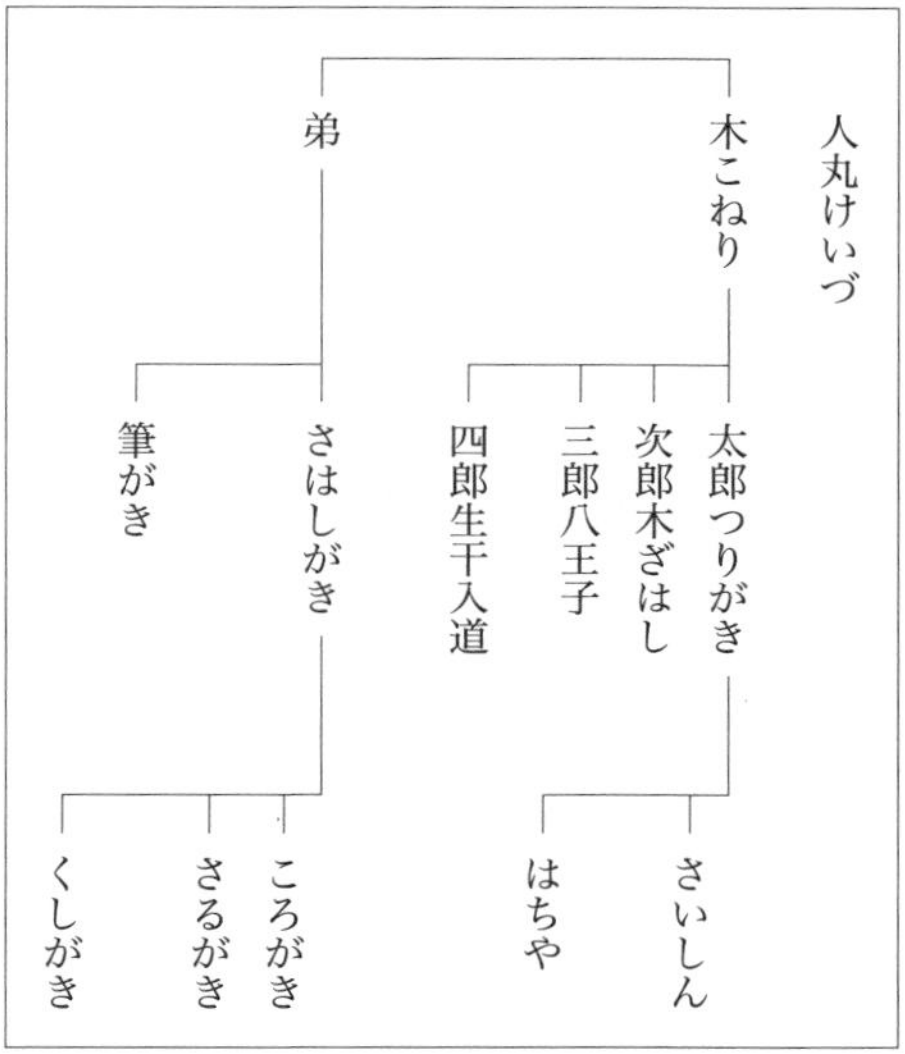


図2-4　『柿本氏系図』中の「人丸けいづ」(『群書類従』第28輯よりトレース。それぞれの柿についての注記は割愛した)

江戸後期の代表的な本草書『本草綱目啓蒙』の柿の項には、「八稜稍扁ト云ハ、八稜柿群芳譜也。俗名八王子ガキ、一名、八百屋ガキ　タカノセ播州　ヤツミゾガキ石州　形大和ガキヨリ小ク色黄ニシテタテニ八稜アリ」とある。果実に八本の稜があり、ヤツミゾガキ(石見国)とも呼ばれており、『江戸中期農作物諸国産物帳』の「八王子」と同じものだと思われる。また、八百屋ガキという呼称から、一般的に流通していたのであろう。近世の農業技術の集大成書といえる『広益国産考』(一八四二〜五九年)には柿一二品種が認められ、その一つに「八稜柿はちわうじかき」がある。『明治四五年柿調査報告』でも円形の甘柿としては禅寺丸型などともに八王子型という分類があるほど重視されたが、その後は主要な品種としては認められない。

## はちや柿

『江戸中期農作物諸国産物帳』では、「はちや柿」「はちやかき」「はちや」などとしてみられ、北は出羽・庄内領から南は備前備中・岡山領まで広範に分布する。ここでは、まとめて「はちや柿」とする。加賀国などの『産物帳』の記載によると、渋柿で果実は大きく、先が尖った長形で角ばっていたことがわかる。

現在の園芸学的分類では「はちや柿」という品種はなく、本章①で述べた「堂上蜂屋」の別名として「蜂屋」があげられている。「堂上蜂屋」に類似した品種に「甲州百目」がある。同品種は非常に古くから存在した品種で、宮城県以南、中四国にわたって分布しており、熟柿、干し柿として品質優良とされる。また、幾つかの系統に分かれており、「富士」を筆頭に別名も多く、その中に「蜂屋」(ハチヤ)もある(『昭和五三年度柿調査報告書』)。『江戸中期農作物諸国産物帳』で記載がみられる「はちや柿」が「堂上蜂屋」か「甲州百目」のいずれにあたるかを判断するのは難しい。

さて、『本草綱目啓蒙』(一八〇三年)では「はちや柿」について、次のように「ミノガキ」と同じものと見なす。塔柿は『本草綱目』で記載されている柿の主要品種の一つで、白柿とは表面に白い粉をふいた、現在の枯露柿に相当する。

　塔柿ハ、ミノガキ。即、漆柿ノ中形長大ナルモノニシテ濃州ノ名産ナリ。皮ヲサリ乾シテ白柿トナシ、蜂谷《（ママ）》ガキト云。蜂谷ハ濃州ノ地名ナリ。コノ柿尾州ヨリ献上アリ、又、芸州ヨリモ白柿ヲ出ス。西城柿ト云。

尾張藩出身の幕末・明治の植物学者で、シーボルトに師事した伊藤圭介は『日本産物志』（一八七三～七七年）を著した。ここで美濃国の特産品として「蜂屋柿」を挙げ、その歴史と製造法を詳しく述べたほか、その繁殖法や果実の形状を記し、果実だけでなく枝、葉、花の精緻な図も付している（図２－５）。「此柹ノ形最大ニシテ長サ三寸許、圍七八寸、ソノ重サ百銭餘ニ及ブ」と、最大クラスになると果実は縦の長さ、約九センチ、横幅七センチ、重さ三八〇グラムほどというから、きわめて大きい。

図 2–5　ハチヤガキ（伊藤圭介『日本産物志』文部省、1873 ～ 77 年）

同書の「蜂屋柿」と『本草綱目啓蒙』で挙げら

れた「蜂谷ガキ」は「堂上蜂屋」だと考えてよいだろう。

# 第三章　在来品種の調査と研究の発展

## 1　明治期の取り組み

明治になって、殖産興業を担う内務省勧業寮は諸外国より各種の果樹類を導入したが、一方で在来の柿、栗、梅などはほとんど放置された。柿は優良品種に関心を払った程度で、多くは相変わらず宅地や田畑の周辺でとくに剪定もされず、自然放任の状態だった。一年おきに豊作と不作を繰り返す隔年結果は仕方がないとされ、まして樹形管理や施肥、病虫害の予防や駆除といった技術は確立されなかった。

だが、「明治三〇年前後より柿に注意する者が続出し、農家で、宅地、堤防、畦畔などに栽植するものが多くなってきた」（木村光雄『農学大系　園芸部門　柿編』）。明治三〇年以降大正末期に至るこの時期は、全般的には日清・日露戦争および第一次世界大戦によって、わが国の工業は飛躍的に発展した。この結果、「国民の所得を増加させ、次第に果実の需要を拡大するようになった。この需要に対応して果実の供給力を増加するために、農家が果樹作に力を入れ始めた」のだった（『戦後農業技術発達史』）。

## 優良品種の調査から普及へ

明治一四年（一八八一）に、農林、水産、商、工業などに関する行政を主管する農商務省が設置された。明治二六年に同省農事試験場が東京府北豊島郡滝野川村西ヶ原（現・北区西ヶ原）に、明治三五年には園芸部が静岡県興津町（現・静岡市清水区）に開設された。果樹担当技師は当初、「富有」の普及に大きく貢献した園芸部長の恩田鉄弥を含めてわずか二名であった。この少ない人員で優良品種を探索し、全国規模の品種調査を行っていくことになる。道府県の農事試験場にも園芸部は設けられたが、設備も人員も貧弱だったようだ。なお、農商務省の園芸部は大正一〇年（一九二一）に園芸試験場として独立する。

京都大学農学部園芸学研究室の初代教授菊池秋雄は著書で、「我が国の柿は古い栽培の沿革を有し、広汎に亙って変異性に富み、無数の品種を包含するが、封建時代が長く継続せしために、地方的に局限された品種が少なくない」とし、在来品種を検討することは優良品種の発見に大いに役立つと考えた。そして、明治三〇年代以降の研究成果を評価し、この頃全国的に紹介された地方の優良品種として、岐阜県の「富有」をはじめ、静岡県の「次郎」、新潟県の「八珍」（平核無）、山口県の「横野」、

図 3-1　「富有柿発祥の地」碑と母木（著者撮影）

高知県の「稲山」などをあげた。とくに甘柿の代表格である富有の発見から普及までの説明に頁を割いている（『果樹園芸学・上巻』）。

このうち「富有」と「次郎」は完全甘柿、「八珍」は不完全渋柿、「横野」と「稲山」は完全渋柿である。「八珍」は極上の醂《さわし》柿用品種で干し柿としても優良、「横野」と「稲山」はともに優良な醂柿用品種である。ちなみに、「八珍」は現在も代表的な渋柿で、種子が無く「平核無」の名称で知られる。

明治一四年、農事改良と農業技術指導を目的に全国組織の大日本農会が発足した。同会は各地で品評会、共進会を実施し、品質の向上を図った。

日本農業研究所が刊行した『戦後農業技術発達史　果樹編』は、この時期に地方の先覚者が果たした役割を高く評価する。岐阜県では福嶌

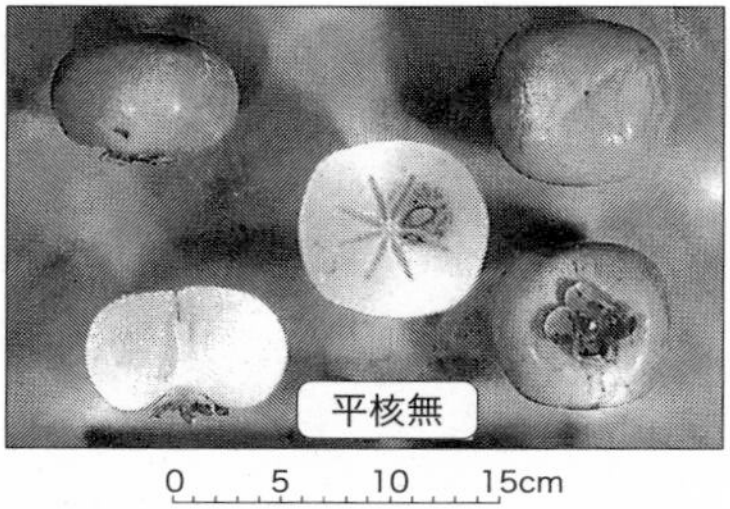


図 3–2　平核無（「八珍」。遠藤融郎『カキ品種名鑑』日本果樹種苗協会、1987 年より、一部改変）

才治が「富有」を見いだした。原産地は岐阜県瑞穂市居倉（旧本巣郡川崎村大字居倉）で、小倉長蔵の宅地内に原木があった（前頁図３－１、口絵⑦）。福嶌はこれを自宅の柿に接ぎ木をして試作し、明治二二年より「水御所」もしくは「居倉御所」という名で各地の品評会などに出品した。そして明治三一年には「富有」と命名される。明治三六年に関西府県連合会共進会に出品した際、審査長の農事試験場園芸部長恩田鉄弥が絶賛したこともあって、急速に栽培が広がる。一方、江戸時代から近畿、東海を中心に広く栽培されていた甘柿の優良品種「御所」は、収量が少なく、外観や渋残りなどの欠点もあって激減していく。

山形県鶴岡市の鈴木重行は、明治二〇年頃、新潟県の苗木商から購入した苗木を植えたものの中から種無しの「八珍」（「平核無」。図３－２）を見いだし、同市の酒井調良はその栽培を庄内平野周辺に広めるため尽力した。「八珍」は原産地の呼称で、明治四二年（一九〇九）に山形県農会主催の品評会開催の折、審査長を務めた東京大学の原熙《ひろし》により命名された。なお、この原木は昭和六年（一九三一）に新潟県新津市古田で発見されている。

明治四四年には日本種苗株式会社より『実物写生　柿実図譜』が当時としては珍しいカラー版で、『柿樹栽培法 附・加工品製法』とともに出版された。

『実物写生　柿実図譜』には、「富有」「次郎」「御所」など甘柿が二二品種、「甲州百目」「衣紋」など渋柿が一〇品種、カラーの図に甘渋の区別が付してある。柿色が鮮明に施され、種子、褐斑の様子、条紋も丁寧に描かれている（口絵⑧）。凡例によると、「明治四十一年、四十二両年に渉りて本社内に開催せし果実蔬菜品評会において全国著名の産地より集めたる実物を写生したもの」だという。国や県の試験場や農会とともに、こうした民間の会社も柿の優良品種の探索にかなり力を入れていた。同社はこの年『農家之副業』も刊行している。

幕末から明治初頭に活躍した福井藩主松平春嶽《しゅんがく》の孫にあたる松平康荘《やすたか》は、「立国の大本は農業の振興にあり」という祖父の意志を継ぎ、英国サイレンセスター王立農学校へ留学した。そして帰国すると、福井城跡地に「松平試農場」という名の農事試験場を創設する。彼が目指したのは、西洋式農場経営の導入でも西洋農作物の移植でもなく、日本に近代的な農事試験場をつくることだった（熊澤恵里子「経験知から科学知へ」）。奇しくも同じ年に、農商務省は現在の東京都北区西ケ原に農事試験場を設立する。

松平試農場では、各種の作物や果樹の栽培の試験を行った。特に柿はさまざまな品種を集め、整然とした果樹園で栽培し、整枝、剪定、結実と授粉、脱渋の難易などを研究した（菊池秋雄『果樹園芸学・上巻』）。日英同盟八周年を記念してロンドンで明治四三年に開催された日英博覧会に、康荘は長年の成果をまとめた英文論文『The Culture of Kaki』（次頁図3－3、口絵⑥）を出品して名誉賞を受賞している。菊池秋雄はこの論文を、柿に関する実験結果を明らかにし、日本産の柿に対する認識を欧米の園芸界に与えたのみならず、国内でも多方面にわたる柿の研究報告の嚆矢であると高く評価した。

果樹園芸学者で、東京帝国大学助教授を務めた池田伴親は、明治四〇年に三〇歳で夭折したが、日本の園芸学にはじめて科学的研究を導入したといわれる。主著に『園芸果樹論』（一九〇四年）があり、数年にわたる綿密な観察に基づき、柿の結果習性をブドウやリンゴなどと比較し、写真も用いて詳述した。

図 3–3　松平康荘による『The Culture of Kaki』（1910 年）の表紙（福井県文書館提供）

## ② 明治四五年の柿調査報告書

### 在来品種の基本台帳

農商務省農事試験場園芸部は、明治四三・四四年（一九一〇・一一）の両年にわたって全国から多くの品種を集め、『農事試験場特別報告』第二十八号（「柿ノ品種ニ関スル調査」）としてまとめた（図3－4）。「蒐集せる品種は三〇〇〇点以上に達し、品種名を有するもの一〇三〇、確実なる異名同物九三、多少の相違あるも、異品種と認めしもの九三七に達した」（菊池秋雄『果樹園芸学・上巻』）。菊池がこの事業を「空前の壮挙である」と評したのもうなずける。これを契機に品種の特性も明らかになり、わが国の柿栽培を大きく進展させた重要な調査であった。

それから七〇年ほど後、広島県は農林水産省の委託事業として全国調査を実施し、『昭和五三年度種苗特性分類調査報告書（カキ）』（以後『昭和五三年度柿調査報告書』と表記）にまとめた。これは、現在栽培されている品種を把握する上で必須の文献である。ただし『昭和五三年度柿調査報告書』が発刊できたのは、ひとえに『明治四五年柿調査報告』という「基本台帳」があったからである。この間に多くの品種が消失し、『昭和五三年度柿調査報告書』には三二六品種しか記載されていない。

『明治四五年柿調査報告』の冒頭には、「甘柿及び渋柿ノ分類表」が掲載されている（次頁図3－5）。まず甘柿と渋柿に分け、甘柿は御所型と御所型以外に分けられる。御所型は完全甘柿を、御所型以外は不完全甘柿を指すといえよう。

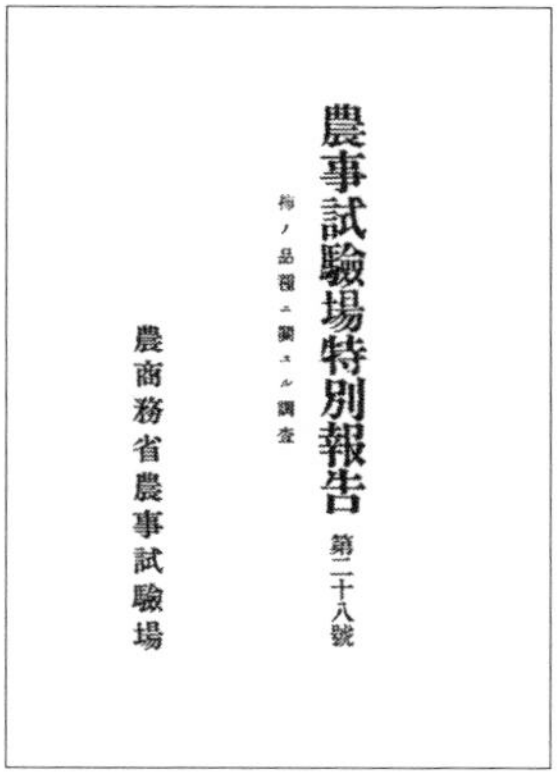
農事試驗場特別報告　第二十八號

柿ノ品種ニ關スル調査

農商務省農事試驗場

図 3-4　『農事試験場特別報告』第二十八号』（「柿ノ品種ニ関スル調査」、1912 年）

そして御所型以外と渋柿は、長形、方形、円形、扁形、その他の五つに分類される。このような果形に依拠した分類方法が採用されるに至るまでにさまざまな議論がなされたことは、同報告の緒言の「基本種は単純で、品種数が多数にのぼるものにありては人為分類以外に取るべき方式はない」という説明からわかる。『昭和五三年度柿調査報告書』も『明治四五年柿調査

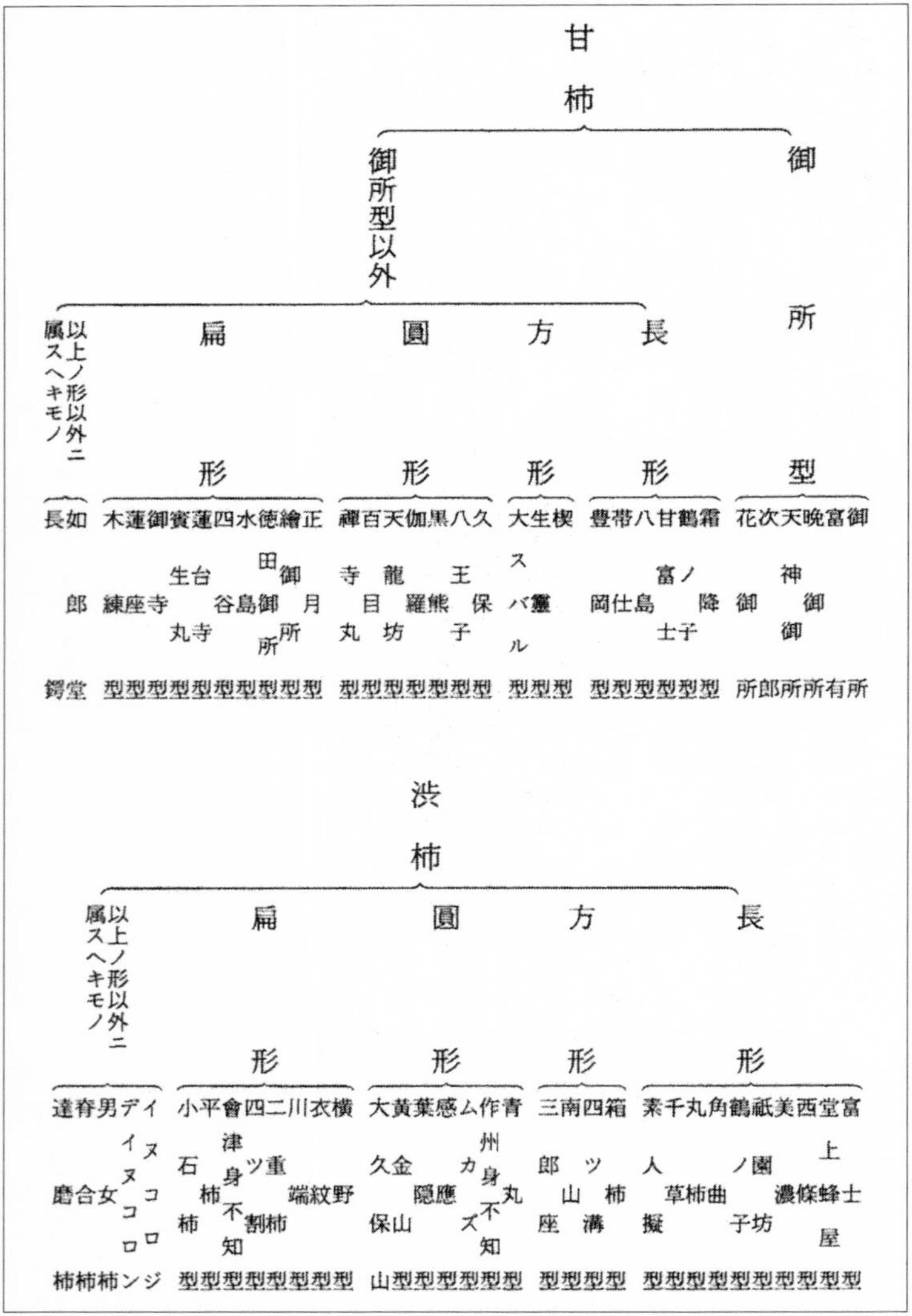


図 3-5　甘柿及渋柿の分類（『農事試験場特別報告』第二十八号、1912 年）

報告』の分類基準を踏襲している。園芸学的分類の見地から柿の品種を甘柿と渋柿の二つに分類したのは、明治九年（一八七六）刊の藤井徹『菓木栽培法』が最初と思われる。藤井は甘柿二〇品種、渋柿六品種をあげ、甘柿を早生種、中生種、晩生種に分けた。

## 膨大な品種があった明治時代

明治末のような全国的な調査はわが国ではじめてのことで、国や地方の試験場が総力を挙げたものであった。果樹園芸学にとどまらず、民俗学的にも非常に価値をもつ資料である。

柿は日本人の生活に深く根を下ろした果樹で、美味しいと思ったらその種子を庭先に播いたり、その枝を接ぎ木したりして、自分の家の柿をつくってきた。昔は旅に出ることも少なかったであろうが、講などで旅に出かけた折には、うまいと思った品種を持ち帰って殖やそうとしたであろう。柿は、それぞれの家の人々と「生活を共にする」樹として、家、ひいては村の歴史を年輪に刻みつつ生きてきたのである。

『明治四五年柿調査報告』に収められた厖大な数の品種名から、当時の人々の暮らしの一端を伺い知ることができると思われる。これらの品種について、筆者が各都府県別に整理したもの（巻末の付表「全国のカキ品種の分布（1甘柿　2渋柿）」）をもとに、いくつかの角度からみてまとめ、特徴的な品種について触れる。なお、『明治四五年柿調査報告』に記載がなく、他の文献によるものも含まれていることをお断りしておく。

## 人名にちなんだ品種

人名にちなんだと思われる品種は次のとおり（ゴシック体は甘柿、その他は渋柿、以下同様）。

山形県　勘兵衛・治右ェ門・茂助
静岡県　伊佐右門・藤八・三郎
富山県　庄左衛門・惣四郎・紋兵衛
石川県　紋兵衛・三郎
福井県　大四郎・紋兵衛
岐阜県　大郎助・近江大四郎・冴大四郎
三重県　長兵衛
滋賀県　紋兵衛
京都府　伝四郎・佐左衛門・真倉萩太郎・藤右ェ門・安兵衛・源兵衛
和歌山県　三平
大阪府　団次郎
兵庫県　徳平・大郎助・弥治郎・弥平
岡山県　弥六

徳島県　六郎
高知県　久太郎・忠兵衛
福岡県　甚九郎
佐賀県　八郎
長崎県　藤三

優れた品種を見つけたり、その栽培や普及に貢献した人にちなんだ品種名がつけられ、そこで根をおろしたのだろう。『農業全書』（一六九七年）をはじめ近世の農書は接ぎ木の技術についても詳しく解説している。とりわけ、『広益国産考』（一八五九年）巻四では柿の節の半分近くを当て、詳細な図も付し（図3-6）、「柿の木を接事」の項では、「近所によい柿の木があれば、穂木をもらってきて」とある。篤農家などは従来の品種より優れた形質のものを見つけた時、接ぎ木などの技術を駆使し、それを増殖、普及していったことが推測できる。

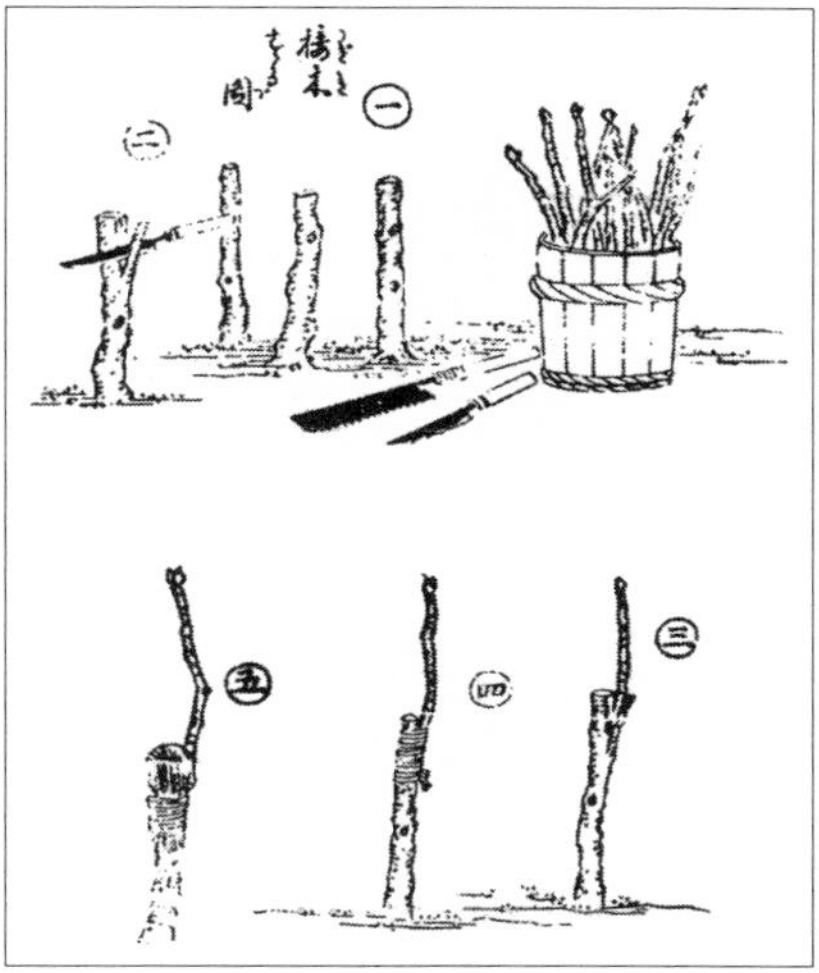

図 3-6　柿の接ぎ木の図（『広益国産考』巻四、三四丁。国立国会図書館蔵）

・稲佐柿　佐賀県を中心に分布する完全渋柿である「稲佐」にあたり、干し柿として九州一円で知られている。同県武雄市の川浪稲左衛門は、元亀年間（一五七〇〜七三年）に当地が柿の栽培に適していると知り、増産を図った。後に、領主の神代勝利が稲佐衛門の名をとって「稲佐柿」と命名したという（『昭和五三年度柿調査報告書』）。

佐賀県の有田焼で著名な陶工柿右衛門は柿の色に魅せられて、磁器にその色を再現させたという逸話はよく知られている。農林水産省果樹試験場の山崎敏彦氏は、柿右衛門の眺めた柿の色について調査し、「稲佐」だったのではと推理している（山口昭編『フルーツのはなしII』）。

・伝九郎柿　かつては庄内地方の相当広い範囲に分布していた渋柿で、湯醂《ゆざわ》し（温湯脱渋）をしてから食べた。この地方の人々にとって最も身近な在来品種であった。長年、柿の在来品種の研究をされている山形大学教授の平　智《たいらさとし》氏は、編著『伝九郎柿のはなし』の中で、この柿が誕生した経緯を紹介している。

本村字宮東澁谷巳之助氏祖、二代目、善右衛門氏（天保五年死亡）は幼児より産業に志し、特に果樹栽培に興味深く、当時村内に果樹の良種なきを遺憾とし、其頃横山村大字横内に傳九郎と呼ぶ人あり、同氏の柿の良好なるを聞き、其穂を貰ひ受け傳九郎と命名せり。即ち傳九郎の本村に適応せるを自覚し一意培養を怠らざると共に、普く同種を宣傳せり。長沼村の名産として傳九郎の聲價を揚げたるは偏に氏の功績なり。

ここでは品種を育成した傳九郎よりも、その普及に尽力した澁谷善右衛門に焦点を当てている。育成者と普及者のいずれが品種名になろうとも、情熱を持った多くの人が関わっていたことがわかる。

・権次柿　柿の名前になるのは、必ずしも篤農家だけではない。岡山県出身の著名な農業経済学者である吉岡金市《きんいち》氏によれば、同県には「煮ても焼いても食えない権次柿」といわれる渋柿があり、この地方の「権次」というナラズ者の名にちなんでつけられたという。ちなみに、享保二〇年（一七三五）の『備前・備中国之内領内分産物帳』にも「ごんじ」という柿が認められる。篤農家からナラズ者まで様々な顔をもった人々によって構成された村社会であるが、いろいろな特性をもった柿に、人間に置きかえてその名をつけているところは、柿が人々の生活と密着した存在だったことを示していると思われる。このような価値のない権次柿は、現在ならば名もつけられずに忘れ去られてしまうところであるが、昔はそれにふさわしい名前がつけられて存在し得たことは興味深い。

人名だけでなく、家の「あだ名」の事例もある。佐々木厚子氏は、新潟県佐渡郡相川町高瀬（現・佐渡市高瀬）を調査して、五八戸のうち分家など三戸を除いたすべての家に屋号とは別にあだ名がついていると報告した。「ババサゼ」（大きなサザエの意）というあだ名の家もあれば、「ダラリ」（ダラリ柿）というあだ名の家もある。佐々木氏は、もともと一個人についたあだ名がいつの間にかその家のあだ名になり、それが代々引き継がれたのではないかと考察している（佐々木「村人のあだ名(一)」）。

『昭和五三年度柿調査報告書』は、「真光寺ダラリ」という品種をこう説明する。「新潟県佐渡郡原産。果実は大きく長形で、干し柿の品質優良、県外出荷の実績あり、佐渡郡真光寺に四〇〇年の原木あり」。真光寺は相川町の隣の町にあることから、ダラリ柿は真光寺ダラリと考えてもよいと思われる。なお、佐渡は近世から八珍柿（平核無）で有名であるほか、柿渋を北海道へ移出していたことを示す資料もあり、柿の一大産地であった。佐渡市の文化財保護係担当者によれば、「平成九年頃に真光寺ダラリを地域の特産にしようとする動きがあったが現在はない。原木については、確認が難しい状況にある」という。

寺の名前にちなんだ品種

『明治四五年柿調査報告』で、寺あるいは坊という文字が品種名に入っているものを拾ってみると、次のとおりである。

山形県　　大宝寺柿
福島県　　万正寺・西念寺
神奈川県　禅寺丸
静岡県　　桃園寺・東坊寺
三重県　　蓮台寺
奈良県　　長建寺

岡山県　大王坊・八王寺
島根県　八王寺・観音寺・神宮寺
広島県　八王寺・祇園坊・正傳坊
山口県　祇園坊キネリ
愛媛県　祇園坊
福岡県　祇園坊
熊本県　正福寺・十善寺

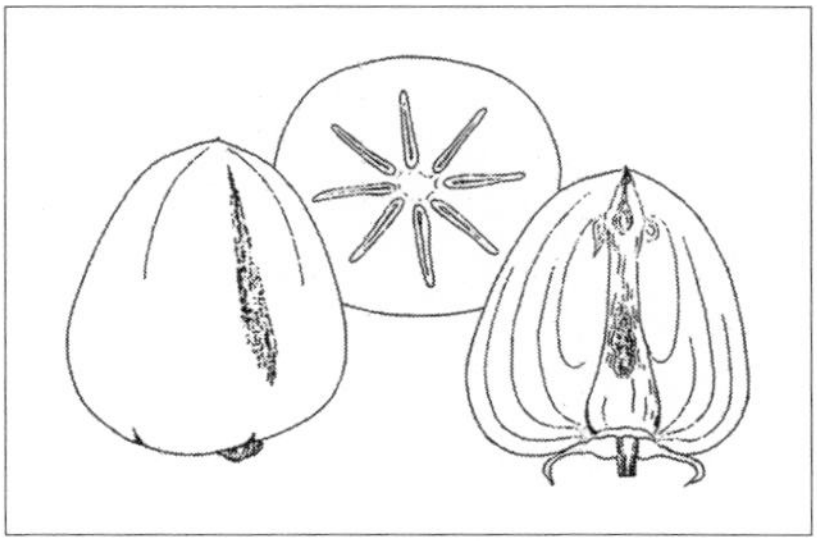

図3-7　祇園坊（前掲『農事試験場特別報告』第二十八号、1912年）

このように寺と何らかの関係があると思われる品種名は少なくないが、その由来に関して文献資料があるものは限られている。

・祇園坊（図3－7）　広島・愛媛・福岡に分布し、現在も広島県では、「西条」の次によく知られた渋柿である。歴史はかなり古い。広島県安佐郡祇園村（現・広島市阿佐南区）の祇園坊という寺にとても勧業に熱心な住職がおり、幾多の柿を栽培しているうちにこの品種を発見したと伝えられる。

同品種は肉質緻密で種子はほとんどなく、熟柿にすれば「西条」と並んで優れ、干し柿やあんぽ柿にしても極上の品質を誇る。

・高桐院　大きな褐斑がたくさんある円形をした不完全甘柿で、昔は献上用とされていたという。京都市の大徳寺の塔頭の一つである高桐院には樹齢約二〇〇年の柿がある。高桐院住職の松長剛山師によれば、「通称は〈高桐院柿〉です。果実はまん丸で、「久保」より一回り大きく、黒いゴマ斑がたくさん見られ、成熟期は一一月上旬です。土倉の裏側にあり、樹の幹は両手で抱えるくらいで、高さは七〜八メートルで、接ぎ木されているのがわかります。かつては、御所に献上していたことを四〇年ほど前に交代した前住職から聞いたことがあります。なるほど、おいしい柿で、収穫した柿はまずお供えをしてから食べています。以前は隔年でなっていたが、最近はほとんどならなくなりました」という。

・禅寺丸　神奈川県都築郡柿生村大字王禅寺（現・川崎市麻生区）の原産の不完全甘柿で、わが国で最も古い甘柿とされる。建保二年（一二一四）、王禅寺星宿山蓮華蔵院の再建に必要な材を伐採する折、山中に自生しているものを発見し、境内に移植したのがはじまりだという（小崎格ほか監修『新編 原色果物図説』）。江戸時代はこの地に相当数植栽され、明治・大正時代には全盛期を迎えて京浜市場で甘柿の代表となった。その後、「富有」はじめ優良甘柿が出回るようになると消費量が減少し、昭和四〇年代末には市場から姿を消す。現在は、「富有」の授粉樹として全国の産地で利用されている。

## 色名がつけられた品種

次に『明治四五年柿調査報告』で、色の名前が品種名にみられるものを拾ってみる。

山形県　紅柿
福島県　明丹・橙丸
栃木県　作明丹
群馬県　座明丹
静岡県　妙丹（字名柿）・霜妙丹・半妙丹・紅柿・妙丹・平妙丹・秋妙丹・霜妙丹・小妙丹・
新妙丹
愛知県　妙丹・奥田妙丹
岐阜県　赤壇子
三重県　赤柿
滋賀県　紅葉柿
兵庫県　赤美濃・紅葉・赤面・赤エドミ
岡山県　粿《（ママ）》妙柿・紅柿
広島県　紅柿
鳥取県　新妙丹
宮崎県　紅チヂヨ
熊本県　紅御所

鹿児島県　妙丹

丹、紅、赤は頻度が高く、とりわけ「妙丹」が多い。『古語辞典』によれば、丹・紅・赤はそれぞれ「黄味を帯びた赤色」「鮮やかな赤色」「緋、紅、朱などの総称」と表わす。

加工法と品種名

加工法との関わりが考えられる品種名は次のとおりである。

福島県　サワシ・ツルシ
石川県　アブリ・美濃ツルシ・ツルシ
福井県　アブリ柿
静岡県　美濃ツルシ・ツルシ・漬柿
滋賀県　美濃ツルシ・ツルシ
京都府　ツルシ
三重県　美濃ツルシ・ツルシ
奈良県　樽柿
兵庫県　美濃ツルシ・半串柿・合シ柿・焼柿

鳥取県　ツツミ柿
高知県　美濃ツルシ
宮崎県　合ハセ柿
鹿児島県　串柿

いずれも渋を抜くための作業に関わっており、すべて渋柿である。「ツルシ」や「串柿」というのは、干し柿にされたと考えられる。また、第一章で、「醂柿」をさす「漬柿（アワシガキ）」、「合かき」、「淡柿（サハシガキ）」などのさまざまな語がすでに室町時代の文献に登場することを示した。これらから、「サワシ」「合シ柿」「合ハセ柿」「漬柿」は醂柿にされた品種と推測できる。

果実に関わる特性を表す品種名

『明治四五年柿調査報告』にみられる品種で、『昭和五三年度柿調査報告書』において、その由来の説明が記されている幾つかについて述べる。

・木練（きねり、こねり）　樹上で渋が抜けることを指し、甘柿の総称である。

静岡県　コネリ
京都府　キネリ

兵庫県　高野ゴネリ・コネリ・壺コネリ・大ツボコネリ
岡山県　地頭キネリ・キネリ・夏キネリ・小キネリ
広島県　天練《あまねり》・キネリ・晩キネリ・砂糖キネリ・早キネリ
島根県　木練・西田屋キネリ・早生キネリ・豆造キネリ・平キネリ・砂糖木練
山口県　祇園坊キネリ
高知県　キネリ
佐賀県　コネリ
長崎県　小ネリ・キネリ・長崎キネリ
宮崎県　玉子ゴネリ・大ネリ・ミゾゴネリ・霜ネリ・肥後ネリ・平ゴネリ・蜜柑ゴネリ

地方によっては早生・晩生などの成熟期、果実の大きさや形なども加えた名称となっている。西日本に多いことも一つの特徴といえるであろう。

・身不知《みしらず》　身の程知らずというくらいたくさん実をつけることを意味するといわれる。品種名に「身不知」を用いているのは以下である。

山形県　身不知
福島県　身不知

群馬県　身不知
静岡県　身知ラズ・身不知
兵庫県　身不知
岡山県　身不知
島根県　我身不知

このうち福島県の「身不知」と岡山県の「身不知」は、『明治四五年柿調査報告』で、「有望品種ト認ムヘキ品種」とされる。福島県の「身不知」は渋柿の「会津身不知型」に分類されている（図3－8）。「会津身不知」は現在、東北地方の代表的な醂柿用品種である。

また、岡山県の「身不知」は渋柿の「作州身不知型」に分類される。現在、作州身不知は栽培されていないが、かつては現在の代表的な渋柿「西条」とともに岡山県ではよく知られた品種であった。

・似タリ　『明治四五年柿調査報告』には、同じ名でも異なる品種がいくつかみられる。そのうち『昭和五三年度柿調査報告書』で由来を説明される静岡県原産と兵庫県原産の二種を紹介しよう。

まず静岡県原産のほうだが、駿東郡や田方郡に分布し、外観も肉

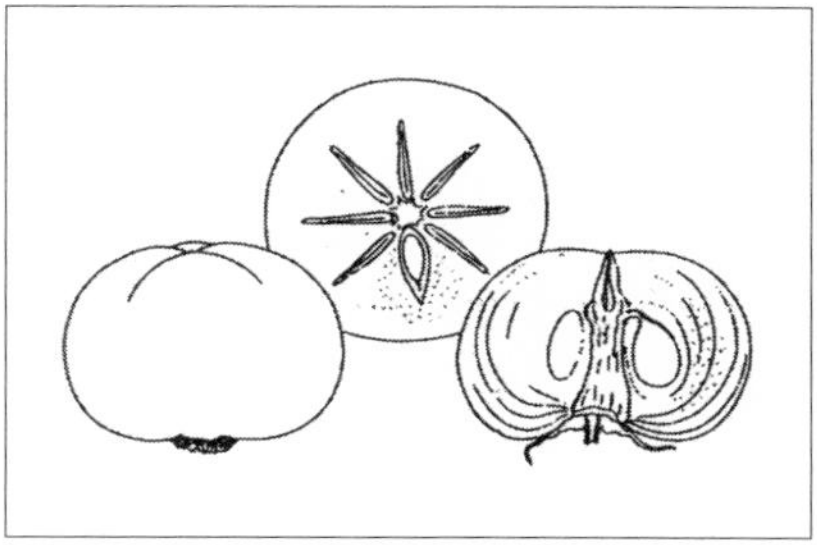

図3-8　会津身不知（前掲『農事試験場特別報告』第二十八号、1912年）

質も別の品種「衣紋」に似ているところから「衣紋に似たり」と呼ばれるようになった。

「衣紋」は千葉県原産の南関東を代表する渋柿である。一時は東京市場をほとんど独占したほどで、幕末から昭和一〇年までは柿のなかでも屈指の栽培面積を誇り、樽柿として京浜地帯に多量に出荷されていた。しかし品質や日持ちの点に問題があって次第に市場から姿を消した。

次に兵庫県原産の「似たり」を取り上げる。同報告書は、前述の「作州身不知」に似ているという意味で、やや晩生、果実の大きさは中位、扁形、品質は上で、脱渋容易であるが日持ち不良、県下全域に分布しているとしている。

徳島県で品種をいくつか見いだした谷高重氏は、「カキは非常に品種が多く、交流もはげしいため、何かの品種に似て、その名を知らないとニタリガキで片づける。だからその場合、果たして何の品種に似ているのかさっぱり分からないという場合もある」と述べている（「カキのさまざまを尋ねて」）。その時代や地域を代表した品種であった「衣紋」「作州身不知」「御所」に似ているという理由で、「似たり」の名がついたのである。

・葉隠（はがくし、はがくれ。図3－9）『昭和五三年度柿調査報告書』は果実で葉が隠れるほどたわわに実ることを指すという。そして、「葉隠」について、古くから北九州で広く栽培される完全渋柿で、醂柿用品種だと説明する。一方、『明治四五年柿調査報告』は「標準トセル葉隠ハ福岡県ノ産ニシテ（中略）品質上ニ位シ九州地方ニ多ク」としているので、『昭和五三年度柿調査報告書』の「葉隠」は『明治四五年柿調査報告』の「葉隠」にあたると言ってよかろう。

第一章で、鹿児島県さつま町では紫尾温泉の湯で脱渋すると述べたが、その際用いる渋柿はおもに「葉隠」である。この地方では「葉隠」は「高瀬」と呼ばれている。ちなみに、『昭和五三年度柿報告書』では、別名として、「高瀬」のほか、「青高瀬」（熊本県）、「豊国」（熊本県）、「元旦」（長崎県）、「大丸」（長崎県）と、多くの別名がみられ、九州各地で「葉隠」の栽培が盛んに行われていたことがうかがわれる。

なお、『肥前国基肄養父領産物帳』（一七三六年）と『筑前国産物帳』（一七三六年）にも「はがくし」の記載を認めることができ、江戸時代中期にすでに北九州地方で栽培されていたことがわかる。

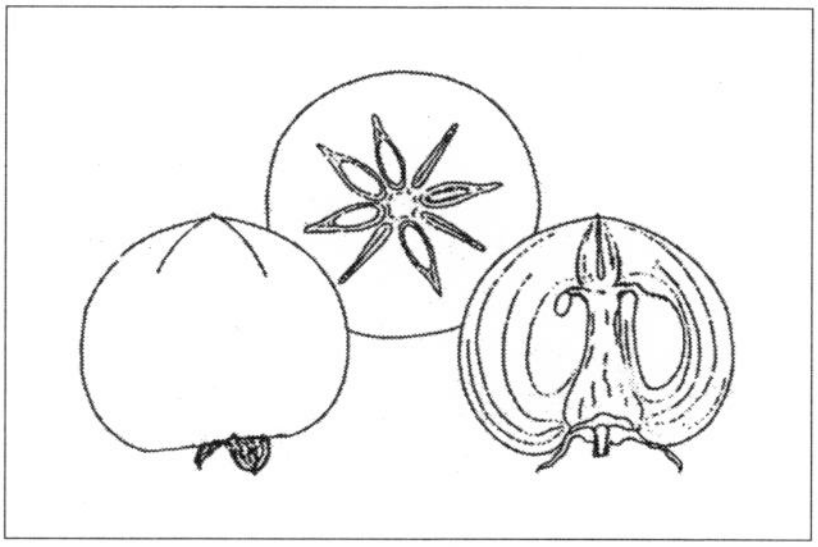

図3-9　葉隠（前掲『農事試験場特別報告』第二十八号、1912年）

## 現代の品種育成への貢献

農林省園芸試験場では一九三八年から交雑による品種改良を開始し、完全甘柿のなかでも当初は特に早生品種の育成を目指した。その後、農林水産省果樹試験場（現・農研機構果樹茶業研究部門）で完全甘柿の育成計画が推進され、カキ農林一号として一九五九年に命名登録された「駿河」にはじまり、二〇一六年までに一四品種の完全甘柿が育成・登録されている。「駿河」以降を、登録年順に示すと次のようになる（農研機構・果樹茶業研究部門ＨＰ「育成品種登録情報」）。伊豆（一九七〇年）、新秋（一九九一年）、陽豊（一九九一年）、

丹麗（一九九五年）、錦繡（一九九五年）、太秋（一九九五年）、夕紅（二〇〇〇年）、早秋（二〇〇三年）、甘秋（二〇〇五年）、貴秋（二〇〇五年）、大豊（二〇一五年）、太雅（二〇一六年）、麗玉（二〇一六年）。

この一四品種の交配組み合わせをみると、「富有」、「晩御所」、「花御所」、「袋御所」の貢献度が高いことがわかる（山田昌彦『果樹の交雑育種法』）。「袋御所」を除く、「富有」、「晩御所」、「花御所」は『明治四五年柿調査報告』の御所型に記載されている品種で、現代の完全甘柿の交雑による品種改良に大きく関与し、新品種育成に重要な役割を果たしている。また、四品種のうち「富有」、「晩御所」、「袋御所」の三品種は岐阜県原産とされていることも、今後の品種改良を考える上で押さえておきたい。

# 第四章　地域の暮らし・生業

## 1　柿採りの民俗

### 高木に登っての収穫

現在、各産地では、栽培管理をしやすくするために樹高を低く仕立てることがほとんどである。しかし、かつては、手を加えていなかったため高木であった。

柿の樹形には幾つかのタイプがあり、これについて押さえておくことは、柿の木に関わる民俗を理解する上で必須なので、ここでまとめて整理しておく（次頁図4－1）。柿は本来落葉性の大高木で、高さ一〇メートルぐらいになり、樹冠（枝や葉の茂っている部分）は円状卵形を呈する（『最新園芸大辞典』）。このようなものは古木にみられ、なかには二〇メートル以上になる木もあり、仕立て方のタイプでいうと主幹形にあたる。ただ、果樹園で栽培する場合、樹高が高いと栽培管理、収穫などが不便

立木仕立て

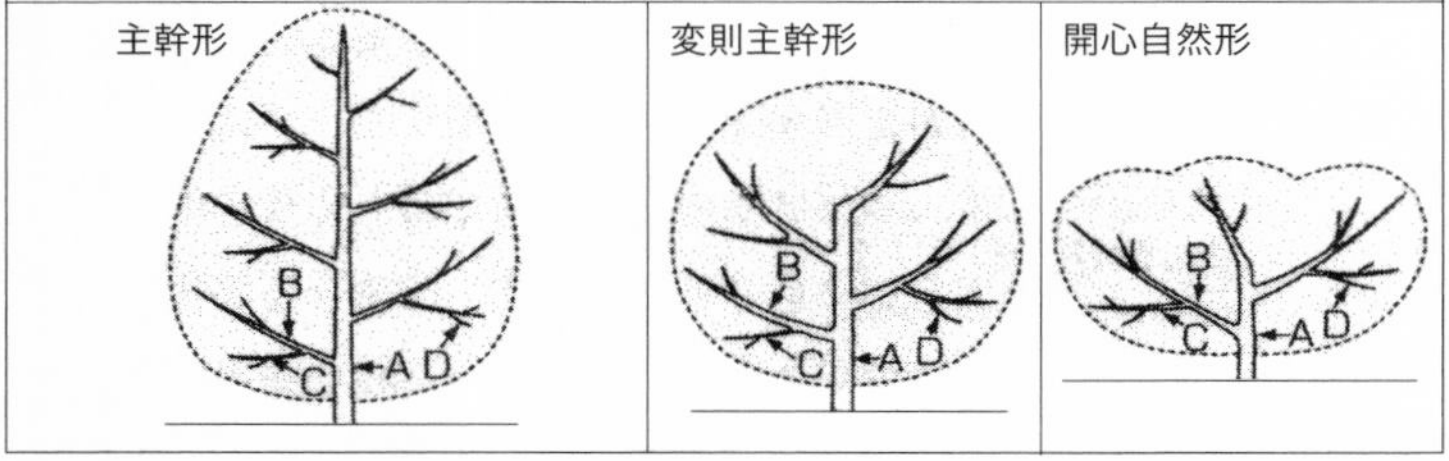


図4-1　果樹に採用されている主な整枝法・樹形（杉浦明編著『新版 果樹栽培の基礎』農山漁村文化協会、2004年より。一部割愛し、文字は打ち直した）
注）A：主幹、B：主枝、C：亜主枝、D：側枝。

なため、昭和前期には幾つかの木の仕立て方が工夫・考案、実施に移された。まず、変則主幹形と呼ばれる仕立て方が主に用いられ、次に開心自然形へ移り、現在に至っている（傍島善次「わが国での栽培技術史」）。さらに低い樹高の仕立て方も考えられているが、現在、最も一般的なのは開心自然形で、樹高は三メートル程度である。これに比べ、畦畔や屋敷で見られた古木は見上げるように大きなものであった。

高木を相手の収穫はたいへん手間がかかり、危険も伴った。『日本山海名物図会』（一七五四年）には、柿の収穫の様子が描かれている（図４－２）。採り手は木に登り、柄が短めの鎌を使って実を収穫し、背負った籠に入れている。枝ごと採っているかどうかこの絵ではわからないが、収穫に鎌を使うのは他の史料には見あたらず、興味深い。右端の木から樹高は相当高いと思われる。なお、左の二本は自然形ではなく、主幹の上部を切断した現在の仕立て方の変則主幹形にあたり、主幹から出る主枝なども切り落とされ、整枝・剪定の痕跡らしきものもみられる。近世の栽培は自然放任だったというのが通説だが、この図をみるとそうとも言

図 4–2　柿の収穫の様子（『日本山海名物図会』巻二の三〜四丁、国立国会図書館蔵）

い切れないのではないかと考えられる。

## 歴史ある産地の収穫

京都府宇治田原町の干し柿の歴史は、江戸時代まで遡る。現在も自然形のままの高木から果実を収穫しており、かつての様子がうかがえる。

宇治田原の古老柿は「鶴ノ子」という渋柿品種を原料とし、一一月初旬から採取作業がはじまる。鶴ノ子は「京都府綴喜郡宇治田原町、田辺町から相楽郡にかけて分布し、約二〇〇年の栽培の歴史がある。晩生種で、連年極めて豊産、小果で見劣りするが、肉質は粘質で、甘味が強く枯露柿として品質優良」である（『昭和五三年度柿調査報告書』）。かつては茶畑のなかに植えられていたが、茶栽培の近代化により、畦畔などにわずかに見られるだけとなっている。樹が高いため、登って採取する。『宇治田原の古老柿作り』によれば、手に届く範囲は直接手で取り、

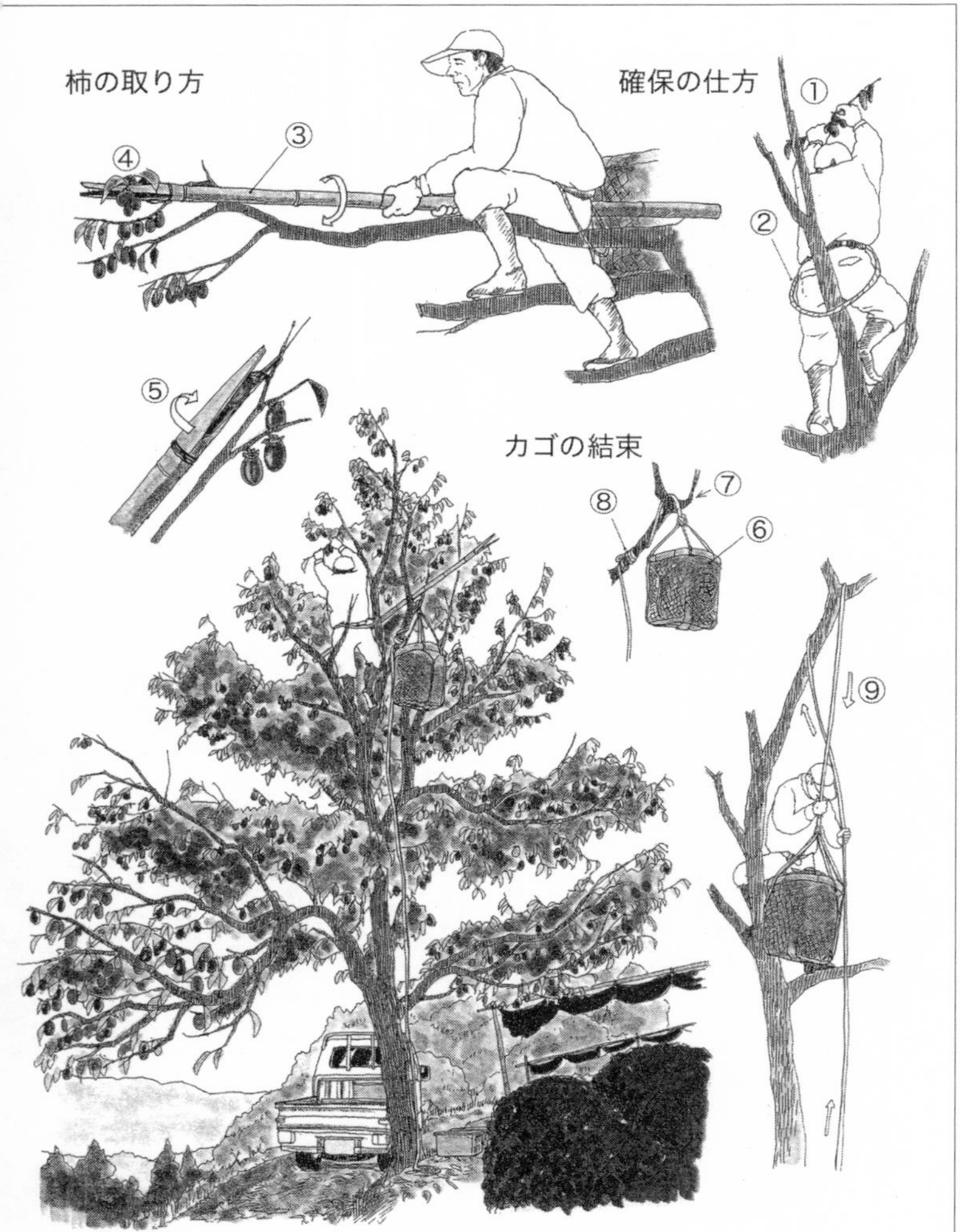


図 4–3 「鶴ノ子」の採取の様子（京都府ふるさと文化再興事業推進実行委員会『宇治田原の古老柿作り』2008 年。元図中の小字は左頁上に転記した）

①手が届くところは手でもぎ取る
②林業用のロープを枝に巻きつけて、落ちないように確保する
③サオ
④手が届かないところは、サオの先に枝を挟みねじり切る
⑤枝がサオと平行な場合は、一粒だけ先に挟んでねじり切る
⑥籠（カキトリシンド）
⑦枝にかける
⑧くくりつけて固定
⑨たまったら降ろす

届かないところは竹竿を使う。竿の先端につくられた割れ目に枝を挟んでひねって折り、手前に引き寄せて実を取る。下に落とすと実に傷がついて商品価値が下がるので、必ず樹上で一つずつ手でもぎ取る。取った実は木の上に上げた籠（カキトリシンド）に入れ、一杯になると降ろすそうだ（図4－3）。

また、宇治田原町に隣接する相楽郡和束町では、柿渋の原料として最良とされる「天王」が収穫されている。「天王」は古くからの柿渋生産地として有名な京都府南山城地方に分布している小果の渋柿である。

同町在住の村井義治氏から、収穫作業に同行した際にお話をうかがった。

天王は村井氏の茶畑の畦畔に植栽されており、樹高は一〇メートル前後と高く、収穫するときは慎重にまず上まで登る。そして「ハサンバリ」と呼ばれる六メートルほどの竹竿の先端（割れ目）で枝を挟み、折り落としながら降りる。長い「ハサンバリ」を木の上で操らねばならず、バランスを取らないと落ちるので注意が必要だ。竹竿の呼称は、宇治田原町では「バリバサ」、和束町では「ハサンバリ」と地域によって異なる。全国では、「バッパサミ」「ブッパサミ」「ツッパサミ」「クッパサミ」「ハサミダケ」「ハサミザオ」「タケノハズ」などもある。

明治・大正時代まで関東の甘柿の代表だった「禅寺丸」の収穫に使う竿は「バッパサミ」と呼ばれ

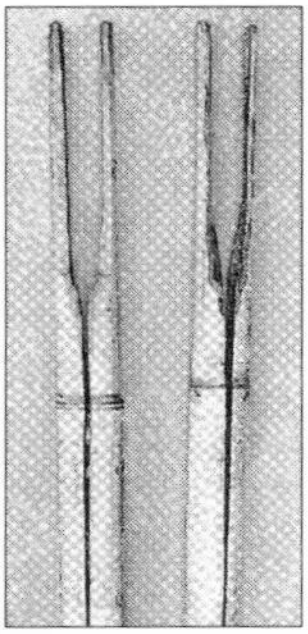

上：図4-4　バッパサミ（『民具研究』122号）

左：図4-5　バッパサミを使った柿もぎ（中山茂氏提供）

た。「禅寺丸」の発祥の地、神奈川県柿生村（現・川崎市麻生区）で、長年栽培に携わり、柿生《かきお》禅寺丸保存会会長を務められた中山茂氏（昭和一一年生）によると、バッパサミには一二尺と七〜八尺の二種類があり、枝が遠いか近いかで使い分けた。二月か三月頃に自宅の敷地で真竹を伐ってつくった。春先以降のものは水分が多く重くて扱いにくい。枝を折り取る作業なので、なおかつ丈夫でなければならない。収穫は手際よく行う必要があるため、いい竹を吟味してつくった。釣師にとっての釣り竿のようなものだそうだ。六、七本は用意し、二年くらいで新調したという（図4－4、5）。

この地域では、昔は柿のもぎはじめを「竿入れ」と呼んでいて、収穫作業に竿が欠かせなかったことがわかる。

俳句にも柿の収穫で竿を使った様子を詠んだ句がいくつかある。

よろよろと棹がのぼりて柿挟む　　高浜虚子

竿の先神経凝らし柿を捥《も》ぐ　　山口誓子

柿採りを描いた絵画としては、前掲『扇面法華経冊子』の「柿採りの図」(四二頁)、『日本山海名物図会』(九五頁) などがある。

危険な作業

先述の村井義治氏は、柿採りは危険な作業であると述べた。

毎年どこかで、樹から落ちて怪我をしたという話があります。七〇歳近くになって若い時と違って咄嗟に体が動きにくくなっているので、電柱に登って電気工事を行う人と同じような格好で収穫作業をするようにしています。

また、柿生禅寺丸保存会の中山茂氏は次のように語る。

大木の場合は、長い竹竿を使って高い枝にロープをかけて、下に垂らします。そのロープを伝って高い枝まで上がるのです。高い木の上の作業は、足がすくむほどの緊張感でした。柿の木はもろく、雨が降ると滑りやすく、木から落ちると治らないとよく言われました。それでも一年かけて

図 4-6　木の頂上部での柿もぎ（中山茂氏提供）

図 4-7　木の上でもいだ柿は籠の中に入れ綱で降ろす（中山茂氏提供）

よい実をつけてくれたからには、持ち主は危険を承知で木に登らねばなりません。命がけの柿もぎと言ってもよいでしょう。事故も時々ありましたが、昔は実をもぐことが優先でした。私自身も二度木から落ち、柿は折れやすく危険だと骨身にしみて学びました（図4-6、7、口絵⑨、⑩）。

次に、長野県下伊那郡阿智村出身の童画家で写真家の熊谷元一氏が著書『農家の四季』に記しているので、紹介しよう（次頁図4-8）。前述の二つの事例とは異なり、竿を使わない収穫の様子がよくわかる。

一一月なかばになると、桑畑のはしや、家の裏にある大きなカキの木には、赤い実がいっぱいになって、枝がたれさがっている。かき落としの日には、にいさんの友だちが手伝いに来てくれた。カキの木は大きくて実を一つ一つもぎ取ることはできないので、二人が木に登って枝をゆすって落とすのだ。一つの枝を落としてしまうと、さるのように枝から枝にわたって、また落としはじめる。大きな木がゆさゆさゆれるが、枝の先までいって手と足をつかって落とす。こわい仕事で、なれないとできないのだ。落としてしまうと、おばあさんやお母さんや手伝いに来てくれたおばさんたちが、一つ一つひろって細長いかきかごに入れる。見ると、向こうの丘の上でもかき落としをしている。今日は天気がいいので、あちこちでかき落としをしているのだ。

図 4-8　高い木に登って柿落とし（熊谷元一写真童画館所蔵）

長らく長野県の農業改良普及員を務め、『柿の文化誌』の著作もある飯田市在住の岡田勉氏（昭和一五年生）によれば、熊谷氏の言っているのは立石柿という伊那谷南部産の渋柿で、二〇メートル以上になる大木も少なくない（図4－9）。竿などの道具を使うのは難しく、ふつうは木に登り、ゆって落とした。大きな木になると昼食を木の上で取ったという。地面に落としてもそれほど傷がつかず、品質が今ほど厳しく問われなかったので問題はなかった。一シーズンで何人かが樹から落ちたという話を聞いたことがあるそうだ。

また、古くから渋柿「西条」は干し柿の原料とされ、その古木は中国地方に多い。これに関わる中国地方全域にわたる調査報告によれば、一五地点の古木のうち高さ二〇メートルを超すものは七本、なかには三〇メートルに及ぶものもあったという（尾山ほか「古木の形態形質およびPFLP分析によるカキ品種「西条」の均一性の検証」）。これを考え併せれば、下伊那地方のような収穫の仕方も特殊ではなかったのだろう。

図4-9　天龍村の樹齢300年ほどの立石柿の大木（岡田勉『柿の文化誌・第2版』南信州新聞社出版局、2015年）

柿にまつわる俗信は北海道と沖縄を除いた大半の都府県でみられ、なかでも「柿の樹から落ちると死ぬ」はよく知られている。『日本俗信辞典』は、鳥取県八頭郡の「秋、カキの木に登ると落ちる」という事例を紹介し、「カキの木は折れやすい、その上、実をたくさんつけている時期に、欲につられて枝の先まで登るのは危険であることはいうまでもない」と述べている。このほかにも、落ちたら「気絶したものは間もなく死ぬ」「三年のうちに死ぬ」「三年しか生きられぬ」「三年目に死ぬ」「数年中に死ぬ」といった言い伝えを紹介している。

死なないにしても、「大怪我をする」「怪我をしてそれは治らない」「不具になる」や、「中風になる」などがある。現在は医療の進歩で治癒の可能性も見込まれるが、かつては生涯にわたって大きな苦痛を伴う障害や病名も引き合いに出されている。柿の高い木から落ちることはそれほど一大事であったのだ。

## ２ 柿売りの民俗

### 狂言のなかの柿売り

狂言に「柿売」という演目があり、商人物に分類されている。登場人物は、市場を管理する代官の「目代《もくだい》」と、丹波国から都へ商売しにきた「柿売」の二人である。目代が買って食べた柿が渋かったので、柿売りに苦情を言うがそんなことはないと言い張る。ならば自分で食べてみて口笛を吹いてみろと要求すると、渋味で口がこわばってできなかった。目代は怒って柿をひっくり返して立ち去り、柿売が残される。最後の段の柿売のことばに「やいやい、いまの男《おのこ》、柿返《かや》せ　返《かへ》せや合せ柿と　呼ばわれどよばわれど取り残されし……」とある。合せ柿とは渋柿の渋を抜いた柿のことである。古い歴史を持つ「湯抜き法」では、渋がうまく抜けない場合が少なからずあり、このような諍いも珍しくなかっただろう。似たような演目に「合柿《あわせがき》」があり、こちらの柿売は宇治乙方の人で、「今日も都ゑ柿を売に参ふと存ず」と言っている。当時、宇治周辺で生産された柿を都で売るといった営みが行われていたことがうかがえる。

## 文芸のなかの柿売り

井原西鶴の『本朝二十不孝』（一六八六年）は親不孝の話を集めた浮世草子だが、この五に「桃や柿や梨《あり》の子《み》、是ぞ、蓮《はす》の葉《は》商《あきなひ》」という記述が見られる。五節句の入用物など季節季節のものを商うことを「蓮の葉商」といい、桃や梨などとともに柿を売っていたことがわかる。

図4–10　寺の門前で柿を売る様子（北尾雪坑斎画「絵本対歌実」）

一八世紀中頃の『宝暦期上方子供絵本十種』の「絵《え》本対《ほんつい》歌実《がさね》」には、柿を売る様子が描かれている（図4–10）。同書は、散逸甚だしい上方子供絵本では貴重な伝存品である。「絵本対歌実」は狂歌の絵解きになっている。客が売り子に「それハしぶかろ」と言っているので、当時道端などで売っていた柿のなかには渋いものが少なからずあったことがうかがえる。一般に流通していたのはほとんどが不完全甘柿で、種子がしっかり入り果肉に褐斑ができないと渋味が残る。柿売りの敷物の片隅には枝ごと束にしたものが描かれており、枝についたまま湯につけて渋柿の渋抜きはしないので甘柿と考えられる。また、「あのかきこふて」とせがむ子に「まいってきてから」と母親が答えているので、寺の門前の光景かと思われる。

江戸座の宗匠・慶紀逸《けいきいつ》の撰による『誹諧武玉川《むたまがわ》』（一七五三）に、「信玄公と遣ふ柿売り」という句がある。甲州の柿売りは口上に武田信玄を使い、その名にあやかって行商していたのであろう。江戸中期の川柳には、「渋くばこんど返しなと柿を売り」「あの柿売りめと大地へぶっつける」のように、渋がしっかり抜けていない実をめぐって売り子と客がもめている情景を切り取った句もある。

江戸後期の国学者村田了阿（一七七二～一八四三）は、江戸の年中行事や物売りの声などを日記に書き留めた。その『市隠月令』八月二五日条に、「葉薑売、鯲売、梨子売、柹売、初鮭売、紫蘇売さびし、此月末絵馬売来る」とある。葉生姜やどじょう、梨などのほか柿も町中で売り歩いた。江戸後期の随筆で、市井の風俗を知るうえで欠かせない『嬉遊笑覧』（喜多村信節著、一八三〇年序）巻一一（商売）の「物の売声品々」には、「今江戸にて柿売は木ざはしをきざんし蠣売はかきんよ〳〵」と声を上げると述べる。「木ざはし」は甘柿の木醂《きざわし》のことで、柿と蠣は音が同じなので、呼び声だけ聞いてもすぐわかるようにするためである。

図 4-11　立石寺に奉納された「立石柿出荷天竜川通船絵馬」(1838 年。立石寺蔵、飯田市美術博物館提供)

幕末には、江戸っ子の正月に欠かせない立石《たていし》柿《がき》を「たていし　たていし」と言いながら町中を売り歩いたそうだ。立石は現在の飯田市立石の立石寺《りっしゃくじ》を中心にした地域で、古刹立石寺の本堂には江戸の柿問屋らが奉納した大きな二つの絵馬が掲げられている。一つは「立石柿出荷天竜川通船絵馬」（図4－11）で、天竜川を使って活発に江戸まで出荷されていたことがわかる。ちなみに、立石寺の本尊の十一面観音立像は、別名「柿観音」と呼ばれる。

## 甲州の柿売り

行商人研究の嚆矢ともいえる塚原美村《よしむら》の『行商人の生活』は、山梨県の特に原七郷を中心とした甲府盆地西部に紙幅を割き、柿売りについても詳しく記している。この地域は痩せ地で水が乏しく米をつくるのに不向きで、また、ひと

図 4–12　昔の柿売り籠（『白根町誌』1969 年）

たび大雨にあえば洪水の害を受けるなど、昔から水に苦労してきた。そのため「深根性植物で干害に強い柿などをつくって御年貢に引き当て、野売り・糶《せり》売りなどして生活の足しにしていた事は古文書によって明らかである」（『白根町誌』）。原七郷の農民に対して、武田氏が天文一〇年（一五四一）に野売りの免許状を与えたという史料や、『甲斐国志』には平安時代に国司が七種の産物の販売を許可したという伝承が認められる。これらの古文書の真偽には疑問があるにしても、この特権は江戸期を通して有効であった（溝口「御勅使川扇状地畑作農村における行商活動」）。野菜類と薪は近村、渋柿は国中、煙草は隣国まで、行商は広域にわたって展開された。『西郡史話』に、「原方の人は田方の稲扱きの場所を畔から畔へと天秤棒でさわし柿を担いで籾と交換して歩いた。これを穀寄せと言った」という記述がある。昭和のはじめまでこれが続いたというから、その苦労のほどが偲ばれる（『櫛形町誌』）。『甲斐国志』に「醂柿ハ……丸籠ニ入レ荷シテ売ル。他村ノ人ニハ此籠ヲ用フルコト莫カラシム」とあるように、売り方も定められていた（図4－12）。

道すがら歌ったのが柿売唄で、「一番鶏に家を出て、夜明けには石和《いさわ》の宿でまごまご。西郡もんの嫁にゃいや　一番鶏にゃ起きて柿売り」という一節がある。行商に出た農民が、暗いなか急ぐあまり甲府を通り過ぎて石和まで来てあわてている姿が目に浮かぶと『白根町誌』は解説する。『山梨百科事典』(一九八九年)にも「甲府・石和方面まで、さらしがきを振り分け荷にして売り歩いた」とあるように、はるばる遠方まで出かけて「さらしがき」(さわし柿)を売り歩いたのだった。

## 3 舟つなぎの木

農家の庭先に数本の柿の木が植わっている風景は、かつては一般的であった。岐阜県の輪中《わじゅう》地帯でも同様である。しかしこの地域には「舟つなぎの木」「舟つなぎ柿」などと呼ばれる独特の柿の木もあった。

### 輪中地帯の暮らし

木曽川、長良川、揖斐川の木曽三川の合流する濃尾平野南西部は古来、洪水の常襲地域であった。たび重なる洪水対策として、集落や耕地を堤防でめぐらした。この囲堤《かこいづつみ》を輪中という。輪中研究の第一人者である伊藤安男氏は、「輪中とはこの囲堤のことだけを意味するのではなく、輪中を単位としてその中で生活する人々の水防共同体をも含めた特異な地域社会をも包括して定義されるべきである」という。輪中の分布範囲は岐阜、大垣、羽島、瑞穂、海津の五市のほか、安八、輪之内、養老の各町を中心に愛知県西南部、三重県北部におよび、南北約五〇キロ、東西約二〇キロの逆三角形の広大な面積となる。

輪中の形成は下流部の三角州地域から高位部に向かって逐次進展していった。そのはじまりは一七世紀初頭で、最高位部での形成は一九世紀後半であって、二世紀半以上を要している（安藤萬寿男『木曽三川低地部（輪中地域）の人々の生活』）。ちなみに、明治初年の輪中は約八〇を数えた。その規模も大垣輪中（岐阜県大垣市。四四・四平方キロメートル）や高須輪中（岐阜県海津市。複合輪中で、南北一六キロ、東西五キロの楕円形）のような大きなものから、一集落の小さな十六輪中（大垣市。〇・九平方キロメートル）までさまざまである。

大垣市輪中館によると、輪中の生活で最も特色があるのは「堀田」といわれる農耕法と「水屋」

図 4–13　大垣市万石の水屋（左が水屋、右は家財蔵。昭和 52 年、河合孝氏撮影）

図 4–14　母屋に隣接した小屋にある上げ舟（昭和 43 年。大垣市馬の瀬。河合孝・伊藤安男『輪中』大垣青年会議所、1976 年）

（図４－13）といわれる建物だそうだ。田畑を水から守るために、回りの土を掘って田畑にのせて高くした。掘った後は水路となって舟が行き来し、多くの魚や貝がとれた。水屋は洪水に備えて石垣を高く積んだ建物で、備蓄倉庫や災害時の避難場所になった。水屋は地主や庄屋など一部の限られた層の家しか持たなかったが、一般の家でも「上げ舟」（図４－14）や「上げ仏壇」といった工夫をこらした。「上げ仏壇」とは、洪水時に大切な仏壇が水に浸からないよう、滑車で二階に上げられるようにした仕組みである。

上げ舟について、前出の伊藤安男氏は「洪水から避難する舟で、日常は多くは母屋の軒下や玄関につり下げられて保管された。上げ舟をもつ家には舟つなぎの木（図４－15）があり、洪水時には、上げ舟をおろして舟つなぎの木につなぎ非常時に備えた」と説明する（『岐阜新聞』一九九七年六月六日）。また、岐阜常民文化研究会会員で輪中の暮らしに詳しい稲川貴士氏によると、「舟つなぎの木は日常食を兼ねて柿が玄関脇に植えてあることが多かった」（『中日新聞』一九九七年八月二七日）。なお、『大垣市史　輪中編』に「水屋の近くには、モチや柿の木などの大きな木が植えられていることが多く、舟つなぎの木

図 4–15　舟つなぎの木（大垣市釜笛。昭和42 年、河合孝氏撮影）

という」とあるように、柿のほかにモチの木の場合もあった。

上げ舟は、大垣市輪中館や国営木曽三川公園センター（海津市）などに展示されているものを除いてほぼ姿を消した。「舟つなぎの木」も家の改築・増築を機に多くが伐採されてしまった。

『岐阜県輪中地区民俗資料報告書(1)』（一九六八年）には次のような記述がある。「現在、だいぶん少なくなってしまったが、家の軒先に柿の木が植えられている。これを舟つなぎ柿と称し、「御所柿」又は「水御所柿」を植えた。これは軒先であり、また落葉樹である為にもみ干しの邪魔にはならなかった。水入の際には、この柿の木に舟（上げ舟）をつないで避難のためとしたが、同時に柿の実もとれることから、実際的で面白い」。柿の木は手を加えずにおくと、主幹がまっすぐ伸びて、母屋の二階の屋根を超すくらい高くなる。舟つなぎの柿の木は玄関に近い所にあり、通行や日常の農作業の邪魔にならないように下枝は払われた。

『多芸《たぎ》輪中の暮らしと水害』には、「上げ舟がある家には、水害時にその舟をつなぐ「舟つなぎの木」があった。木質が硬いカキの木が好まれた」とある。『美濃神戸《ごうど》 水との闘いのあと』は、写真を付して「この家の柿の木は目通りで周囲八一センチあり相当古木である。この柿の木は母屋のかなり東寄りに位置している。……筆者宅にあった柿の木は玄関寄りで、柿の木の幹と庇との間は約四〇センチ位の隙間があった」と説明している。

そして「柿の木は子供のおやつ的な意味を持つ柿の実を提供していたが、秋のもみ干し時には落葉して農家を困らせたものである。また、洪水時と柿の実が熟れはじめる時期と重なり、洪水時の食糧の一端を担うこともできたと言われている」（同書）。舟つなぎの木は洪水時の運搬などに止まらず、日常の生活においても多面的な役割を果たしていたことがわかる。

長年、岐阜県農業試験場などで試験研究と普及指導に携わってこられた松村博行氏は、柿は他の果樹に比べ水湿に強い特性があるという。京都大学教授小林章氏らによるポット植えのイチジク、モモ、ナシ、ブドウ、カキを人為的に浸水させる実験では、ブドウとカキは三週間程までは落葉は見られなかったが、これ以外は一、二週間程で落葉した（「果樹種類間の耐水性の比較」）。

いったん洪水が起きると、水が引くまで長ければ一か月ほどかかるわけで、舟つなぎの木として柿が利用されたのもこの耐水性が大きな理由だったと考えられる。幾たびもの洪水を経て現在に至っている柿の古木を見ると、感慨深いものがある。

岐阜県に隣接する愛知県の立田《たつた》輪中には、洪水の際、「舟は実生（その地に種子から生えた）の木に繋げ。植え替えた木は根が浅くてすぐに抜けてしまう」と語り継がれている（野呂・吉田「立田輪中の水屋」）。舟をつなぐ木の育成に細かい注意が払われている。

## 大垣市輪中館と輪中生活館を訪ねて

大垣市輪中館は、江戸時代から現在までのこの地域の輪中の歴史や景観を資料や模型でわかりやすく解説・展示した施設である。そしてその生活を実感できるよう、市指定重要有形民俗文化財の旧名和邸を復元したものが輪中生活館である。名和家は江戸時代から続く旧家で、母屋・住居式水屋一

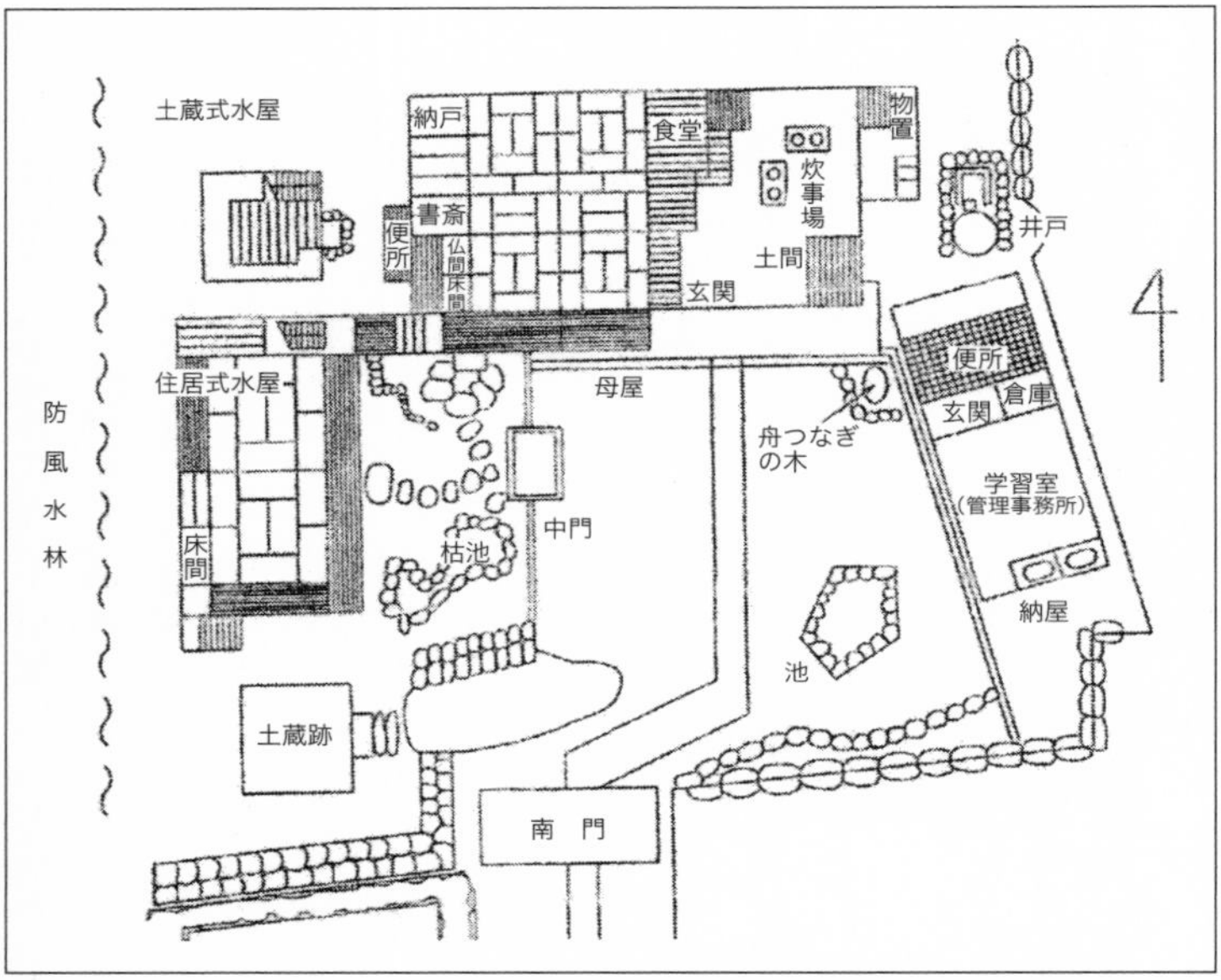


図4–16　輪中生活館の概略図（『同館パンフレット』1997年。図中の文字は打ち直した）

棟・土蔵式水屋一棟・納屋一棟など、輪中地帯の典型的な中農民家の様式を備えている。母屋の玄関を入った土間の天井に上げ舟が吊してあり、玄関脇には舟つなぎの木がみられる（図4－16）。

両館の館長を務めている今津利治氏にお話を聞くことができた。この聞き取りは二〇一五年に行った。

> 大垣輪中では、明治二九年の大洪水まで、毎年のように堤防が決壊して被害を被り、苦難の歴史を辿りました。とりわけ、この明治二九年の大洪水は、大きな集中豪雨が続き、岐阜県の西南部を中心に未曽有の大被害を与えました。大垣市では大垣輪中の堤防の決壊により、揖斐川をは

じめ四川の水が流れ込み、大垣城の天守閣の石垣も一メートルほど冠水したとされています。その後は河川の改修がすすめられ、徐々に水害は減って今に至っています。

舟つなぎの木といえば、柿の木を指すのが普通でした。舟つなぎの木と上げ舟はセットで、上げ舟は洪水時に堤防や高台に避難するための役割が第一でした。堤防が決壊したと知ったらすぐに上げ舟を降ろして舟つなぎの木につなぎます。水かさが増すまでの間に仏壇など大切なものをできるだけ水につからないよう急いで支度します。それから二階に上がって明り取りから外へ出て、屋根をつたって玄関脇に浮かんだ上げ舟に乗り移り避難したのです。

舟つなぎの木はこのように、上げ舟に乗り移りやすいよう玄関近くの軒先に植えられました。母屋の東南側が普通でした。上げ舟はこの舟つなぎの木の近くの軒下に吊るされていました。どの家にも柿は数本ありましたが、舟つなぎの木以外はかど（庭のこと）の邪魔にならない場所に植えられていました。地主層などがもった水屋は水が浸からないような高所につくられており、水が引くまでのあいだは、水屋で生活することになり、上げ舟は水や生活物資を調達するために使われました。

洪水になると生命が脅かされる。かつては毎年のように洪水に見舞われ、多い年には何度も起きたので、一般の農民にとって上げ舟や舟つなぎの木はもしもの時の命綱だった。だが、水屋を所有する地主層にとって上げ舟は非常時の運搬用に使うものであった。岐阜県の輪中に繋がって南に位置する

図 4–17　籾干し。右奥に舟つなぎの木（昭和 43 年、桑原輪中、河合孝氏撮影）

図 4–18　多芸輪中の洪水。中央に舟つなぎの木（昭和 34 年 8 月、河合孝氏撮影）

三重県北部の輪中について記した金森勝氏の「長島輪中の水屋」の図中には「舟（連絡運搬用）」とみられ、これを裏づける。

　大垣輪中の南部で長年暮らした経験に基づく今津さんのお話には圧倒されるものがあった。実家には現在も舟つなぎの木が残されているそうで、輪中に生きた人々の姿を後世に伝えていきたいという熱い思いを感じた。

　洪水の時に舟つなぎの木を使った方々もいまは亡く、その体験談を聞いた人もごくわずかな高齢の方である。そうしたなか、輪中の人々の暮らしを知る上で必須の写真集『輪中』の著者河合孝氏（昭和六年生）にお話を聞くことができた。同書の解説は前出の輪中研究の第一人者・伊藤安男氏である。

　河合氏が輪中の写真を撮りはじめたのは昭和三〇年頃で、戦前までは上げ舟を備えている農家が見られ、そうした家にはたいてい舟つなぎの木があった。どこの舟つなぎの木も下枝を払って通行や農作業の邪魔にならないようにしていた。洪水が予想されたら、まず上げ舟をおろして舟つなぎの木につなぐ。そして二階の屋根裏へ上がり、鬼瓦の下の煙出しの板を外して屋根をつたって便所の上まで来て、そこから舟つなぎの木につないである舟に乗り移り、堤防に避難をする。そこで仮小屋をつくり、長ければ一か月ほどの避難生活となったという（図4-17、18）。

### 現代の防災とのかかわり

東日本大震災から九年以上経ち、復興は進められてはいるものの多くの課題が山積している。二〇一一年に京都大学防災研究所が中心になってまとめた「三陸沿岸都市の復興計画の提案」の「建物被害軽減のためのフロートシステム利用」という項に「舟つなぎ柿」が出てくる。

冒頭で、津波の巨大な浮力に抵抗するのではなく、うまく利用して被害を軽減してはどうかと提言し、世界各地の水に浮かべる建築物の事例を紹介している。そして「改めて調べてみると、日本では、洪水や高潮に備えて舟を用意していた地域は昔から結構多くあったようである。輪中地域では「舟つなぎ柿」という言葉も残っている。柿の木に舟を係留して漂流を防止したのである」という。また、前出の伊藤安男氏は、国際防災セミナーの参加者がよく輪中の見学に来るので、上げ舟をエスケープボート、それをつなぐのが舟つなぎの木だと説明すると納得してくれると著書で述べる（『ふるさとの宝もの 輪中』）。輪中の人々が長年の水との闘いで培った知恵が現代の防災対策で参照されていることに注目したい。

## 4 茶畑にみられる柿

明治三〇年前後より、それまでまったく放任されていた柿は、農家の宅地、堤防、畦畔などに栽植するものが増え、大正初期以降には園成果樹としての栽培が急速に進んだ。

大正一二年刊の神奈川県南西部『足柄上郡誌』の「果実生産高一覧（大正一〇年）」では、畑での栽培をさす「作付」と、畑ではなく畑の畔や宅地での栽培をさす「見積作付」に分けてある。柿の作付は一二反、見積作付は一三八反である。柿と同じく歴史のある栗と梅の作付・見積作付は、栗が四三反・七五反、梅が一一四反・一五二反だった。柿は栗や梅と比べ、畑以外で栽培されている割合が極めて高いことがわかる。

昭和三三年刊の『カキ・クリ――果樹つくりの技術と経営』にも、「地方々々に特有のカキの品種があるが、その栽培は宅地果樹または畔に植えられるということで来ており、現在もその形態のカキが非常に多い」とある。園地栽培が進んでも、柿は宅地や畑の畔に植栽されるのが特徴であった。

ここでは、茶畑のなかに植えている京都府宇治田原町と岐阜県池田町の特異な事例を紹介する。このような栽培形態は、茶栽培の分野では「混植茶園」と呼ばれ、みかん、桑、桐等の作物と混植した茶園をいうが、生産性が低いため減少している（『農業用語大辞典』一九八三年）。柿の木の整枝・剪定などの手入れはほとんどされないため、年数がたつと樹冠は円状卵形になり大型化する。

図 4–19　昔の面影を残す茶と柿の混作（宇治田原町岩山付近。『京都府茶業百年史』京都府茶業会議所、1994 年）

京都府宇治田原町の茶畑

京都府南部に位置する宇治田原町は茶業が盛んで、宇治茶産地の一角を占める。『京都府茶業百年史』に、宇治田原町岩山付近の写真が掲載されている（図４－19）。このような茶畑と柿の木がいっしょにある景観が昔はあちこちで見られた。山城北農業改良普及センター所長和泉秀明氏は、「昔からこの地域は柿の木が多く、実生繁殖による茶栽培の時代にはその樹下を利用して茶が作られたと考えられます。柿の木は間接的ですが茶の霜除けの役割を果たしてくれたのです」と語る。現在では摘採機をはじめ機械化が進んだため作業のじゃまとなり、茶畑の中に立っていた柿は、畦畔などにわずかに見られるだけである。

なお、これらの柿はほとんどが「鶴ノ子」という品種で、一九八〇年刊の『宇治川』では、「町域のいたるところに二、三千本の柿の木が散在し」とみられる。

こうした茶と柿の混作は稀で、管見のかぎり、他には後述する岐阜県の揖斐茶産地である池田町と揖斐川町くらいである。奈良県の茶業史に詳しい寺田孝重氏は、「初期は柿畑と茶畑を混在させて、耕作面積の空間的利用率の向上を計る作付方法がとられることが多かったが、そのうち吉野では柿に重点が移り、逆に東山中では茶に重点が移行した」という（奈良県農業試験場編『大和の農業技術発達史』）。このような奈良県の事例も併せ考えれば、かつては、他の茶生産地においても、このような景観が見られた所があったのではないかと思われる。

さて、貞享元年（一六八四）刊の『雍州府志』には、宇治近辺で「転柿《ころ》」と呼ばれる干し柿がつくられ、茶の製造家は地元の特産物として顧客に贈ったという記述がみられる。また、小野蘭山による『大和本草批正《やまとほんぞうひせい》』（一七八〇）の「宇治のころ柿」の説明にも、「茶師これを乾して贈物とす」とある。茶師も転柿づくりに深く関わっていたことがわかる。

また、長年茶業に携わり、京都府茶業会議所会頭も歴任された堀井信夫氏に、茶栽培と柿との関わりについてお話をうかがうことができた。ご著書の『宇治茶を語り継ぐ』で補うと、次のようにまとめられる。

抹茶などに供せられる碾茶や玉露は、光を遮る覆い下栽培を行い、「簀下《すした》十日、藁下《わらした》十日」といわれます。いつ頃簀を拡げ、藁を葺くかはとても重要で、「雀隠れに簀を拡げ、烏隠れに藁葺きや」と言い伝えられています。これは、茶畑の柿の木に止まった雀の姿が新芽で見えなくなったら簀を拡げ、烏も隠れるようになれば藁を葺きなさいという意味です。宇治では、四月一五日頃簀を拡げ、四月末に藁を葺き、五月一〇日頃が初摘みとなります。当地方の茶園の中に植えられている干し柿用の柿の木の新芽の成長に合わせて作業をせよということです。しかし、最近は温暖化の影響もあってか昔より早まっています。

岐阜県揖斐地方の茶畑

岐阜県南西部にある池田町は古くから茶を栽培し、「美濃いび茶」の主たる産地である。茶畑のなかや畦畔の柿は、ほとんどが柿渋用として植えられたといわれる。

揖斐地方は、拙著『柿渋』で説明したとおり、南山城地方とともに重要な柿渋の生産地であった。池田町では、「昭和初期頃、柿渋を製造するところは各集落に一軒ずつぐらいはあった」「六〇代ぐらいより上の人は柿渋の臭いはごく当たり前に生活に溶け込んでいた」という。しかし、現在でも柿渋を製造しているのは二軒だけとなり、茶畑の中に柿の木のある風景も一部の地域でしか目にすることができない。

今も製茶のかたわら柿渋をつくり続けている池田町舟子《ふなご》の野原由也氏と山洞《やまほら》の河村成敏氏にお話をうかがうことができた。両氏が居住されている舟子と山洞はともに茶業がさかんな地域である。この聞き取りは二〇〇九年頃に行った。

昭和八年生まれの野原由也氏は、製茶を主としながら柿渋の製造にも長年携わってきた。野原家は明治時代から柿渋をつくっているという。

明治時代には、畑の畔や屋敷の近くに柿の木が植えられていた。柿渋をとるのが主たる目的であった。戦時中は桑畑と麦畑が多く、柿の木の下に桑を植え、さらにその下でサツマイモをつくるといった光景もよく見られた。昭和二〇年代に桑畑が急速に減り、昭和三〇年代になると茶畑が登場する。しかし、茶畑の中に柿の木は残した。柿渋製造業者へ出荷すれば夏場の貴重な現金収入となり、秋祭りのご馳走代になるからだ。昭和四〇年代に揖斐茶のブランドが確立し、製茶業が軌道に乗る。昭和五〇年代半ばまでは茶畑の中に柿の木のある風景はよく見られたが、茶摘みの機械化と防霜ファンの設置が進むと、作業のじゃまになるため伐採されることになった（図4－20、21）。ただ、高齢者世帯など本格的な茶生産ができない家は柿の木をそのまま残した。平成に入ると茶葉の乗用刈り取り機の導入がはじまり、畔の柿の木も伐採された。現在、茶業経営は厳しい状況にあり、放置されたままの茶園も見られる。柿の木がいまでも見られるのはそうして放置され荒れた茶園か完全に機械化をしなかった茶園である。樹齢二〇〇年ぐらいの木もあったが、どんどん伐られてなくなってしまった。今この地域に多いのは、樹齢五〇年くらいの木だろうという。

河村成敏氏は昭和二〇年生まれで、祖父が大正初期にはじめた製茶・柿渋業を長年営んでおられる。かつては一帯が桑畑で、柿の木の下にも桑が植えられていた。その後、桑に代わって茶が植えられた

図 4-20　柿の木が見られる茶園（岐阜県池田町宮地。著者撮影）

図 4-21　近代化に伴い柿の木が見られなくなった茶園（岐阜県池田町宮地。著者撮影）

が、柿の木はそのまま残された。いわゆる混植茶園である。茶と柿渋の両方で収入を得るという時代であった。柿の木は茶の霜除けになった。だが、昭和四〇年代から収量が高く品質のよい「やぶきた」という茶樹の導入が進み、茶で高い収益が見込めるようになると、柿の木はじゃまになり伐採されることになったという。

茶畑のなかの柿は、京都府宇治田原町では干し柿と柿渋原料として用いられたのに対して、岐阜県池田町ではほぼ柿渋専用であった。

なお、茶畑の柿に茶の霜除け効果があることについては、前項の宇治田原町でも聞かれたことであるし、池田町の北に隣接し、「美濃いび茶」の生産地である揖斐川町でも聞き取ることができた。また、前出の寺田孝重氏は、かつて奈良県で見られた混植茶園について、「茶にとっては晩霜を防止する意味から、山間部では有効な手段であった」と述べている。近代化以前の茶栽培においてではあるが、柿の木による霜除け効果が経験的ではあるが認識されていたことは注意しておきたい。

## 5 戦争に翻弄された木

農水省果樹研究所長を務めた梶浦一郎氏は、著書『日本果物史年表』で「第二次世界大戦時、果物栽培は抑圧され、生産や消費も一昔前の大正時代のレベルまで縮小した」と述べている。柿の栽培と利用の歴史を考える上でも当然重要な時期である。

### 果樹栽培全般の概況

園芸学者の飯塚宗夫氏によると「日本の近代化に伴い果樹園芸も徐々にではあるが発展し、大正、昭和に入った。太平洋戦争のはじまった昭和一六年（一九四一）には果樹の栽培面積は二〇・二万ヘクタール、生産量は一四〇万トンを超えていた。しかし、戦時中は主食が優先されたため廃園するものも多く、戦後の混乱期には、最高時に比べ面積で六一％（一九四七年）、収量では四七％に減少した。この混乱期を経て生活が安定してくると果実の需要は伸び、価格も高騰し生産は増加した」（『日本大百科全書』）。

富山県の農業試験場で長年果樹栽培の研究に関わってきた小竹碻氏は、自著で「敗戦に至るまで、数か年にわたって、肥料及び農薬などの配給が停止され、その他の生産資材も入手困難となった。その当然の結果として、永年作物である果樹の樹勢が徐々に衰弱しその維持が困難となり廃園化するのも当然であった」と述べている。果樹園芸学者の志村勳氏は、戦時中についてこう説明する。

昭和初期から一〇年代前半の時期、日本は満州事変（昭和六年・一九三一）、日華事変（昭和一二年・一九三七）、によって戦時色を強め、政府は主食糧の増産に力をそそいだ。昭和一六年に入ると戦時色は一層強まり、農地作付統制規則などが公布され、果樹は不要不急の作物に指定された。

昭和一八〜一九年（一九四三〜四四）には果樹園の整理が補助金をもって行われた。試験研究機関では食糧増産に関する研究が至上命令であり、果樹の関係機関でも、例えば傾斜カンキツ園の畦畔を利用したサツマイモの懸崖づくりなどの試験が行われた。このような状態は戦争の拡大、激化とともに厳しくなり、さらに栽培者の兵役による労力不足などから、果樹栽培は縮小、衰退への道をたどらざるをえなかった（志村「果樹農業近代化への道」）。

『長野県果樹発達史』によれば、昭和一八〜一九年に果樹園の整理がはじまると、「果樹栽培者は非国民扱いされ、警察の取り締まり、翼賛壮年団による整理抜根など厳しい推進運動が実施された」。警察のみならず、大政翼賛会の自発的行動隊ともいえる翼賛壮年団まで登場している。前出の小竹も「敗戦に至るまでの間、果樹は強制伐採によって、栽培面積の減少となった。戦時色が漸次濃厚になるにつれて、果樹栽培者は度を超えた非難の中に立たされて、すなわち国賊視されるまでになった」と述べており、こうした動きは各地で見られた。だがそんな状況でも、昭和一八年に、「県果物同業者組合は、戦時下の果樹園をかかえ物資不足に堪え、ややもすれば白眼視される二十世紀梨栽培を促進するために、組合員は金属製の「県果物同業組合員証」を門頭に掲げて団結と協力を誓った」という、鳥取県のような事例もあった（『鳥取二十世紀梨沿革史』）。

なお、果樹園の整理は樹の伐採だけでなく抜根にまで及んだ。筆者は農業高校に勤務していたころ、農場実習で比較的抜根が容易な柑橘類を扱ったことがあるが、成木のりんごや梨、柿などの根を抜く

表4-1　戦時中から戦争直後の柿栽培の推移

| | 果樹園面積（町） | 畔畔邸宅樹（本） | 収穫高（〆） |
|---|---|---|---|
| 昭和16年（1941） | 11,459.4 | 12,596,484 | 52,532,033 |
| 17年（1942） | 11,790.0 | 12,447,511 | 69,794,510 |
| 18年（1943） | 10,473.5 | 10,967,927 | 70,097,725 |
| 19年（1944） | 8,966.2 | 9,680,779 | 44,946,679 |
| 20年（1945） | 7,545.3 | 8,034,399 | 38,823,603 |
| 21年（1946） | 5,911.1 | 7,225,322 | 30,863,735 |
| 22年（1947） | 5,794.3 | 7,255,477 | 51,116,205 |

（木村光雄『農学大系　園芸部門　柿編』養賢堂、1957年より、一部割愛。〆は貫）

のは並大抵の作業ではないはずだ。戦時中に果樹園は全国的に整理が進められたが、その労力は測り知れないものであったろう。

柿栽培の概況

柿の栽培面積は、果樹全般と同様に昭和一五年ごろまでは増え続けたが、昭和二二～二三年ごろまで減少し、その後、再び増加した。

農林省がまとめた『農林統計』を見てみよう（表4－1）。なお当時は、果樹園面積と畦畔邸宅樹に分けて集計しており、前者は果樹園、後者は畦畔や屋敷内での栽培を指し、それぞれの単位は町（ヘクタール）と本数であらわされている。

戦中から終戦直後にかけて、柿の果樹園面積が最も多いのは昭和一七年の一万一七九〇町だった。畦畔は昭和一六年の一二五九万六四八四本、収穫高は昭和一八年の七〇〇九万七七二五貫（二六万二八〇〇トン）が最高である。一方最も少なかったのは果樹園が昭和二二年の五七九四・三町、畦畔が昭和二一年の七二二万五三二二本、収穫高は三〇八六万三七三五貫（一一万五七三九トン）である。最盛期に比べて果樹園面積は約半分、畦畔の本数は六割弱、収穫高は四割強と大幅に減り、戦時中に伐採された影響が如実にあらわれている。前述したように、栽培面積は果樹全体で六一パーセントに減少したが、それをさらに下回ったのである。

なお、昭和一六年度の『農林統計』によると、果樹園面積と畦畔邸宅樹の割合は、柿は二七対七三、りんごでは九七対三で、農地以外の栽培がひじょうに多いのが特徴だった（浅見与七「序」、石原三一『柿の栽培技術』）。伐採により収穫量が大幅に減ったのみならず、生活に密着して古くからあった屋敷まわりの柿のある風景も各地で失われることになった。

各地の産地では

干し柿「市田柿」の産地として知られる長野県高森町では、町が『市田柿のふるさと』という冊子を刊行している。ここに「戦争に翻弄される市田柿」という節がある。

昭和十六年（一九四一）に太平洋戦争が始まると、果樹は贅沢品とされ、農地作付統制規則の公布によって新植が禁止されました。さらに、昭和十九年（一九四四）には果樹の一部強制伐採が進められました。長野県内の柿の作付本数も、戦前に比べて四〜五割ほど減少しました。

先の富山県の小竹氏と同じように、政府の進めた果樹園整理を「強制伐採」と表現している。果樹園整理は各地で着々と進んだわけではなく、強権的に進められたことを物語っている。

また、「昭和十八年（一九四三）一月、市田村長関川一実《せきかわかずみ》と女子青年会の代表三名が上京し、靖国神社、明治神宮、山階宮家などへ市田柿を献上しました。これは「銃後の女性の真心を護国の英霊に示したい」という気持ちの表れとして各新聞に取り上げられ」たという。『東京新聞』は「捧ぐ農村乙女の真心」の見出しで報じている（図4－22）。記事では、献上された市田柿について、「女子青年団員二百五十余名が各自の家々にある柿の木の中の最も秀でた木から数個ずつを選びそれを国民学校に持ち寄って二か月余りの間丹精をこめて……」と記している。「戦争に翻弄される市田柿」という小見出しは重い響きをもつ。

図 4–22　「捧ぐ農村乙女の真心」（『東京新聞』昭和 18 年 1 月 27 日。高森町民俗資料館所蔵、「市田柿のふるさと」より転載）

三重県伊勢市の天然記念物である「蓮台寺」という品種は三〇〇年ほど前から栽培されていて、かつては、伊勢参りの参詣客がおもな消費者であった。不完全甘柿で、種子がしっかり入り果肉に褐斑ができないと渋味が残るため、炭酸ガスで渋を抜いて、主に伊勢地方で販売、消費されている。柿と言えば蓮台寺を指すといわれるくらい、地元で根強い人気があり、「みえの伝統果実」にも選定されている。

『日本果物史年表』には、「伊勢市蓮台寺柿の産地では、戦時中、食糧増産のため、柿が伐採され、サツマイモが植栽、または、下枝を落とし、柿の結果層を三メートル程度に上げた。戦後、主幹を一メートル程度に切り下げ、樹形を作り直した」という記述がある。おそらく、当時の樹形は放任した主幹形に近く、地面から三メートルまで枝を払った場合、結果層は中層より上だけだったと考えられる。なるべく柿を伐採しないようにして、木の下にサツマイモを植えた当時の人々の苦心の跡がうかがえる。長野県では、昭和一八年に果樹の間作で麦、芋、南瓜をつくるようにという強い指示があったと、同書は伝える。

新潟県佐渡市羽茂《はもち》（旧羽茂町）は、昭和七年に山形県から「平核無《ひらたねなし》」を導入し、昭和一一年には北海道へ初出荷した。当初は「八珍《はっちん》」という名前でも販売していたが、昭和二六年に「おけさ柿」に統一し、昭和四二年には商標登録された。

『羽茂町誌』第一巻として編まれた『おけさ柿物語』をみると、産地として発展するまでの苦労がしのばれる。「昭和一九年には八珍にとって最悪の事態が生じた。強制命令による樹園地伐採である」。同年三月七日付の羽茂村農会長から西方集落の農区長宛ての書簡がある。

緊迫セル食糧事情ニカンガミ、国内需給体勢確立上果樹園ノ整理ヲ断行スルコトトナリ、本村ヘノ割当ニ対シ、貴部落ニ左記面積割当決定致候。記載事項参照、急速ニ実施相成度、此段及御通知候也。

記　一、整理転作割当面積　三反歩　二、整理完了期　四月十日　三、転換作物　馬鈴薯、甘藷、大豆、蕎麦類……六、三月二十五日マデニ該当者ヲ決定シ本会ニ報告ノコト。

この通知を受けて半月ほどで該当者を決定、報告し、整理完了まで一か月しか許されないことには驚く。それだけ食糧事情が逼迫した状態だったのだろう。

『羽茂町誌』は、強制伐採を「おけさ柿」栽培史上痛手となる大きな出来事だったとまとめる。ただ、果樹園の「整理には助成金も出たし、実際は畑の周辺などの散在樹が伐採され、それらが面積換算されて報告された」と明かす。栽培者のしたたかさを垣間見ることができる。

『戦後農業技術発達史』には、新潟県の柿について「昭和一七年、主要食糧増産の至上命令による伐採があり、樹体が薪炭用に供せられるのも続出」したという記述がある。燃料が枯渇するなか、伐採した樹を薪にするのはやむを得なかったとはいえ、柿の栽培者にとってはわが身を焼かれる思いであったことであろう。

## 貴重な砂糖の代用品として

『市田柿のふるさと』に、次のような記述もある。

しかし、食糧が不足していた戦中戦後は、市田柿は糖分補給や菓子の代用として珍重されました。子どもたちは柿むきの手伝い賃に、むいた皮をもらって乾燥させ、渋みの抜けた皮をおやつ代わりにしゃぶったといいます。ついには砂糖代わりに柿の皮を販売する人も現れたそうです。

昭和一六年に長野県下伊那では、菓子の原料として柿の皮二〇〇〇貫を一貫につき六〇銭で出荷した（梶浦『日本果物史年表』）。七・五トンもの柿の皮なので、農会などの組織が集めたと思われる。また、昭和一九年には、柿やリンゴの皮、落花生などを用いた戦時代用パンが出現した（小菅『近代日本食文化年表』）。砂糖の入手が困難な時期であったから、柿の皮はパンに甘味をつける上で、大切な役割を果たしたと思われる。

そのころ砂糖は極度に少なく、病人や妊産婦、乳幼児もめったに口にすることはできなかった。その点、柿は絶好の甘味品であった。干し柿はもとより、生柿も熟柿にして飛ぶように売れ、都市では樽に入った熟柿を杓子ですくって売っていたという話しもある。ヨウカンや柿コウセン（香煎）、代用食のパンなどに大いに利用された（『おけさ柿物語』）。

前出の志村勲氏のお話によれば、「戦後も砂糖の入手の困難な状況は変わらず、関東では「甘百目」や「禅寺丸」といった不完全甘柿で、脱渋が不完全なものでも需要があり、飛ぶように売れた。青果業者は、戦時中に伐採を逃れた畦畔や宅地のまわりに植えられていた柿樹の果実の買いつけに走り回った」という。

暮しの手帖編『戦争中の暮しの記録』に、東京都滝野川区（現・北区）から甲府市山宮へ疎開した渡辺とよ子さんはこう書いている。

そろそろ寒い風が吹き霜が降りる頃、落柿拾いに出かけた。これも大切な食事の役割をしてくれた。農家には大きな柿の木があり、熟したのが落ちて居る。朝早く起きて、踏まれぬうちに手分けして、バケツやザルなどを持って貰ってくる。甘くておいしく三、四個で朝食の代わりに充分であった。

食料が満足にない疎開生活のなか、一家総出で必死に落ち柿拾いをしている様子が目に浮かぶ。伐採を免れた柿は、戦中から戦後に砂糖の代用品とされるなど、日々の食生活において重要な役割を果たしたといえる。

# 第五章　年中行事とのかかわり

柿は日本人の暮しに深く根づいた「生活樹」であるため、柿に関わる呪術・禁忌・俗信も非常に多く、「さるかに合戦」などの昔話にもしばしば登場する（図５－１）。成木責《なりきぜ》めとか柿の木責めと呼ばれる呪術的習俗は全国的に見られるし、柿の木から落ちて怪我をすると生涯治らぬ、柿の木や種を火にくべてはならないなどの俗信がある。また、年中行事や通過儀礼などハレの日に用いることも多く、串柿が鏡餅とともに供えられるのは周知のことであろう。ここでは正月の歯固め、小正月、盆行事、神饌における柿について紹介したい。

図 5–1　西村重長画『さるかに合戦』（江戸時代。大正 15 年複製、米山堂。国立国会図書館蔵）

## 1 健康を願う「歯固め」

正月の三が日に堅いものを食べて歯を丈夫にし長寿を願う行事を「歯固《はがた》め」という。中国から伝わり、「平安時代の貴族社会では押鮎、鹿肉、大根などが用いられた」（『日本史大事典』）。『延喜式』（一〇世紀）によると、大根、瓜、鹿と猪の肉、鮎が使われているが、柿はない。

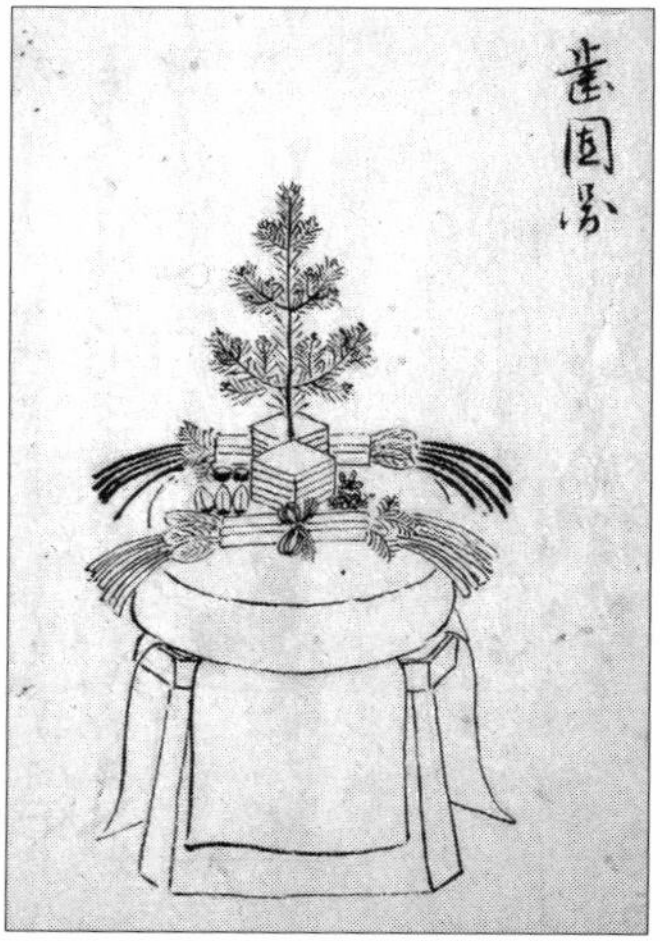


図 5–2　歯固図（『年中行事故実考』早稲田大学図書館蔵）

大きく時代は下がって、尾張の松平君山《くんざん》が宮中の様子を著した『年中行事故実考』（寛保二年・一七四二序）は、歯固めについて図も付して詳述する（図5－2）。ここに「前は熨斗、向は昆布、右はかうじほだはら、左は柿三ツ栗とを見合置也」とあり、図中に干柿を三個供えているのが確認できる。歯固めで柿を用いたとする文献では古い部類に入ると思われる。なお、「ほだはら」は海藻のホンダワラのことである。

長沢利明氏は、「ハガタメは古くから貴族社会で行われてきたが、こうした習俗が後に民間にまで広く伝えられていったものと思われ、たとえば長野県伊那地方で、元旦に柿・栗・豆を食べることを歯固めと称する例などが生み出された」と主張する（『年中行事大辞典』）。

長野県伊那地方では、元日に「水神様にお洗米を供えて若水をくみ、福茶をたてる。歯固めといって串柿を食べ、何事にも人に勝つようにと勝栗を食べる」（『上伊那郡誌』）。

天保二年（一八三一）に伊那郡大島山村の大洞市左衛門が書き記した『当家行事年内諸色覚』で、正月には「家内之ものもはがためヲ致シ茶ヲ呑ム。はがための柿は、御備之餅ヲ献ル所江ハ皆々柿ヲ献申候」とみられる。

『年中行事故実考』では柿のほかに栗や昆布などを用いていたが、大洞家の文書では「はがための柿」としており、柿が強調されている。大島山村は現在の下伊那郡高森町で、同町は全国的に知られる干し柿「市田柿」とその原料品種「市田柿」の発祥の地である。

『高森町町史』には、明治前半期は「干柿の甘味や漬物のお茶受で充分満足していた時代故、串柿など農家の元旦歯固めとして一串ずつ配られるのを子供達は楽しみにした程で自家用に供された分も多かったに違い無い」とある。

明治三四年（一九〇一）一月二〇日発行の『風俗画報』は、「諸国年中行事」として薩摩国と信濃国、羽前国の歯固めを紹介している。このうち薩摩国では元旦に雑煮や刺身のほか、「ハガタメ餅といふを出せり。是は皿の上へ裏白と譲葉を敷き。其上に鏡餅の如く下備は生餅、上備は焼きたる餅を載せ尚ほ其上へ串柿を載せて食するなり」。羽前国では「各々鑽餅を戴かしめ。昆布、串柿、餅の三種を少なく切りたるもの、柿一片を與へ食わしむ」。いずれも歯固めに柿を用いている。少ない事例ではあるが、地域も九州と東北であり、局在的な習俗ではなかったと推察される。

図5–3　こたつ板の上の干し柿と栗（熊谷元一写真童画館所蔵）

## 現代のようす

文化庁は、一九六二年から三年にわたって各都道府県で約三〇か所を選び、民俗資料の緊急調査を実施した。それをまとめたのが『日本民俗地図』である。現代人のかつての生活を全国的に知ることができる貴重な資料である。歯固めおよび歯固めと思われる記述は、北は福島県から南の鹿児島県までの一六府県（三六か所）で見られた。柿は二六か所、栗は一一か所、餅は六か所で、このうち柿八か所と餅六か所は単独で用いられている。柿と栗の両方を用いるのは一一か所であった。新潟県、長野県、岐阜県、徳島県、愛媛県、佐賀県では、柿について、詳細あるいは特徴的な記述がある。

先の高森町と同じ下伊那郡の阿智村出身の童画家で写真家の熊谷元一《くまがいもといち》は、村の生活を一九五六年から五年かけて取材・記録し、児童向けに『農家の四季』という本にまとめた。次の記述では、歯固めの様子がよくわかる（図5–3、4）。

とけいは、五時半だ。まだあたりはまっくらだ。それでも、初まいりに行く人の姿が見える。

……家に帰ると、おかあさんがだいずがらをたいて、お湯をわかした。一つのこたつへみんなが集まった。こたつ板の上に、ほしがきとくりがおいてある。……だれもがうれしそうな顔をしている。「おかあちゃ、どうしてかきやくりばっかりで、お菓子をくれんの。」とみつ子がいった。「みつ子は知らないか、かきはかき取る、くりはかちぐりといって、なんでもたくさん取ったり、なにをしても勝つようにって食べるんだ。」「なんだ、にいちゃんえらそうなことをいって、おばあちゃんに教わったんじゃないの。」

図5-4　家内中で福茶を飲む　（熊谷元一写真童画館所蔵）

阿智村の北東に位置する飯田市では古くから干し柿が生産され、「串柿の第一は芸州の西条の産、釣柿の第一は濃尾の産」として他の串柿は評価しなかった『本朝食鑑』も、「信州立石に小串柿というのがある」と触れている。立石とは現在の飯田市立石である。平安時代に創建と伝えられる真言宗の古刹立石寺は、昔から柿観音として信仰を集めた。また、立石柿は将軍の歯固めに使われた由緒あるものとして地元では語り継がれている。

飯田市在住で、年中行事の数少ない継承者である三石政司氏（昭和二九年生）はこう話す。

元旦の午前四時頃、年男が井戸水を汲んで湯を沸かします。お茶の準備が整うと家族を起こし、揃ったら「歯固め」に入ります。年男が新年の挨拶をして、干し柿、豆、栗を食べながらお茶を飲む。この歯固めは正月三が日行い、その間は女の人に休んでもらうという意味があります。

干し柿は「市田柿」より小ぶりで、細長い自生の「焼柿」と呼ぶ柿を使います。種子が多いが、甘みは強く、種が一〇個以上入っていると縁起がいいと言われました。わが家には「焼柿」の木が一本ありますが、いまではほとんどの家が「市田柿」を使います。年末には、正月の「歯固め」用に、市田柿、落花生、天津甘栗がお店やスーパーに並びます。

「焼柿」については第一章でふれたが、古い歴史を持つ「市田柿」のかつての呼称で、戦後、干し柿原料として優良なものが選抜され、母樹が決められた。

なお、飯田市の「平成二五年　年頭所感及び市政経営の方向」では、同市が全国的に注目を集めているプロジェクトについての説明の中で、「歯固めの食文化に裏打ちされた市田柿を夏でも食べられるドライフルーツとして捉え直して全国ブランド化に成功した事業」という記述がみられる。

『日本民俗地図』で柿についての詳細な記述がみられた岐阜県の飛驒地方の萩原町（現・下呂市）の教育委員会は、一九七〇年代末から地域の暮らしと文化をテーマに『はぎわら文庫』（全二〇集）を編んだ。そのうちの一冊に歯固めの詳しい記述がある。元旦に、「「まめ（豆）で、くり（栗）くり、かき（柿）こむように」健康で、なんでも食べることができるようにと願いをこめて、豆・栗・柿を家族そろっていただくのが歯固めの行事です」。このほか町内には、柿の種の数が偶数だったら吉とか、七つだったら吉とかいう地区もあった。これは飯田市の三石政司氏の話でも聞かれたことである。なお、飛驒国中呂村（現・下呂市萩原町）大前家の『歳内行司録』（一八一二年）では、歯固めの儀式の進め方が記され、「菓子大豆弐粒　栗弐粒　柿弐粒栢（榧）弐粒」とみられる。

長らく地元の農協の組合長をされた今井達郎氏（昭和元年生）は、次のように語った。

除夜の鐘が鳴ると同時に近くの神社と寺にお参りをします。新年の祝いのために使う水を近くで湧水が出ている見座島《みざしま》というところへ汲みに行く。午前一時頃帰宅し、その水を沸かし急須でお茶を入れます。家族全員が集まって新年の挨拶をし、歯固めとして盆に盛った干し柿、豆、栗を食べました。盆は順に廻し銘々が取った。歯固めは繁栄と健康を願う一年の始まりの行事で、家族全員が揃っていないと父親の機嫌が悪く、私は小さい頃なかなか起きられずに、家族に迷惑をかけたことを覚えています。

現在、干し柿には蜂屋や富士といった品種が使われているが、昔はダイシロでした。一〇月下旬から一一月上旬にかけて収穫し、皮をむいて、番傘の骨で作った串一本に三つ刺し、幾段かにして干します。ダイシロはかつてはどの家にも一、二本は植えられていました。大きさは蜂屋や富士の半分以下で、種子はいっぱい入っていた。隔年に成る性質があり、成りが少ない年の柿は大きかった。
ダイシロは干し柿にするほか、柿渋にも利用した。漬物桶、醤油桶、味噌桶などに、桶を長持ちさせるために、一年に一遍は柿渋を塗りました。

## 2 豊穣を誓わせる「成木責め」

### 史料に見るかつての姿

『日本民俗大辞典』によれば、成木責めとは、「柿などの実の成る樹木に、鉈や鋸などの刃物で脅かして、秋の稔りを約束させる小正月の予祝行事の一つ。木責め・木おどし・なれなれともいわれる。主として柿の木に対して行われることが多いが、ナシやモモ、アンズなどに行うという地域もある。二人一組で行われる儀礼で、一人が鉈などの刃物を持ち、柿の木などに向かい、「成るか成らぬか、成らねば切るぞ」と唱えながら切るまねをしたり少し切ったりする。そうすると、もう一人が「成ります、成ります」と答えながら、木に小正月の小豆粥を塗りつける、というのが一般的な形で、小正月の行事としてほぼ全国的に分布している」。

『大和耕作絵抄』は元禄から正徳にかけて活動した石河流宣による絵草子で、近世前期の風俗を知るうえで貴重である。正月一四日の項に、「樹木をたたき、果《このミ》の吉凶をさだむ」とある。管見のかぎり、成木責めの初出と思われる。

江戸時代の百科全書といわれる『嬉遊笑覧』（一八三〇年序）の巻一二（草木）に、「ならうかなるまいか」という見出しで、「世俗除夜に果樹の実のならぬに一人杖を持て木のもとに行ならうかなるまいかとて打むとするを又一人その樹に代りてならうと申しますといふなり」と書かれている。

成木責めにあたると考えられ、「世俗」とあるので江戸で一般的な習俗だったのだろう。当時は小正月ではなく、除夜に行われていたようだ。同じく近世後期の随筆で、和漢の学に通じた津村正恭が世間話を書き留めた『譚海』にも「甲州にては、除夜に栗・梨等の樹の木の本に行て、實のよく成ために樹を責て、ならずば切らんと云」とある。

図 5-5　なるかならぬかの図（『風俗画報』第 224 号、明治 34 年）

明治二五年刊とされる『磐城誌料歳時民俗記』は、福島県浜通り南部の年中行事、祭礼を各月に分けて記述した、人々の暮らしぶりがわかる資料である。その一月一四日の条に「農商家ノ童子小斧ヲ持、木厭當《きまじない》ヲセント家々ヲ廻リ、梨・柿・柚子・柑類ノ樹ヲ斧ニテ打チ、なるかならぬかトイフテ責メル。傍ヨリなりもうそうなりもうそうトイフ」とある。

ここでは木厭當と呼んでいるが、そのしぐさは成木責めと同じである。農家だけでなく商家の子供たちも一緒に行う地域ぐるみの行事だったことがわかる。

明治三四年(一九〇一)刊の『風俗画報』の「諸国正月行事」では、北は陸前国松島から南は長門国萩地方まで全国各地の成木責めについて詳しく記している(前頁図5-5)。

## 現在も続く行事

かつては全国で行われていたこの習俗も、いまではごくわずかな地域でしか見られない。「とやまの文化財百選」の年中行事に選定され、代々続けてこられた富山市婦中町の松山充宏氏(一九七六年生)はこう話す。

当地では、ナリキゼメではなく、カキノキカキノキといいます。一月一五日、朝食に小豆ぜんざいを食べて小正月を祝った後、残しておいたぜんざいの汁を椀に入れて自宅の裏の畑に行きます。柿の木の前に立ち、「デッキルカー　デッキンカー、デッキンニャ　チョンギルゾ」と唱えて、幹に鉈の刃を数回あて、樹皮を少し剝く。その剝いた箇所にぜんざいの汁を匙で二、三度かけます。同様なことを庭のウメなどの実のなる木でも行っています。これは子どもの行事ですが、この時期は寒く雪もあるので、子どもは少しだけやって、後は大人がやることになっています。今年は、四歳と二歳の子どもがやりましたが、小さな子には鉈は重いので、母親が銀色の折り紙でつくった鉈で行いました。かつてはこの集落のほとんどの家でやっていたと祖父から聞いていますが、現在は私の家だけになりました。柿は、「家の財産」だったそうです。

松山氏は、以前は「水島」という品種（図5－6）が主であったといわれる。「水島」は「富山県を中心に、福井、石川県などに広く分布し、古くから栽培されている。やや温度不足で「富有」など御所系甘ガキが渋残りする北陸地方でも、ほぼ完全に脱渋するため、北陸では無視できない品種となっている」（遠藤融郎『カキ品種名鑑』）。

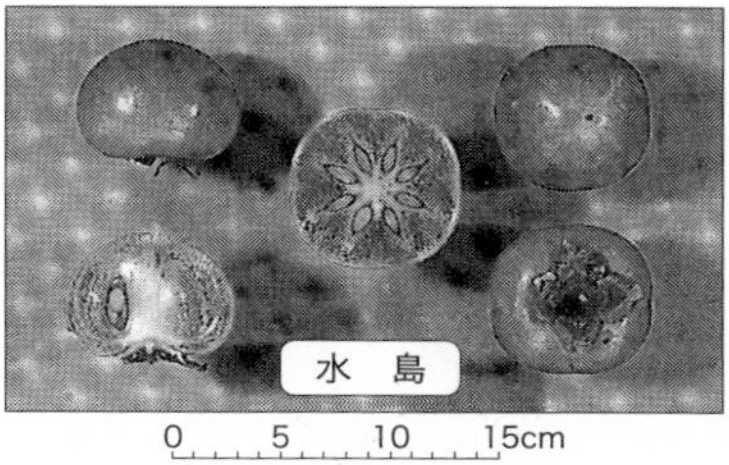


図 5-6　水島（遠藤融郎『カキ品種名鑑』日本果樹種苗協会、1987 年より、一部改変）

完全甘柿品種の脱渋が難しいこの地方で、不完全甘柿である「水島」が重要な甘柿として、各家々で大切に扱われてきたことがわかる。最後の一軒になってもこの「カキノキカキノキ」の伝統行事を続けておられることをねぎらうと、気負うことなく、「子どもたちは楽しくやってますよ」と返された。

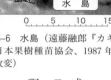

長野県飯田市は干し柿「市田柿」の産地として知られるが、やはり成木責めは廃れかけていた。農業課生産振興係の担当職員はこう語る。

「成木責めは、戦前までは農家が普通に行ってきた伝統行事ですが、現在はほとんど見られません。当市では、市田柿ブランド推進プロジェクトの一環として、豊作を祈願して、成木責めを平成二三年から実施しています。実施にあたって、いまもこの行事を伝承している市内

図 5–8　傷口にお粥を盛る

図 5–7　鉞で柿の幹に傷をつける

（いずれも『信州伊那谷のまつり　三石家の一年』南信州新聞社、2005 年）

の三石政司氏に作法を教えていただきました。伝統行事を見直すことにより、ブランド化の推進に繋げていきたいと思っています」。三石宅ではこの行事は「成る木責め」と呼ばれ、鉞《まさかり》が使われる。「成りそか、木切りそか、成らんと切ってしまうぞ」と問われると、「成ります、成ります」と答える形である（次頁図5－7、8）。

かつてはどの農家でも行われてきたが、今や姿を消そうとしている「成木責め」の行事を、地域の農業振興と結びつけるかたちで見直そうとされていることは、地域の伝統文化の継承へも繋がっていくことになると考える。

## 科学的根拠について

柳田國男監修の『民俗学辞典』には、「このまじないでは、おどかすだけではなく、問答する前に刻み目をつけている。木は精力を持ちすぎるとかえって果実を少なくするものであるから、傷をつけることは実際の効果を持っているわけである。これは偶合かどうかは興味ある」という成木責めの記述がある。

図 5-9　環状に剝皮が行われた富有柿の主幹（岐阜県。斎藤義政『くだもの百科』婦人画報社、1964 年）

長らく神奈川県の園芸試験場で果樹の研究に従事した高橋栄治氏は、柿や栗、桃の木を祝い棒や木槌・鉈で叩いたり、傷をつけたりする成木責めは、環状剝皮の効果を期待したものであるとしている（『くだもの作りの実際』）。

「環状剝皮」は枝や主幹の樹皮部分を幅数ミリ〜一センチ程度、環状に剝ぎ取ることで、これによって葉でつくられた同化養分を運ぶ篩管が損傷して地上部にたまるため、花芽分化の促進や果実の品質向上につながる。一方、同化養分は根に届かなくなり、樹勢の低下を招く。現在、柿ではほとんど用いられていない技術だが、昭和三二年刊の『農学大系　園芸部門　柿編』では、摘果などとならぶ主要な栽培管理の技術の一つとして記されている（図5－9）。なお、近年、秋季の気温上昇による果実の着色不良の対策として環状剝皮を導入する動きはある。

「成木責め」が、秋の実りに結びつくかどうかについてであるが、まず、「成木責め」によって「環状剝皮」のように樹液の流動が阻止されるほどのものとはいえない。また、成木責めを行うのは小正月の時期で、柿などの落葉性果樹では葉の光合成活動が行われておらず、樹液の流動も不活発で、いわゆる園芸技術における「環状剝皮」の効果を望むのは難しいといえる。

近世の『農業全書』をはじめとする農書類、『和漢三才図会』、『大和本草』などに、環状剝皮に類する技術は見当たらない。これらのことから、「成木責め」行事には、たくさんの結実を期待する人々の願いはみられるが、技術的意味合いを持って実施されてきたと考えることは難しいと思われる。

## ③ 葉を利用する盆行事

### 供物の容器として

高谷重夫著『盆行事の民俗学的研究』は供物の容器について紹介している。

まず、兵庫県神崎郡北部では無縁仏への供物は柿の葉に盛る、同県多紀郡多紀町の中ノ森・西紀町本郷（現・丹波篠山市）でも餓鬼仏には柿の葉（本仏は桐の葉）に盛った、岡山県勝田郡勝田町梶並（現・美作市）では里芋の葉に盛ったという事例を挙げ、「柿や芋の葉を容器とすることが、いかにも蔑視の表現のように思われるが、草木の葉に供物を盛るのが盆行事では極めて普通のことであった。里芋や蓮の葉が多く用いられたことは説くまでもないが、柿の葉も決して無縁仏専用ではなかった」と説明する。そして、静岡県小笠原郡城東村下土方（現・掛川市）では精霊棚に柿の葉を載せ供物を盛る、奈良県生駒郡安堵村（現・安堵町）と大阪府河内長野市岩瀬では仏壇の供物に柿の葉を使う例を示す。

以下では、現在も供物の容器として柿の葉を用いている事例を取り上げる。

## 奈良県大和郡山市と奈良市の事例

大和郡山市の中谷家は、嘉永六年（一八五三）から酒造業を営む老舗である。現在も、代々伝わる作法に則り盆行事を行っている。ご当主の中谷正人氏によれば、盆行事をはじめ年中行事は、母親の妙子さんがまとめた『我が家の年中行事とその食べもの』を手本にしているそうだ。

八月一三日に仏壇に大きな蓮を敷き、その上に仏様の人数分のお供えをする。母親がその準備をしている間に、中谷氏は仏様の器やお供え物用に柿の葉を敷地内に植えてある柿の木から七〇枚くらいとってきれいに洗っておく。

一四日は、朝、一〇時、昼、三時、晩のぜんぶで五回供え物をし、その際柿の葉を使う。午前一〇時は「おちゃと」（仏様に供えるお茶のこと）と、ささげのあんでつくったおはぎを柿の葉にのせたもの。昼は「おちゃと」と、柿の葉にのせた素麺とかけ汁、ご飯とぜんまい、油揚げ、結び干瓢、南瓜の煮物、茄子の味噌和えなどを少量ずつ一緒に柿の葉に乗せたもの。晩は「おちゃと」と、柿の葉にのせたささげ御飯、里芋、新ごぼうの味噌汁にお餅の入ったもの、といった具合である。

一五日の昼では、柿の葉にご飯とその日の惣菜を載せておちゃとを一緒に供える。中谷氏によれば、柿の葉をお供えの皿に使うことはこの町の多くの家で行われているという。大皿として蓮を、小皿として各家庭の柿の葉を用いるのは一般的だそうだ。『万葉集』にも「饌食を盛るに、皆蓮葉《はちすば》を用ちて《も》す」とあるように、古くから蓮は食器として利用されてきた。だが柿の葉についてはこのような記述

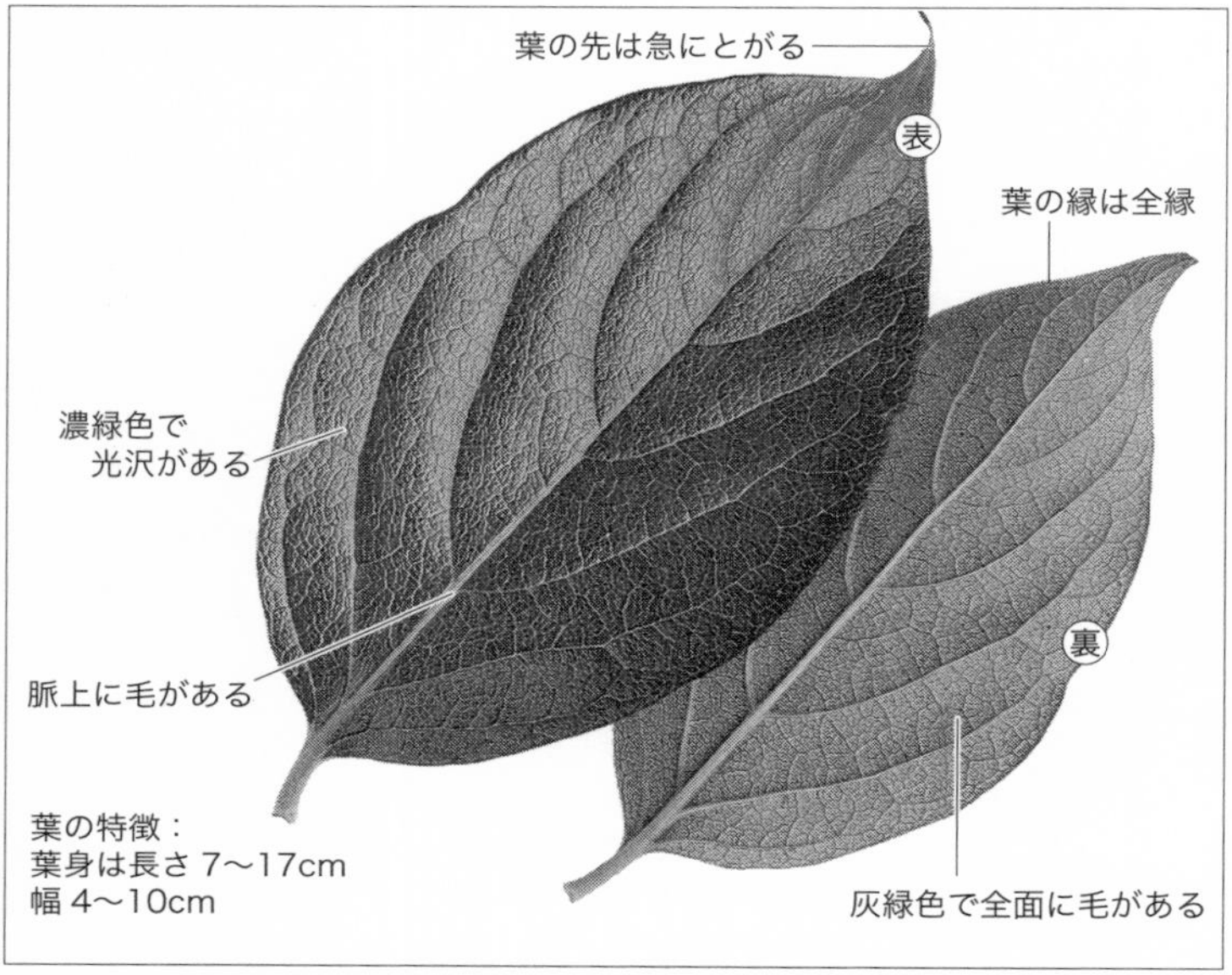


図 5-10　カキの葉（表裏の縮小率は異なる。高橋秀男監修『葉っぱで見わける樹木ハンドブック』池田書店、2011 年。図中文字は打ち直した）

は見当たらない。『樹木大図説』は、柿は枝が折れやすく落ちれば怪我をするので禁忌俗信は多いため、「魂祭に用いられ、お盆の供物として柿の葉を盛る」のだと主張する。盆行事の柿の葉にこうした深い意味を見いだす解釈もある一方で、入手しやすいから用いられたとする中谷氏の指摘は興味深い。

柿の成葉の表面は光沢があり無毛で、裏面は灰白色で光沢はなく柔毛がある。また、他の落葉果樹に比べてクチクラ層が発達し、常緑樹に似た光沢がある（図5－10）。クチクラ層は、ロウ物質あるいはロウ類似物質により形成され、雨水が内部に侵入したり、水分が蒸発するのを防ぐ働きがある。無毛であることと合わせて、こうした特性は容器に適していると思われる。
大和郡山市の東隣の奈良市では、盆行事のお供えの器に柿の葉を使うのは五地区のうち田原地区の長谷（現・長谷町）のみである（『奈良市史』）。

八月一四日：朝早くから餅をつき、小豆をつけて柿の葉に盛る。お箸はアサガラ一ゼン。ダイコバとソバの葉のおつゆを作りお餅のスイソエとしてカワラケに盛って先祖一人一人に供える。午後一時ちょっと前、茹で素麺とご飯を少しずつ柿の葉に盛り、お菜と一緒に供える。入浴・夕食の後、先祖さんには夜食としてドロイモ（里芋）とゴンボのおつゆをお菜にシロムシ（餅をつく前に少し取り分けておく）と餡の小豆を混ぜ込んで柿の葉に盛り、また径四センチ余りの白い丸餅を一重ねずつ柿の葉にのせて一人一人に供え、その上に干し素麺を二筋ずつのせる。餅はオショウライサンのお土産、素麺はこれを括るためのワラになる。

なお、一三日にオショウライサンを迎えたとき、オチツキチャ、瓜と茄子を輪切りにしたもののほか、ヘタつきの青い柿を一つずつ添える。七日盆でも、墓にハナ、輪切りの茄子、洗米、餅とともに青い柿を供える。この場合は柿の葉ではなく柿の実、しかも、未熟で食せるものではない。お供え物に柿へのこだわりがうかがわれる。なお、七日盆は一般的には盆行事のはじめの日とされる。

かわらめし、川めし

現在はごく限られた地域でしか見ることができなくなったが、かつてはお盆に子供たちが戸外で集まって飲食する風習は各地にあった。

『美濃市史 通史編』には次のような記述がある。

下牧地区の蕨生《わらび》には、盆の川原めしという珍しい行事がある。これは一四日か一五日には朝飯を川原で家内中が仏様と共に食べるという風習である。朝、鍋釜と米、野菜などを川原へ運び出し、そこで飯を炊き、おかずをつくる。食事には一切茶碗類は使わないで柿の葉を使う。柿の葉は毒にはならず薬だと言い伝えられている。食事が終わると柿の葉一枚を持ち帰って仏壇に供える。

また、郷土史家五十川《いそがわ》才吉は『和紙の里 わらび』に、「お盆の仏前のお供えで、十五日には送りだんごやおしょろ様（精霊）のみやげを柿の葉に乗せて供えた」「かわらめしを食べると夏中丈夫で過ごせるといわれていた」と記している。

美濃市のHPによると、昔は、市内を流れる板取川河畔各所で見られたが今ではほとんど行われなくなった。先述の蕨生のすぐ下流にあたる長瀬地区では一九八〇年に「河原めし保存会」を結成し、伝統を守り続けているとある。

香川県小豆島町では、八月一四日の早朝、別当川流域の住民が家族単位で川原に集まり、五目めしを炊き、無縁仏（餓鬼）を供養する。五目めしを柿の葉などの広い木の葉一二～一三枚に盛りつけ、水辺の岩の上に置き、無縁仏にお供えする。この後それぞれ無縁仏を拝み、川飯を食べ、残りは持ち帰らない（図5－11）。川めしを食べると仏恩によって夏病みしないといわれる（『小豆島町の文化財』）。「川めし」は昔、香川県各地でみられたが、次第に姿を消し、昭和五〇年代はじめには極めて限られた存在になり、昭和五一年（一九七六）に町無形民俗文化財に指定され、保存の努力がなされ今に至っている。二〇〇六年時点の調査では茄子や白蓮など他の葉の利用も報告されているが（『香川県の祭り・行事』）、『小豆島町の文化財』の記述にあるように、現在も柿の葉はこの「川めし」の盆行事とは切っても切り離せないことがわかる。

図 5–11　餓鬼めし（川めし）の様子（昭和 39 年 8 月。内海町神懸通の別当川の河原。『小豆島の四季　松島正喜記者写真集』、朝日新聞高松支局同人会、1985 年）

柿の葉一二枚（閏年は一三枚）に供物を盛ることも変わらず続けられている。『古語辞典』によれば、「うるふどし」は「陰暦で、一年を十三か月とする」とある。閏年も漏れる月がないよう供物をしたのである。

## ④ 神への捧げ物

### 神饌として

宮中や神社の儀式で神に献ずる飲食物を神饌という。儀式の性格により神饌の種類も異なるが、基本的には稲・豆・野菜などの農産物、他に魚介類・鳥・海草・果実などの山野河海の収穫物、酒・塩などの生活に密着したものが供えられる。また、生のままの食物を生饌、調理した食物を熟饌という。平安時代の品目については『延喜式』にみることができる。践祚大嘗祭の神饌として、果実類では、橘子・搗栗子《かちくり》・扁栗子《ひら》・干柿・梨子・煠栗子《ゆで》・削栗子《かい》・熟柿《うみ》・柚が捧げられた。柿は干し柿のほかに生柿である熟柿も用いられている。

明治初期の神祇制度の改革によって神饌も全国的に画一化された。だが賀茂・石清水・春日・大神・弥彦・談山などの古社には、特殊神饌が伝えられている。

京都府宇治市の白山神社の秋祭りは一〇月一八日の朝九時過ぎからはじまり、五穀豊穣を祈願した後、太鼓台（山車《だし》）が氏子区内を練り歩く。氏子は「百味《ひやくみ》の御食《おんじき》」という神饌を供える。百味とは山林田畑でできる食料すべてをいい、稲穂（一三種類）、豆類（一〇種類）、芋類（一二種類）のほか、茸類（五種類）、種実類（栗六種類と銀杏、胡桃）、果実類（柿一一種類と梨類・蜜柑類をはじめ三一品）、野菜類（大根六種類、百合根数種、菜類八種その他山菜も含め五〇数品）とまさに「百味」である（岩井宏

図5-12　談山神社の「百味の御食」（左より、すだち、荒和稲、りんご、ぶどう柿
（談山神社提供）

實・日和祐樹『神饌』）。柿だけでも、御所柿、お寺柿、平種柿（平核無か）、鶴の子柿、富有柿など一一品種あり、稲に次いで多い。なお、お寺柿は滋賀、京都全域に家庭果樹として広く散在する御寺（『昭和五三年度柿調査報告書』）、鶴の子柿は宇治田原の古老柿の原料品種「鶴ノ子」にあたるものと思われる。

奈良県桜井市にある談山《たんざん》神社の嘉吉《かきつ》祭は一〇月に行われ、起源は室町時代まで遡る。「百味の御食」と呼ばれる神饌は、兵火を避けて避難していた当神社の祭神藤原鎌足の像の帰座を祝ったもので、精巧優美で有名である。このなかに柿も含まれる（図5－12）。現在は一〇月に集められるものに限られているが、明治以前は一年を通して神饌をそろえ、一〇〇種類を超したという。現在の神饌は稲の籾を一粒ずつ五色に染めて盛り上げた御供をはじめ、果樹類では、柿・栗・梨・棗・榧の実などの盛御供など、相当な手間を要する三五種ほどである。柿はシンタラ柿七合を用い、下部が円筒形で上部は張りだした状態に積み上げ、先端には人参を刺す。栗や銀杏も柿と同じ七合を使うので、このシンタラ柿は非常に実が小さいと推察できる。

談山神社の権禰宜で嘉吉祭を担当されている花房兼輔氏にお話をうかがうことができた。この聞き取りは二〇一五年頃行った。

「百味の御食」には基本的に地元で採れたものを使います。シンタラ柿はこの地域の呼び方で、ブドウガキ、マメガキとも呼ばれます。嘉吉祭が行われる頃は、若干黄色がかった緑色をしています。「百味の御食」では毎年、かつて神社の西門があった橘氏宅のブドウガキをもらっている。スーパーの大きなビニール袋一杯くらいです。盛御供は、海老串《えびぐし》と呼ばれる竹串の先端に柿の実を刺し、基部を胴部分に刺して盛っていきます。嘉吉祭が終わった後も展示し、黴が生えたりして展示に耐えられなくなったら取り下げることになっています。

現在の「百味の御食」の調整法は、大正六年に舟橋文治氏が記した『秋祭記録古式乃美天倶楽』がもとになっている。この記録には、「百味の御食」で代表的な和稲盛《にぎしね》などとともに、果実盛御供の一つとして「ぶどう柿」がみられ、その段数は一四段と記されている（吉川雅章『談山神社の祭』）。この「ぶどう柿」は、提供して頂いた写真ならびに花房氏のお話から、現在の栽培柿（*Diospyros kaki* Thunb.）とは異なる種のマメガキ（*Diospyros lotus* L.）だと考えられる（図5－13）。マメガキは中国原産で、信濃柿《シナノガキ》とも呼ばれ、信越、東北地方で古くから栽植され、果実は食用にもしたが、主として柿渋の原料に利用された（菊池秋雄『果樹園芸学・上巻』）。

滋賀県東近江市妹《いもと》町の春日神社では三月に春日祭を行う。関係者の方々のご好意で二〇〇五年に取材させていただいた。

春日祭は通称「ユキカキ祭」ともいい、曽根町、妹町、中戸町そして鯰《なまず》江《え》町の四町の間で構成された六つの「講」とよばれる祭礼集団によって執り行われる。講に参加するのは各家の男性戸主である。四つの町は中世に興福寺領鯰江荘があった地域で、今でも鯰江郷といわれる。

中戸町と鯰江町はそれぞれ一つの講だが、曽根町と妹町にはそれぞれ複数の講があり、両町にまたがっている講もある。神饌は講ごとにつくる。祭礼の前日に、各町の公民館で祭礼の中心的役割を担うトウニン（当人とも）と、コウシ（講仕、講衆など）を中心に、まず春日の神の依代《よりしろ》とされる板御幣《ユキカキ》を制作する。次にゴクサン（御供さん）と呼ばれる神饌にとりかかる。ゴクサンは小さく切った餅、干し柿、栗をそれぞれ竹串に刺し、芝を詰めた桶に差し込んだ供物で、多少差異はあるものの形状はどの講もほぼ同じだ（次頁図5－14、15）。戦国期の勝利祈願の意味も込めた非常食を模しているといわれる。供物は講員の数だけつくり、祭りが

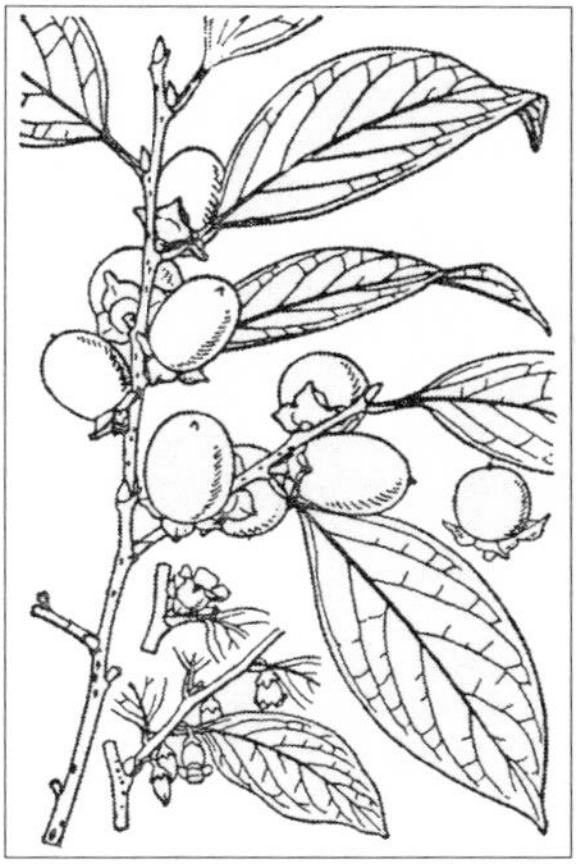

図 5-13　シナノガキ（マメガキ、ブドウガキ）（『新牧野日本植物図鑑』北隆館、2008 年より）

右：図 5-14　干し柿と栗を竹串にさして桶に盛られたゴクサン（以下、図 5-14 ～ 18 はいずれも滋賀県東近江市妹町。著者撮影）。
左：図 5-15　床の間の神棚に供えられたゴクサンと板御幣（中央の竹の先端部）。

上：図 5-16　裃姿の板御幣をもったトウニンを先頭に出発
左：図 5-17　本殿へ渡り込む行列

図 5-18　本殿へ献饌された板御幣とゴクサン

終われば全員に下げ渡される（『東近江市史・愛東の歴史』）。

祭礼当日、正午を過ぎると行列が組まれる。先頭は子供神輿で、板御幣を持った裃《かみしも》姿のトウニン、ゴクサンを担ったコウシ、講員の順に並び春日神社へ向かう（図5－16）。午後一時には他の講と神社前で合流し、楽の音色とともに一斉に本殿へ渡る（図5－17）。各講の板御幣と神饌を本殿に納めると、祭典がはじまる（図5－18）。祭典が終わると神饌は撤下され、鳥居と拝殿の間の境内で講ごとに陣幕を張ってシュウシ（直会《なおらい》）と呼ばれる酒座が設けられる。戦国期に鯰江城が落城した戦の様子を真似たものと言われる（中島誠一・宇野日出生『神々の酒肴』）。

妹町在住でトウニンを二回経験し、地元の行事に精通されている川添源右衛門氏（昭和四年生まれ）にお話をうかがった。


ゴクサンに使う干し柿と栗はトウニンが準備しました。シュウシに出す煮しめなども同様です。ゴクサンは普通の竹より細いオナゴダケを半分に割り、片方の先に干し柿を刺し、もう一方に栗を刺します。栗は堅いので錐で尻の方に穴をあけ竹を刺します。最初にトウニンを務めた時は、屋敷に植えられていた大型の「ダルンボ」と呼ばれていた渋柿を干し柿にしたものを使いました。一一月中旬に柿を収穫して干し上がったら箱に入れ、白い粉をふかせるために藁を敷いて並べ、その上に藁を敷いてまた柿を並べます。どの家にも畑の隅には柿と丹波栗の木が植えられており、トウニンの順番が回ってきたら神饌に使った。祭礼当日に欠席した講員の家にもゴクサンは一本ずつ届けられます。

戦後になって、重かったトウニンの負担を少なくするため、川添さんの地区では祭りを講ではなく自治会が行うことになった。現在は、柿の木も栗の木も減ってきたし、各家庭で加工や保存ができなくなったので、業者に頼んで調達している。

本殿での儀式が終わった後、講ごとにシュウシが行われるが、歌を歌ったりはせず、おごそかに飲食する。戦陣の儀式にちなんだものだからだという。

川添氏は、秋に収穫した栗を三月の祭礼まで、カビや発芽に細心の注意を払ったと語られたが、干し柿については触れなかった。干し柿といえども三月まで完璧な状態で保存することは容易ではなく、非常に気を遣ったものと思われる。なお、この春日祭では生柿に比べ長期保存が可能な干し柿が用いられるが、神饌に干し柿を使う場合、普通は正月、遅くとも二月頃までで、このように三月の祭礼で使うのは珍しい事例である。

いずれにしても、この連綿と続けられている伝統行事を、その組織形態やゴクサンの素材の入手法を現代の状況に併せて、続けていこうとする地域の人々のこの祭りに託す思いが伝わってくる。

# 第六章　多面的な利用

柿は生で食べたり干し柿にするだけでなく、羊羹や酢、ジャム、ワインなどに加工もされる。葉はお茶にしたり寿司を包んだり、日本料理の彩《いろどり》に用いられ、材は板材として長い歴史を誇る。柿は余すところなく利用できる有用な樹木なのである。

## 1　味わい深い品々

### 柿羊羹

干し柿を利用した菓子として、巻柿のほか柿羊羹が有名である。各地で製造されているが、『日本名菓辞典』を編んだ守安正《もりやすただす》は、一番に岐阜の大垣、次いで広島市、横手市（山形県）のものをあげている（守安『和菓子』）。『大垣市史』によると、柿羊羹の製造元である槌谷《つちや》（現・株式会社槌谷）は宝

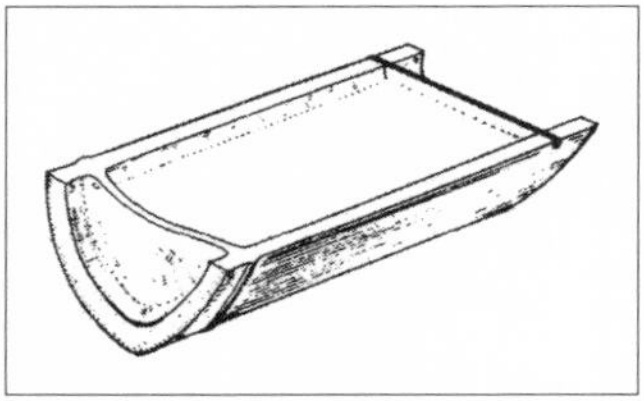

図6-1a　柿羊羹の容器（室井綽編『竹類語彙』農業図書、1968年）

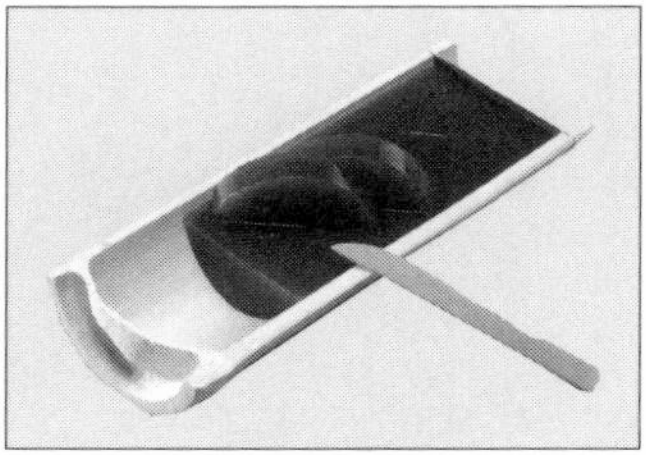

図6-1b　槌谷の柿羊羹（株式会社槌谷提供）

暦五年（一七五五）の創業で、四代目槌谷右助が天保九年（一八三八）に柿羊羹を考案し、割った竹を容器にしたのは明治二九年（一八九六）、五代目祐斎の頃だという。わが国の果樹園芸学の泰斗恩田鉄弥はこう述べている。「当時の製造は今より考ふれば誠に不完全にして一定の容器無く製造高も甚だ少なく僅かに茶人等の用ふるに止まれり然れどもその後幾多の工夫と改良を経容器の如きも漸次改良せられ明治に入りて竹筒に手を取り付けたるものの中に流入せしものが廿九年の頃に至りついに今日のごとき型を案出するにいたれり」（『実験・柿栗栽培法』）。

柿羊羹が創製されてから現在も使われている竹容器になるまでに半世紀を要し、その間幾多の試行錯誤が重ねられた。竹の研究の第一人者である室井綽《ひろし》氏は、「大垣市の銘菓、太い竹を二つ割とした天然のパッケージで、……竹の国、日本を代表する容器である」と絶賛している（図6－1）。

一九二八年刊行の『実験・柿栗栽培法』には詳しい製法も記されている。干し柿を三〇～四〇分蒸して十分柔らかくなったら肉砕器にかけ、最終的に飴のようになるまで細かくするという。基本的な製法は大正時代には確立されていたようだ。柿羊羹に使われる干し柿は「堂上蜂屋」を原料とし、近隣の本巣郡、山県郡など主に山村で栽培されたものを集めて、槌谷の乾燥施設で丹精込めてつくられた。

なお、槌谷は独自で、本巣郡根尾村（現・本巣市）、揖斐郡池田村（現・池田町）に「柿樹培養所」と称する「堂上蜂屋」の実験農場を設け、良質の果実の安定的確保のための研究を行っていた。

柿酢

柿酢は、破砕した果肉や果汁をアルコール発酵させ、さらに酢酸発酵させてつくる。こうした発酵果実酢としては、諸外国でさかんに生産されているリンゴ酢やブドウ酢が有名である。わが国では古くから橙《だいだい》、柚《ゆず》、すだち、かぼすなどの香酸柑橘や梅などの果汁中に含まれる有機酸を利用する非発酵酢（天然果汁酢）が用いられてきた。近年、健康増進効果などの点から黒酢、もろみ酢とともに発酵果実酢が注目されている。

柿酢の主成分は酢酸で、他の果実酢と異なって、ペクチン様の水溶性食物繊維やタンニン様物質が含まれ、カリウムが著しく多いことが特徴である（古田道夫「柿酢と柿酢加工品」）。

大正元年刊の『実験・柿栗栽培法』に、「柿實にて食醋を造ることは近年北米加奈陀に於て柿實の利用につきて幾多の柿實験をなしたる際偶然發見せられたるものなるが經濟上癈物利用なるのみならず製法簡單且製品は上等なるものを得べし」とあり、実験に基づく柿酢の製造法は明治期末にカナダで発見されたようである。

もっとも、わが国の伝統的食生活を知る上での基本文献『日本の食生活全集』によれば、佐賀県太

図 6–2　柿酢（『聞き書 佐賀の食事』農山漁村文化協会、1991 年）

良町では、「彼岸ごろから落ちている祇園坊柿を拾い、つう（へた）をとってよく洗い、かめに入れておくと、約一か月ぐらいで酢になる。酢になったら小《こ》ぞうけ（ざる）に布を敷き、こす。こした酢はたぎらかして冷まし、かめに入れておいた」とある（図6－2）。また、このあたりでは、「酢は祇園坊からとるが、あまりたくさんはとれない。夏みかんがある時には汁をしぼって使う」とも記されている。「祇園坊」は広島県原産で、熟柿として優れ、枯露柿、あんぽ柿としても品質極上の完全渋柿である。同全集ではこのほか、兵庫県千種町や福島県常葉町の柿酢も紹介している。

一九四七年発行の『農産物の家庭加工 食品貯蔵』には、「柿を拾い集めて甕とか桶、硝子壜に入れ、口を密閉して、冷暗所に其の儘貯蔵しておけば柿は次第に形が崩れてきます。……発酵して甘酸っぱい液が貯まってきます。……少量の種酢（普通の食酢でもよい）を加えると一番よろしい。表面に灰白色の黴が出てきますが、其の儘置いてもよろしい。かくなれば密閉せんでもよろしい」とある。アルコール発酵を促すため嫌気的条件になるように「口を密閉し」、ついで酢酸発酵を促すため好気的条件になるように「密閉せんでもよろしい」とそれぞれの発酵のポイントを的確に示している。当時は各家庭で自給自足的に柿酢がつくられていた。

新潟県農業総合研究所の古田道夫氏によると、品質の良い製品を確実につくるには優良な酵母と酢酸菌が必要で、そうした酵母、酢酸菌を使わず天然、自然条件にのみ頼ると、良い酢のできる確率は極めて低く、大部分は酸度の低い風味の劣ったものになるという。したがって、現在はこれらの酵母や酢酸菌を用いた工場製造が一般的となっている（「果実酢・特徴的な加工品と加工法（柿酢）」）。

だが生産量としては工場生産にまったく及ばないものの、昔ながらのつくり方も見直されている。一九九三年に長野県に手づくり農産加工所を設立し、日本特産農産物協会マイスターでもある小池芳子氏は、著書『果実酢・ウメ加工品・ドレッシング』でこう語る。

「酵母や酢酸菌を添加しなくても、おもに果実に着いている微生物と空気中を浮遊している微生物を発酵タンクに取り込めば、カキは放っておいても酢になる力があり、カキの実をへたも取らず皮もむかないまま発酵タンクに仕込むという伝統的な方法でも柿酢をつくることができる」。また、「他の果実ではそうならず、例えばリンゴジュースにして置いておいてもリンゴ酢にはならない」と述べている。柿の脱渋の研究の第一人者である北川博敏氏は、「柿には酢酸菌が大量に付着しているらしく、発酵によって糖から生じたアルコールに菌が作用して酢酸になりやすい」という（「柿の文化誌」）。残念ながら詳細な説明はないが、興味深い指摘である。

柿の葉ずし

酢飯に塩鯖《さば》や塩鱒《ます》などの薄切りを載せ、柿の葉で包んで押しをかけた鮨をいう。伝統食に関する基本文献『日本の食生活全集』では、奈良県の吉野川流域、和歌山県の紀ノ川上流域、大阪府の南河内

図6–3　柿の葉ずし（奈良県農業研究開発センター果樹・薬草研究センター提供）

山村、鳥取県の因幡山間部、福岡県の筑前中山間部の事例をあげている。このうち塩鯖を載せるのは奈良県、和歌山県、大阪府で、鳥取県では塩鱒、福岡県ではしいらや川の小さなえびが使われる。柿の葉ずしはとくに奈良県の吉野地方から和歌山県の紀ノ川上流域にかけての特徴的な伝統食で、現在は両県の土産物として年中、駅や店舗で広く販売されている。ここでは吉野地方のものに注目しよう（図6－3）。

『奈良県の歴史』には「江戸中期から吉野川筋の村々で、熊野から運ばれてきた塩鯖とすし飯と柿の葉を用いて、後に有名になる〈柿の葉ずし〉がつくられるようになった」とあり、かなり古い歴史があるとわかる。奈良県の著名な郷土史家高田十郎は著書『大和習俗百話』で、「大和宇智郡から吉野郡の白銀地方にかけては、祭りの時に必ず甘酒をつくり、又握り鮓に鹽鯖の肉を置いたのを、二枚づゝ柿の葉で包む。神に供へ人も食べる」と述べた。同書の巻末には「大正十二年十月八日記了」とある。大和宇智郡は現五條市の北部、白銀《しろがね》地方は五條市中部の西吉野町の一部にあたる。現在と違って葉を二枚用い、神への供物であり、限られた地域のものであった。

昭和初期の作品『陰翳礼讃』で、谷崎潤一郎は「柿の葉鮨」について触れている。「何か変わった旨い料理の話」をしてほしいと新聞記者に言われて、「吉野の山間僻地の人が食べる柿の葉鮨の製法」を語るのだが、米の炊き方から葉についた水気をふきんで拭いておくことまで事細かく説明している。そして、「東京の握り鮨とは格別な味で、私などには此の方が口に合ふので、今年の夏はこればかり食べて暮らした。……物資に乏しい山家の人の發明に感心した」と、東京出身だが当時関西に暮らしていた谷崎もたいへん気に入ったようである。なお、ここでは、塩鯖ではなく鮭の荒巻が使われているが、谷崎が贈答品としてもらったものであろう。

『聞き書 奈良の食事』は、吉野川筋の五條、大淀、下市、吉野、東吉野、川上のほか、吉野川筋に近い奈良盆地南部の御所、高市の一部で柿の葉ずしがつくられるとしている。大正、昭和初期の文献と比べると、地域が広がった様子がうかがえる。

二〇数年ほど前になるが、五條地域の各家庭でつくられる柿の葉ずしについて詳しい方と、同地域で長年柿の葉ずしの製造に携わってきた方に聞き取り調査を行った。

つくり方はまず、合わせ酢をして冷ましたご飯を固く握る。この上に、酢で締めた塩鯖の皮をむいて身を薄くそいだものを載せる。これを柿の葉で包み、すし桶に並べて押し蓋をして、重しを載せて一昼夜おく。そうすると柿の葉のほのかに甘い香りが酢飯に移る。七月上旬の夏まつりには必ずつくり、親せきにも配った。六月の田植えのときも、手伝いに来てくれた人たちに御馳走し、その労をねぎらった。酢飯の味つけは家庭によって異なり、それがそのままその家の柿の葉ずしの味となった。

かつては「法蓮坊」という干し柿用の渋柿の葉が用いられた。渋柿の葉は甘柿に比べて柔らかくて包みやすいそうだ。だが、「法蓮坊」は果樹園ではなく宅地内や田畑の畦畔などに散在しており、まとまった量を確保しづらいこと、葉が細長く酢飯の一部が見えてしまうことから、現在は渋柿の「平核無」の葉が主に使われている。「法蓮坊」は奈良県吉野郡原産の完全渋柿で、卵型の小果で幼果は柿渋の採取用にも使われた（『昭和五三年度柿調査報告書』）。近年、吉野の柿の葉ずしは全国的に知られるようになり、製造元では取扱量が増えて、年間を通して多量の柿の葉をストックしておかねばならない。近郊の柿農家では五月末から九月中旬が採葉の時期で、七〜八月がピークとなり、製造元に集められた葉はそのほとんどが塩蔵される。葉を青く新鮮なまま保つことは柿の葉ずしにとって重要なポイントであり、専門店では腐心するところである。

鮨を柿の葉で包むことにより、葉の香りが風味を増すことは実感できるところである。また、柿の葉には抗菌作用を有するタンニンが含まれており、そのような葉を利用したのは先人の知恵といえよう。

柿の葉茶

『丸善食品総合辞典』に、「柿の葉にはビタミンCが豊富に含まれているため、最近、柿茶としての用途が増え」たとある。

京都府立大学農学部の傍島善次氏は著書で、「柿の葉にはビタミンCが多く、三六五〜三七〇mg／一〇〇g程度が含まれ、六月上旬頃の若葉で一九〇五mg／一〇〇gにもなり、生長とともに減少することが認められている。いわば好適なビタミンの資源であり、製茶法にならい柿の葉茶として利用さ

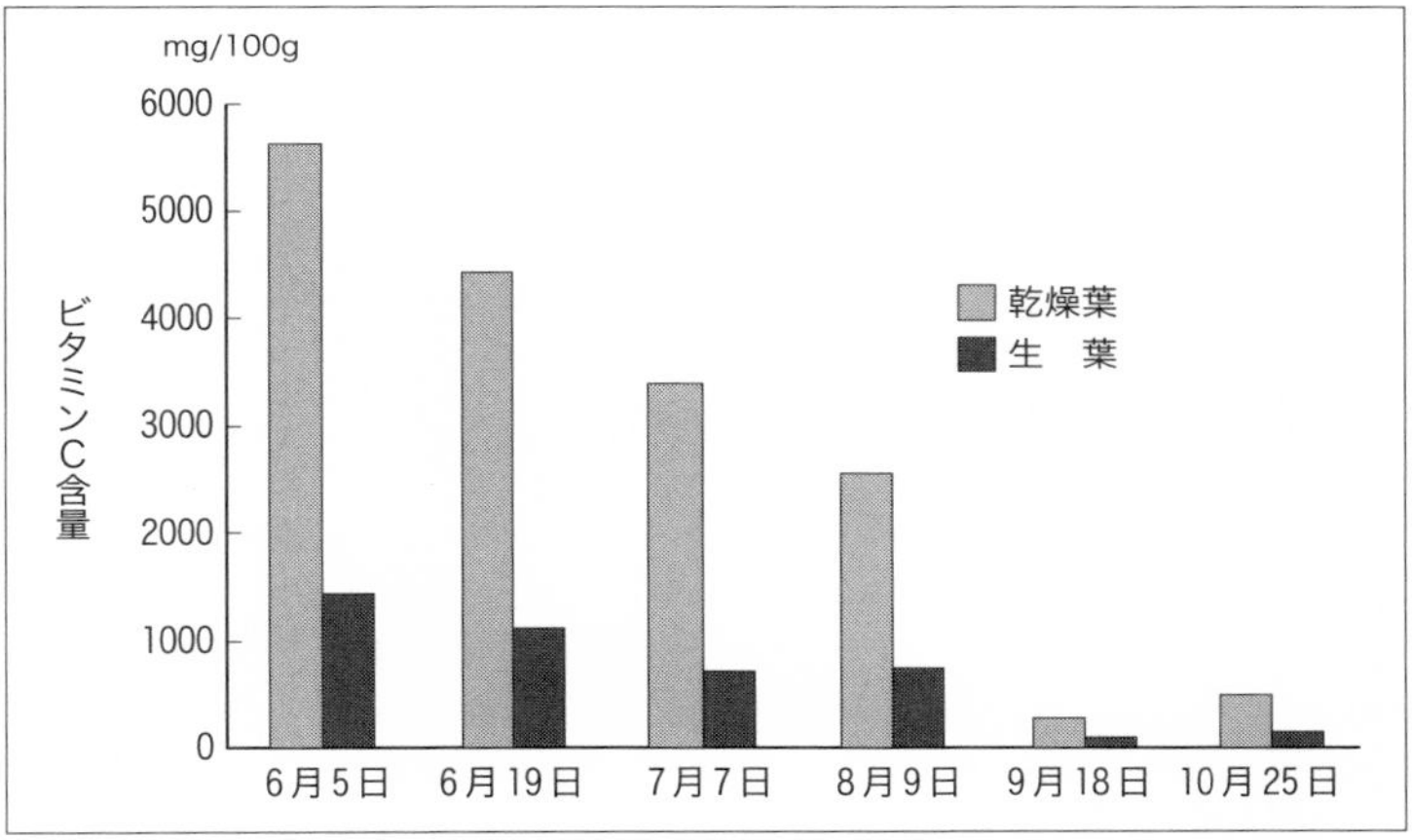


図6-4　カキ（刀根早生）の葉の時期別ビタミンC含量（小野良充「カキの葉のビタミンC含量について」『農試情報』94号、奈良県農業試験場、1996年）

れている」という（『柿と人生』）。また、奈良県立農業試験場の小野良充氏は「品種別に六月中旬の生葉中のビタミンC含量を見ると、富有・伊豆などの甘ガキでやや多かったが、平核無・刀根早生などの渋ガキと明らかな差は見られず一一〇〇～一九〇〇mg／一〇〇g含まれていた。……時期別ビタミンC含量は刀根早生で、六月上旬に比べ、八月上旬には約半分になり、九月以降は一六分の一まで激減した」と説明し、柿の葉から高濃度のビタミンCを得るには八月までに採取するよう勧めた（図6－4）。ビタミンC含有量の最高値ならびに六月以降の減少について、両者はほぼ一致した主張をしている。

近年もさまざまな研究者が柿の葉に含まれる健康有用成分を報告しており、飯田女子短期大学の平井俊次氏はビタミンCのほかビタミンK、クロロフィル、フラボノイド配糖体（アストラガリン、ミリシトリン）やタンニンなどのポリフェノール類、カロテン、パントテン酸などをあげる。東北農業研究センターの木村俊之氏らは、柿の葉やお茶には非常に高いフリーラジカル捕捉能（活性酸素消去能）があるとしている。

ただし、一九八〇年代に刊行された『家庭における実際的看獲の秘訣』や『日本の食生活全集』には柿の葉の茶に関する記述は見当たらない。一方、『日本俗信辞典』は、「カキの葉を煎じて飲むとよい」（宮城・山形・埼玉・千葉・福井・山口・福岡・対馬・鹿児島）、東京都下では、「カキの葉を洗ってから蒸し、乾燥しておき、茶と同じように常用するとよい」という。民間療法で用いられたり、伝統食品の一つとして取り上げられてはいないものの、このように全国各地で柿の葉は手近な茶として飲まれ、効用が伝えられてきたのである。

## ② 料理の彩りとして

わが国では昔から、四季折々に身近な植物の葉、たとえばもみじや笹の葉などを料理の飾りや器に使ってきた。近年、日本料理に添える「つまもの」として、柿の葉が注目を集めている。徳島県中央の山間部にある上勝町《かみかつちょう》は、料亭料理の飾り用に柿の葉をはじめ、もみじ、銀杏の葉などを商品化して地域の活性化に成功し、一九九〇年には朝日農業賞を受賞して全国にその名を馳せた。二〇一九年には、全国の地域活性化優良事例を紹介する農水省農村振興局のサイト「農山漁村ナビ」にも取り上げられた。

日本料理に添えられる柿の葉は当初、「富有」や「横野」などの紅葉した葉を用いていたが、着色が揃わない、紅葉時期が遅いなどの問題があった。農林水産省の果樹試験場カキ・ブドウ支場（現・農研機構果樹茶業研究部門ブドウ・カキ研究領域）では、品種育成の特性調査の過程で、紅葉の鮮やかな二系統を見いだし、一九九五年に「丹麗」「錦繍」として品種登録された。落葉時の葉色はそれぞれ、黄色味を帯びた明るい赤色と鮮やかな赤色で、ともに他の品種より早く紅葉し、着色が一斉にそろいやすいことから、日本料理の飾りに好適であるとされている。この二品種よりも採葉時期が遅く、濃い赤色の「朱雀錦」も育成され、二〇一五年に品種登録された。その特性の一つとして、「葉の強度が高く、加工用途を想定した包み適性が優れる」と、彩り以外の利用も積極的に考えられていることは注目しておきたい。

また、紅葉した葉の大量受注・安定出荷に向けて、貯蔵技術をはじめとする研究開発も進められ、成果もいくつか生まれている。奈良県農業技術センターは長年の研究により、長期貯蔵を可能にした。「刀根早生」の「できるだけ赤色が発色した葉を採集し、直ちに水洗いし脱水する。次に、アスコルビン酸一％、塩化ナトリウム三〇％を溶かした保存液に漬け、重しで浮き上がりを防止して、五℃で保存した。アスコルビン酸＋塩化ナトリウムの保存液に浸した場合、三ヶ月半、美しく保存することができた」と同センターの濱崎貞弘氏は報告している（「カキ紅葉の長期保存技術」。次頁図6－5）。ちなみに、二〇〇九年の『奈良県農業総合センターニュース』の「カキ紅葉を奈良県の特産品に」では、

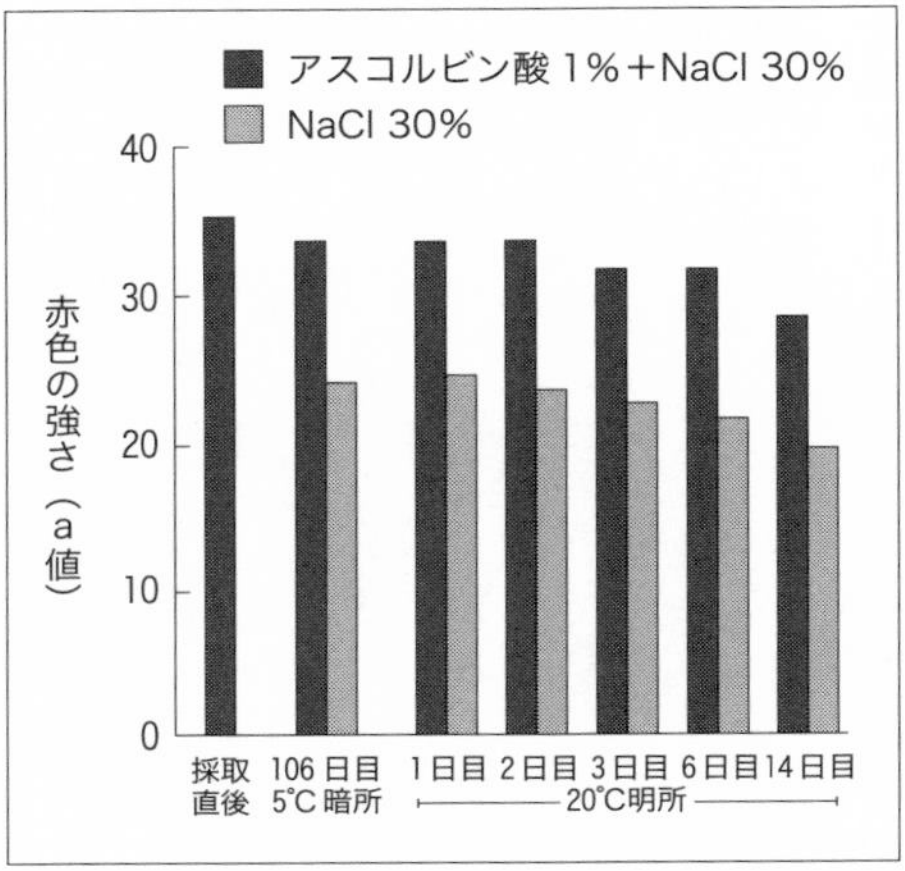

図 6-5　カキ紅葉の色の変化（濱崎貞弘「カキ紅葉の長期保存技術」『農技情報』第 111 号、奈良県農業技術センター、2002 年。一部改変）

「一年間柿の紅葉を保存できる技術の特許を取得しています」と紹介されている。前出の濱崎氏は、奈良県での柿の紅葉を使ったイベントの成果を踏まえ、現在の柿の紅葉の主な用途は料理のつまものだが、工夫次第で新たな需要を生み出せるかもしれないとしている（『柿づくし』）。

## ③ 用材として

第一章でも少し触れたが、弥生時代前期後半から中期の四箇《しか》遺跡（福岡市）と弥生時代中期から後期の板付《いたづけ》遺跡（同）で、柿の杭木が両遺跡合わせて一四点発掘されている。これらの杭は水田の水利のために使われたと考えられる。二つの遺跡で見つかった杭は椎《しい》材が二一七点と圧倒的に多いが、柿の木も弥生人にとって比較的身近な存在であったのだろう。また、古墳時代の遺跡からは竪槌の用材として利用された木質遺物も認められている。

柿の仲間であるカキ属の樹木には黒色の心材を有するものがあり、これらは黒檀と総称される。紫檀と並ぶ代表的な唐木《からき》の一つで、床柱、框、仏壇、細工物などに賞用される。ただ、黒檀を産する樹種は限られており、主な産地はインド～インドシナ、スリランカ、フィリピン、スラウェシ、熱帯アフリカである。日本のカキやマメガキなどの心材にも黒色の縞模様が認められることがあり、黒柿《くろがき》と呼ばれた。日本の材で黒色を出せる材が貴重だったので、昔から茶室の床柱、茶道具、工芸品、象嵌などに使われてきた。黒柿の特徴的な用例をいくつか紹介する。

東大寺の正倉院宝物にも黒柿を使った品がいくつもみられる。宮内庁正倉院事務所調査室長を歴任した関根真隆氏は、「白柿は自生する渋柿材で、材は堅く細い材が多い。真黒柿はその渋柿材で渋によって樹心が炭化した硬質材で、黒柿はその炭化の薄いもの、朽木は黒柿の一部が炭化して軟質なもの、など」と柿のさまざまな材について説明している（『正倉院の木工芸』）。ひとくちに柿材といっても黒柿をはじめバリエーションがあり、他の材種にはない特徴であり注意しておきたい。

図 6-6　黒柿両面厨子（正倉院宝物。『日本の美術 6』至文堂、1982 年より）

黒柿をはじめ柿材を用いた正倉院宝物について、『正倉院の木工芸』をもとにもう少し詳しくみてみよう。調度類では「柿厨子」と「黒柿両面厨子」（図 6－6）があり、三点ある厨子のうち二点が柿材を使っている。仏具容器として、僧侶が使用する如意を入れる「黒柿蘇芳染金銀絵如意箱」がある。黒柿材が蘇芳で染められたもので、正倉院宝物にみられる典型的な黒柿蘇芳染の作品とされる。また、献物几（仏前に献物する際の台）として、「黒柿蘇芳染六角台」（図6－7）、「黒柿蘇芳染金絵長花形几」（図6－8、口絵⑪上）がある。「二十八足几」という机の脚・框にも黒柿が用いられている。「仮作黒柿長方几」は、脚などは黒柿材だが天板は檜材で、表・裏に墨を塗って黒柿に模してある。黒柿は手に入りにくく、さらに天板（縦三三センチ、横七〇・九センチ）ほどの大きさの材に加工するのが難しかったためであろう。

献物箱（献物する品を納めた箱）では、「黒柿蘇芳染金銀山水絵箱」と「黒柿蘇芳染小櫃」、そして、

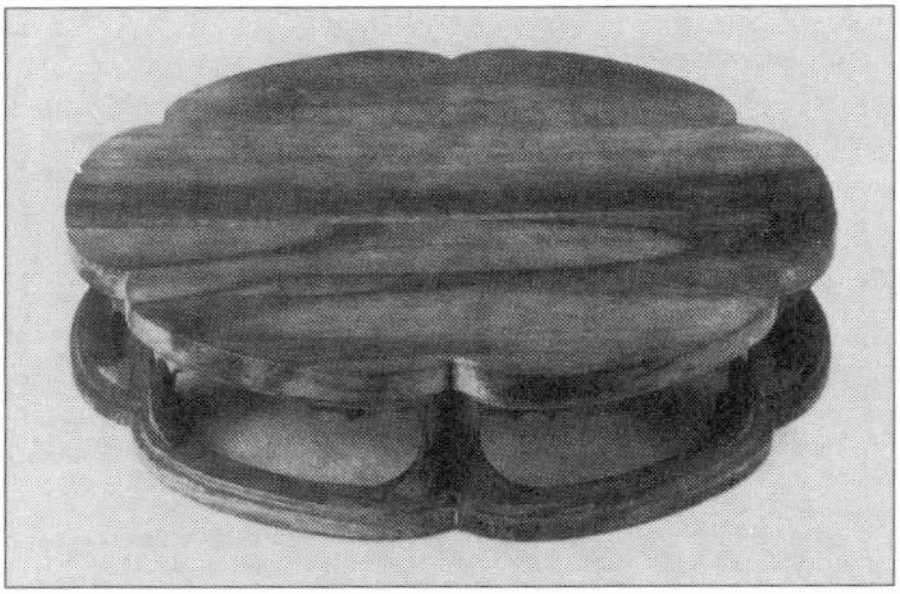

図 6-7　黒柿蘇芳染六角台　（正倉院宝物。『日本の美術 6』至文堂、1982 年より）

図 6-8　黒柿蘇芳染金絵長花形几　第 4 号（正倉院宝物。宮内庁 HP より）

図 6-9　朽木菱形木画箱　第 21 号（正倉院宝物。宮内庁 HP より）

図6–10　馬鞍　右：第3号と、左：第4号（いずれも正倉院宝物。宮内庁 HP より）

表面に黒柿の朽木を菱形に貼り合せた「朽木菱形木画箱」（図6－9、口絵⑪中）がある。献物箱の材としては紫檀とともに黒柿は代表的な材であった。また、正倉院には馬鞍が一〇具あり、大方は樫《かし》材が用いられているが、二点は黒柿でつくられている（図6－10、口絵⑪下）。馬鞍は美しさよりも第一に頑丈なことが要求されるが、黒柿は樫と同じく堅固な材と考えられていたのであろう。他に、刀子類の代表的なものである「十合鞘御刀子」では、柄の部分に黒柿が用いられ、この詳細は、「天平勝宝八歳六月二一日献物帳」に、「黒柿把刀子六、黒柿把錯一、紫檀把錯一、黒柿把鉇一、紫檀把鑽一」とみられる。一〇本セットの中、六本の刀子（ナイフ）と錯（やすり）、鉇（やりがんな）それぞれ一本の把（柄）の部分に黒柿が用いられ、他の錯、鑚の二本は紫檀で、黒柿が多くを占めている。ちなみに、正倉院宝物の服飾品に分類されるこれらの刀子の柄には、主に犀角、染牙、黒柿、紫檀などが用いられている（『日本大百科全書』）。先述の献物箱の材の事と併せ考えると正倉院宝物における黒柿材の占める位置の一端がうかがわれる。

　こうしてみると、奈良時代の最高級の美術工芸諸品が収められた正倉院宝物では、柿は主に黒柿材として、調度品をはじめ装飾品や武具に分類される馬鞍などと幾つかの用途のものでみられることがわかる。

天平勝宝二年（七五〇）七月二九日の「本経論返送注文」（『正倉院文書』）には、「新翻薬師経二巻黄紙及表紫綺緒黒柿軸」と、「黒柿軸」がみられる。経典の巻物の心木に黒柿が使われている。これ以外にも天平〜天平宝字年間の『正倉院文書』に黒柿軸が何度か登場する。時代は下って、平安時代中期の公卿藤原師輔の日記『九暦』では、天慶八年（九四五）正月五日右大臣藤原實頼大饗の記事に「納言以下座南北面東上、立黒柿机十八前」とある。これは右大臣実頼が主催した大規模な饗宴である正月大饗の様子で、最上位の賓客である師輔に次ぐ、公卿用に黒柿机が準備された。なお、親王も黒柿机である。同じく、平安時代中期の宮廷の儀式・故実などを詳細に記録した『小右記』（九七八〜一〇三二年）でも黒柿机の記載が数件みられる。また、平安時代、宮中の諸行事の設営や儀場の設営や清掃のことを司った掃部寮《かもん》の『延喜式』の規定には、「紫宸殿には黒柿の木の椅子を設く」とある。

一二世紀はじめ頃の『今昔物語集』の二六巻第一八では、「黒柿《くろかき》の机の清気《きよげ》なる二つを立《たて》たり。盛《もり》立《たて》たる物共、皆微妙《めでた》くして、其味《そのあじわい》艶《えもいわ》ず」とみられる。観硯《かんけん》聖人という僧が従者とともに京へ上るため逢坂山あたりに差し掛かった時、群盗に襲われるが、その首領はかつて聖人に助けられたことがあり、聖人一行は山中の庵に連れて行かれてもてなしを受ける。その時の御馳走は黒柿の机二つに盛り上げられていたというのである。宮廷でなく民間の話であるが、最上級のもてなしの料理を置くのに黒柿机が使われていることから、当時の黒柿の価値が推測できる。

摂政・関白を勤めた藤原兼経の日記『岡屋関白記』の建長二年（一二五〇）一〇月一三日条では、鳥羽殿への朝覲行幸の際に、「立黒柿机二十　前居饗」と多くの数の黒柿机が準備されている。なお、同書でも前出の『九暦』『小右記』でも、黒柿机とともに赤木机が出てくる。赤木机が最も高位の人向けで、これに次ぐ地位に黒柿机が用いられた。この赤木が何であったかは分からないが、一般的には材質が赤い花梨、紫檀、梅、蘇芳などとされている。

一五世紀末の臨済宗の僧で相国寺八〇世桃源瑞仙の「蕉窓夜話《しょうそうやわ》」（一四八九年）には、「柿心黒ノ木ハ。黒柿ノ木ノ心ソ。日本ニモ数珠ナントニスル。唐ニモアル事ソ」とある。黒柿が数珠にも使われたこと、中国にもあることがわかる（『続群書類従』第三二輯下）。

室町時代の国語辞書といえる『運歩色葉集』（一五四七〜四八年）には「黒柿《クロガキ》」、室町末期の古本節用集『伊京集』には「黒心《クロガキ》」という表記がみられ、室町時代に黒柿はよく知られていたことがうかがえる。一八世紀はじめの『和漢三才図会』八七巻の柿の「椑柹《しぶがき》」では、「この木は老いると心が黒く堅くなる。それで俗に黒柹という」とある。黒柿について的確に説明した初出の部類のものであろう。

このように黒柿は貴重な高級材で、利用者は宮廷や権力者、富裕層などに限られた。そしてさまざまな儀礼、儀式、饗応の調度品や装飾品などの用材として重要な役割を果たしたのである。

付表

全国の柿品種の分布（①甘柿　②渋柿）

明治四五年の『農事試験場特別報告』第二十八号をもとにまとめた。

# 1 甘柿

## 東北地方

| No. | 府県名 | 品種名 |
| --- | --- | --- |
| ⑤ | 山形県 | 美濃柿・宝生丸 |
| ⑥ | 福島県 | 角子・正宗・最上・砂糖柿・トガリ・八朔・大八朔・恐レ柿・キザシ・百目・クロクマ・大正院・橙丸・作山柿・甲州丸・猿丸・殿柿・赤熊・島田御所・菊柿・和蘭御所・美濃・早生甘・蜜柑型甘柿・満頭柿・小妙寺 |

## 関東地方

| No. | 府県名 | 品種名 |
| --- | --- | --- |
| ⑧ | 栃木県 | 作明丹・俵モジ・アオソ |
| ⑨ | 群馬県 | 心黒・鶴ノ子・座妙丹・百目・甲州丸・箱柿・御所・小渋 |
| ⑩ | 埼玉県 | 美大・江戸一・黒熊 |
| ⑪ | 千葉県 | 鶴ノ子 |
| ⑬ | 神奈川県 | ビクニ柿・百目・小春・ツリガネ・鶴ノ子・禅寺丸・中里・黒熊 |

## 中部地方

| No. | 府県名 | 品種名 |
| --- | --- | --- |
| ⑮ | 新潟県 | 白乳（白土）・酒田 |

| | |
|---|---|
| ⑰富山県 | 円座・朝日・水島・孤殺・大蓮華 |
| ⑱石川県 | 水島・クロジ・十字・百目・大浦縮 |
| ⑲福井県 | 下司不食・出島・八瓜・四谷 |
| ⑳岐阜県 | 大和御所・目黒御所・霜降り・ハッキリ・冴大四郎・ゲスクワズ・甘鶴・神保・甘露・八島・帯仕・澤田・百目・大松・絵御所・徳田御所（羽島御所）・ハゼ柿・世界一・鬼平 |
| ㉑愛知県 | 甲州丸・妙丹・奥田妙丹・油壺 |
| ㉒静岡県 | 大天龍・角天龍・妙丹・平妙丹・秋妙丹・駿河御所・ヤミゾ・コネリ・助宗・水糖・砂糖丸・久佐衛門・犬猿柿・八ツ溝・八陽・天龍坊・新妙丹・小妙丹・人丸・黒熟・梨皮・御所・梨主水・主水・蜜柑柿・カンノウ・イツワタリ・平柿・甲州丸・大十・八ッ澤・源入・蜘蛛巣柿・早柿・砂糖柿・絵柿・五丸・千成・甘渋・大々丸・似タリ・月夜柿・霜妙丹・江戸一・代々丸 |

## 近畿地方

| No.府県名 | 品種名 |
|---|---|
| ㉓滋賀県 | 早稲柿・久保・トンガリ・好笠・紅葉柿・御寺・ザンジ |
| ㉔京都府 | 御寺・増倉・小蜂・ホンメ久保・源兵衛・大丸・百目・吉澤柿・八朔・鶴ノ子・キネリ・安兵衛 |
| ㉕三重県 | 猩々・秋長・ヒエゴ・八ッ峯・上連・クサイチ・土用・長兵衛・蓮台寺・赤柿・平柿・水平 |
| ㉖奈良県 | ダイシロ・豊岡・スキトウリ・長建寺・吉野柿・久保・京柿・八ッ峯・ソベイ・霜降・都柿・ヲガキ・ミズタニ・赤柿・御寺・カグラ・カグラジョウレン・盆柿 |
| ㉗和歌山県 | 三平・レンゲ柿・久保・スキトーリー・コザタウ・キヨス |
| ㉘大阪府 | 田倉久保・利倉・久保・八ッ筋・黒柿・アマソ柿・頼兼 |

| | |
|---|---|
| ㉙兵庫県 | ハチョウ・江戸一・頼兼・禅寺丸・大久保・山伏・月夜・霜柿・代々丸・内嚢・藪平・蜂屋・八丁柿・ヨロイ・ツリガネ・鶴ノ子・弥平・ウロン・大正院・愛宕柿・茶椀・高野ゴネリ・大柿・松ノ坊・段柿・円柿・台柿・コネリ・栗曹・岡城柿・立岡屋・永良・八氏・砂糖柿・弥治郎・大ツボコネリ・久保柿・亀ノ甲・壺コネリ・八リヨ・正月・妙丹・入子・台御所 |

## 中国地方

| No.府県名 | 品種名 |
|---|---|
| ㉚鳥取県 | 八方寺・新妙丹・百目・スクモ柿 |
| ㉛岡山県 | 座柿・地頭キネリ・霜降・キネリ・大和柿・四国・粽妙柿・砂糖・広島柿・紅柿・猩々・大久保・鶴ノ子・八王寺・ホウショ丸・キヤワリ・妙丹・茶椀柿・旭・江戸一・夏キネリ・御所・弥六・小キネリ・紅柿 |
| ㉜広島県 | 天練・キネリ・晩キネリ・砂糖キネリ・早キネリ・スクモ・八王寺・百目 |
| ㉝島根県 | カヂヤ・八王寺・鎧通・木練・御所・屋敷柿・西田屋キネリ・座柿・円座柿・早生キネリ・豆造キネリ・平キネリ・五所・御所・小春・紅柿・西條・甘柿・百目・砂糖木練 |
| ㉞山口県 | 祇園坊キネリ |

## 四国地方

| No.府県名 | 品種名 |
|---|---|
| ㉟香川県 | 一人息子・雪達磨 |
| ㊱徳島県 | ハッキリ |
| ㊲高知県 | 長作・山田・キネリ・正月・若尾・キャラ |
| ㊳愛媛県 | オチョーモン・土佐柿・砂糖柿 |

## 九州地方

| No. 府県名 | 品種名 |
| --- | --- |
| ㊴福岡県 | 霜冠り・オタネ・トンゴ・霜降・於多福・江戸屋・鶴ノ子・正月・宝珠丸 |
| ㊵佐賀県 | 妙丹・トシキン・生露・三光寺・四ツ割（黄橙）・大御所・平柿・五所・餅柿・饅頭柿・円座御所・コネリ |
| ㊶長崎県 | 妙丹・シモツキネリ・キャラ・元山・梨柿・甘百目・冬至・島原トンゴ・擬宝珠・丸キャラ・砂糖・生露・トンゴ・小ネリ・大スバル・御所・改良鶴之子・百目・東京柿・ブナ柿・キネリ・広島柿・平御所・長崎キネリ |
| ㊷大分県 | 小春・丸山・唐源氏 |
| ㊸熊本県 | 霜不知・トンボ・ヒガン柿・富士・十善寺・郡山・キャラ・大郡山・明月・座論柿・小郡山・サロン柿・元山・甲子・一歳柿・薄墨・百目・富有・甚九郎・十五夜・小春・八熊 |
| ㊹宮崎県 | 邪堂院・玉子ゴネリ・チョンコ柿・トウゲンジ・ナツメ・彼岸柿・大ネリ・薄墨柿・渡辺柿・ミゾゴネリ・大ハッキリ・霜ネリ・ツバ柿・コセウ丸・ハチホウジ・富山御所・ヤケ柿・肥後ネリ・平ゴネリ・蜜柑ゴネリ |
| ㊺鹿児島県 | キャラ・妙丹・御前 |

## ② 渋柿

### 東北地方

| No. 都府県名 | 品種名 |
|---|---|
| ④宮城県 | エボシ・アオソ・トヤマ |
| ⑤山形県 | 勘兵衛・開山（泰山）・大ヒド・美濃・富山・似タリ・モチ柿・紅柿・饅頭柿・ツンボ・七変化・百目・北目・楯柿・提灯・タイガ・早生柿・甲州丸・不二・山口柿・治右エ門・茂助・越後・油紋・会津柿・平核無・平柿・カブリ柿・御所・米澤早生・甘柿変り・大宝寺柿・万年橋・宝生柿（一名箱柿）・身不知 |
| ⑥福島県 | 平蜂屋・ツルシ・富士・紅饅頭・箱柿・青饅頭・野村・サワシ・カブサ・磐城柿・明丹・大久保・富山・大和丸・大柿・カネタマ・霜降・大丸・宝袋・中熟別所・西念寺（西年寺）・外山・於歌女・才女・ムカズ・熟別所・大烏帽子・オマ柿・小石柿・豆柿・玉柿・甲州柿・万正寺・身不知 |

### 関東地方

| No. 都府県名 | 品種名 |
|---|---|
| ⑨群馬県 | 飯台・二夜柿・地生へ・木ノ下・角柿・青蜂屋・筋兜・犬不食・箱柿・信濃柿・ネッチョー・鐘・ウセマ・御所・身不知・西原・夫婦柿・秩父柿 |
| ⑩埼玉県 | 団子・釣鐘・角曲・山衣紋・蜂屋・箱柿・衣紋（衛門）・種ナシ |
| ⑪千葉県 | 有楽・衣紋（衛門）・山衣紋 |
| ⑫東京都 | 衣紋（衛門） |

| | |
|---|---|
| ⑬神奈川県 | 田原百目・西條・蜂屋・角曲・甲州百目・御所・無核・紅作・祇園坊・衣紋（衛門） |

## 中部地方

| No. 都府県名 | 品種名 |
|---|---|
| ⑭山梨県 | 蜂屋・大水・大衣紋・似タリ・百目・ホソバチャ・青水 |
| ⑮新潟県 | 宝珠・蜂屋・背合セ柿・大和・寺社 |
| ⑯長野県 | 富士 |
| ⑰富山県 | 核無・平田・倉光・惣四郎・サンジャ・白日本・三ノ瀬・大柿・湯谷（四谷）・紋平（紋兵衛）・味正・鞍川・若宮・旭出丸・庄左衛門・三郎座・日本・大渋・四耳 |
| ⑱石川県 | 最上・三郎座・日津・春日・美濃・御所・豊島・薄墨・水柿・鶴ノ子・紋平（紋兵衛）・佛性・御所柿・日本・百目・晩倉光・ハチウジ・倉光・如来柿・四谷柿・アブリ・三郎・サト柿・ツルシ・平柿・西條・霜サブリ・八ニフダ・美濃ツルシ |
| ⑲福井県 | アブリ柿・大四郎・達磨柿・倉光・三郎座・紋平（紋兵衛）・テンモ |
| ⑳岐阜県 | ゲスクワズ・赤檀子・青檀子・百目・富士・マタギ・キョウトク・鶴ノ子・ミズ柿・堂上蜂屋・甘干・素人擬・種ナシ（平田柿）・マンガキ・新鶴ノ子・神保・太郎助・近江大四郎・近江檀子・釣鐘・田村・美濃 |
| ㉑愛知県 | 富士・朝倉・鳥ノ子・蜂屋・愛宕・ミヅ柿 |
| ㉒静岡県1 | 南山・達磨・美濃・真尖り・粳中溝・子持サイクロ・青美濃・ドウジョウ・モチコミノ・桃園寺・大霜降・妙丹（宇名柿）・野辺柿・鎧通（西津柿）・金出丸・伊左右門・小蜂屋・トガリ・タケタ・日本一・男女柿・青佐・角曲・於満・ノウテツ・二重柿・東坊寺・勧農・似タリ・中西・水柿・核ナシ・青森・青苧・千得（仏徳）・石部・長柿・歳楽・八重柿・烏帽子・ツルシ・四ツ溝（溝柿）・サイロク・シブット柿・助宗・大神・伊久美・身知ラズ・雪見柿・平柿・伝床・駿河御所・鳥ノ子・感応・子持・子持柿・↓次頁に続く |

| | |
|---|---|
| ㉒静岡県2 | 前頁より続く　大持サイロク・ヒャクメ・藤八・霜妙丹・立石・文吾・鬼平・霜降・犬居柿・鳳神・半妙丹・霜丸・富士山・青サ・箱柿・蜂屋・溝グヒ（溝ゴエ）・青澤・ホンゴウ・鎧通・堂浄・太平洋・三郎・宝神（鳳神）・大仙徳・ジナ柿・種ナシ・皮硬・丹波・最上・紅柿・トガリ（烏帽子）・衣紋（衛門）・青柿・日光・晩宝神・百目・漬柿・岩科柿・大美濃・才六・美濃ツルシ・身不知 |

## 近畿地方

| No.都府県名 | 品種名 |
|---|---|
| ㉓滋賀県 | ツルシ・核ナシ・三郎座・角蜂屋・越前柿・台代天台・美濃ツルシ・猿治郎・水蜂屋・ドウネン・ツキジ・台代・富士・紋平（紋兵衛）・曙・富士山・蜂屋 |
| ㉔京都府 | 小美濃・ツルシ・橋谷・大美濃・アオソ・藤右エ門・大代・江戸・トウキン・鶴ノ卵・千合・高麗柿・伝四郎・真倉萩太郎・鶴ノ子・佐左衛門・蜂屋 |
| ㉕三重県 | 平柿・ウエシマ・コチヂ・ネコ柿・大鶴ノ子・ベニホンジュ・トガリ・渋柿・ナカスバル・ツルシ・青鶴・美濃ツルシ |
| ㉖奈良県 | 樽柿・鶴柿・美濃・大長・槌ノ子・生渋柿・江戸柿・ナガラ・富士・大柿・百目・大タワラ・鶴ノ子・大長（一名藤柿） |
| ㉗和歌山県 | ナガレ・平柿・ニシコーリ・大柿・半平ヤノ柿 |
| ㉘大阪府 | 鎧通・アタゴ柿・土之柿・青遅柿・珍宝柿・四角柿・団次郎・大柿・アオソ・百目・葡萄柿 |
| ㉙兵庫県 | 太郎助・キダワシ・赤面・ナガラ・虎元・エドジ・似タリ・代々丸・擬宝丸・赤エドミ（赤エドチ）・於歌女・久保・二夕・半串柿・平柿・鶴ノ子・猿倉ハズ・霜柿・青美濃・富士・ハガクシ・延寿柿・大柿・合シ柿・大美濃・尾畑・月夜・アオソ・赤美濃・橋谷・アオサ・大最上・徳平・ダンジロ・衣紋（衛門）・尾柿・衣紋似タリ・身不知・エホウ（ドホウ）・美濃柿・エン柿・四割・クダ（一名箱柿）・洋連・紅葉・美濃ツルシ・焼柿 |

## 中国地方

| No. 都府県名 | 品種名 |
|---|---|
| ㉚鳥取県 | 新妙丹・ツツミ柿・ナガラ・西條 |
| ㉛岡山県 | ヤー柿・玉坊・ロクモクリ・メザレ・青柿（一名タマンボウ）・筆柿・ダンシロウ・佐山・鳥ノ子・西條・生悪・身不知・重恵・ミナミ・トンギリ・大王坊・ゲスクワズ・大和・霜降・美濃西條・鎧通・青丸・大和西條・似タリ・赤柿・チンポ・福成・ドクモクリ |
| ㉜広島県 | 大屋マト・丸柿・ヨサ柿・美濃・大和柿・水柿・渋蜂屋・祇園坊・ゴロシ柿・筆柿・百目・鬼平・西城柿・正傳坊・妙丹・ビョウタン柿・西條・ツルノコ・シゲイ・紅柿・ミゾ柿・蜂屋 |
| ㉝島根県 | 大渋・車西條・ゲスクワズ・広島西條・トンギリ・我身不知・庄屋・西国・ミカン柿・八重柿・大美濃・山シブ・蜂屋・スルガ・観音寺・西條・美濃西條・ゴシデマル・イザリ柿・夜食柿・コマ柿・神宮寺・帯ナガラ・スミナガラ・モチ柿・渋柿・平柿（一名ヘタガキ） |
| ㉞山口県 | 横野・葉隠 |

## 四国地方

| No. 都府県名 | 品種名 |
|---|---|
| ㉟香川県 | 西條・妙丹・ゴバン柿 |
| ㊱徳島県 | 六郎・川端・富士・大柿・渋妙丹・福万・最上・西條・ナガト・大和柿・ハズヤタ・ニヒノミ・ミノヤタ・福万モドキ・新居見丸・シモカツキ（シモカブリ） |
| ㊲高知県 | 十六柿・美濃ツルシ・ツルノアシ・角山大渋・ゲンサイ・蜂屋・久太郎・四ツ溝・津山（角山）・イクヒナ・平角・大井・ツルノハシ・角柿・セエスイ・大渋・大和柿・稲山・核ナシ・三百匁・古来柿・サイジョウ・八島・ヤシハ・忠兵衛 |

| | |
|---|---|
| ㊳愛媛県 | 実生西條・河浸西條・溝柿・於多福・的場・コマ柿・烏帽子・ヨモクロ・蜂屋・箱西條・土佐柿・平柿・鶴ノ子・四ツ溝・大溝・犬殺シ・アタゴボウ・猿啼セ・百目・晩西條・富士山・餅柿・西條・大津・奈良・甚平・溝西條・霜カツギ・晩卵柿・祇園坊・万年柿 |

## 九州地方

| No.都府県名 | 品種名 |
|---|---|
| ㊴福岡県 | 甚九郎・カナツキ・百目・紅最上・葉隠・垂鏡・宝柿・蜂屋・川底・ヨボシ・アホー丸・山渋・尾谷・祇園坊・鶴ノ子・ホタネ・鎧通 |
| ㊵佐賀県 | 一寸柿・吉田柿・倉谷・岩瀬戸（黄橙）・八角・六寸柿・平柿・六寸・於保（ウラノ）・ミヤボーシ（ハガクシ）・八郎 |
| ㊶長崎県 | 岩瀬戸・内赤・島原トンゴ・三会・ヒラ柿・大平・山柿・クヤマ（稲佐）・善平・鶴嘴・十五夜・大岩瀬戸・ケショウ・ガラガキ・小ヶ倉トンゴ・平柿・鶴ノ嘴（四寸又は八寸）・藤三・大野柿・小島原トンゴ・大溝・富士・前田・大富士・蜂屋・鶴ノ子・トンゴ柿・朝鮮クヤマ・葉隠・核無・核希・ウノ柿・丸柿・下シントウ・朝日丸・元旦（一名大丸）・衣紋（衛門） |
| ㊷大分県 | 川広・オベン・小袋東郷・核無・霜不知 |
| ㊸熊本県 | 孫三・正福寺・西條・長船・山柿・溝柿・苗乾・高瀬・青高瀬・紅御所・大最上・核無・小西條・豊国・千丈・平安城・黄金山・葉隠富士・小餌袋・核無・金床 |
| ㊹宮崎県 | トボシ・核無・千女・八月ゴネリ・歌鼓・デイヌゴロシ・イヌコロシ・合ハセ柿・蜂屋・美濃鶴・最上・オオチヂョ・長烏帽子・小チヂョ・山柿・西岳・小迫・長年見・紅チヂョ・ニワ柿（一名ミソ柿） |
| ㊺鹿児島県 | 葉隠・宮地・平柿・タワラ・牛山・高瀬・ヘ柿・葉カブリ・明丹・守屋・熊襲・雪ノ下・千草・出水・水柿・千女・デシマル・串柿（一名岩屋）・戸切・ヨゼ柿 |

# 参考文献

## 第一章

イエズス会 編、土井忠生・森田武・長南実 編訳『邦訳 日葡辞書』岩波書店、一九九三年
五十嵐脩・小林彰夫・田村真八郎 編『丸善食品総合辞典』丸善、一九九八年
石川松太郎 校注『庭訓往来』平凡社、一九七三年
市田柿の由来研究委員会 監修『市田柿のふるさと 第2改訂版』長野県下伊那郡高森町、二〇〇九年
今井敬潤「柿」、関沢まゆみ 編『日本の食文化6 菓子と果物』吉川弘文館、二〇一九年
今井敬潤『柿渋』法政大学出版局、二〇〇三年
岩崎灌園『本草図譜』巻之六四、一八三〇~四四年
江戸叢書刊行会 編集『慶長見聞集』、『江戸叢書 巻之2』名著刊行会、一九六四年
大蔵永常 著、飯沼二郎 校注『日本農書全集14 広益国産考』農山漁村文化協会、一九七八年
小野蘭山『本草綱目啓蒙』平凡社、一九九一年
恩田鉄弥・村松春太郎『実験・柿栗栽培法』博文館、一九二八年
貝原益軒 著、白井光太郎 考註『大和本草』春陽堂、一九三二年
北川博敏『カキの栽培と利用』養賢堂、一九七〇年
木村光雄『カキの増収技術』富民協会、一九六二年
木村光雄『農学大系 園芸部門 柿編（訂正第四版）』養賢堂、一九五七年
京都府ふるさと文化再興事業推進委員会『宇治田原の古老柿作り』同発行、二〇〇八年

黒板勝美 編『新訂増補・国史大系第26巻 延喜式』国史大系刊行会、一九三七年
黒板伸夫 監修、三橋正 編集『小右記註釈・長元四年』下巻、小右記購読会、二〇〇八年
小竹稿『とやま果樹史稿』私家版、一九八三年
小松茂美 編『日本の絵巻5 粉河寺縁起』中央公論社、一九八七年
小松茂美 編『続日本の絵巻9 慕帰絵詞』中央公論社、一九九〇年
小松茂美 編『続日本の絵巻14 春日権現験記絵・下』中央公論社、一九九一年
斉藤義政『くだもの百科』婦人画報社、一九六四年
佐々木道雄『韓国の食文化』明石書店、二〇〇二年
芝康次郎・佐々木由香・バンダリ スダルシャン・森勇一「平城宮東方官衙地区SK19198の自然科学分析——第440次」『奈良文化財研究所紀要 2013』二〇一三年
島地謙・伊藤隆夫 編『日本の遺跡出土木製品総覧』雄山閣出版、一九八八年
杉浦明 編著『新版・果樹栽培の基礎』農山漁村文化協会、二〇〇四年
関根真隆『奈良朝食生活の研究』吉川弘文館、一九六九年
傍島善次『柿と人生』明玄書房、一九八〇年
傍島善次 編『健康食 柿』農山漁村文化協会、一九八六年
立川美彦 編『訓読雍州府志』臨川書店、一九九七年
寺澤薫「畑作物」『季刊・考古学第14号 弥生人は何を食べたか』雄山閣、一九八六年
東麓破衲 著『下学集』国立国会図書館
日本種苗株式会社 編『柿樹栽培法 附・加工品製法』同発行、一九一一年
『日本の食生活全集2 聞き書 青森の食事』農山漁村文化協会、一九八六年
『日本の食生活全集13 聞き書 東京の食事』農山漁村文化協会、一九八八年

『日本の食生活全集18 聞き書 福井の食事』農山漁村文化協会、一九八七年
『日本の食生活全集31 聞き書 鳥取の食事』農山漁村文化協会、一九九一年
『日本の食生活全集32 聞き書 島根の食事』農山漁村文化協会、一九九一年
『日本の食生活全集44 聞き書 大分の食事』農山漁村文化協会、一九九二年
農文協 編『果樹園芸大百科6 カキ』農山漁村文化協会、二〇〇〇年
農商務省農事試験場『農事試験場特別報告』第二十八号（「柿ノ品種ニ関スル調査」）一九一二年
人見必大 著、島田勇雄 訳注『本朝食鑑2』平凡社、一九七七年
伴野清・山田寿・平智『果樹園芸学の基礎』農山漁村文化協会、二〇一三年
平瀬徹斎 著、長谷川光信 画『日本山海名物図会』名著刊行会、一九六九年
福羽逸人『果樹栽培全書』第二編、博文館、一八九六年
堀田あきお・堀田佳代 漫画・文『本多勝一はこんなものを食べてきた』七つ森書館、二〇〇四年
正岡子規『子規全集第一二巻 随筆2』講談社、一九七五年
松江重頼 編輯、竹内若 校訂『毛吹草』岩波書店、一九四三年
美濃加茂市民ミュージアム 編『蜂屋柿 その歴史と人々展』同発行、二〇〇八年
宮崎安貞 著、山田龍雄・井浦徳 監修『日本農書全集13 農業全書』農山漁村文化協会、一九七八年
山下與之助・田中稔『実験果樹栽培教科書』六盟館、一九一三年
山田昌彦「カキ」、鵜飼保雄・大澤良 編著『品種改良の日本史——作物と日本人の歴史物語』悠書館、二〇一三年
山本章夫 撰・溝口月耕 画「白柿幷柿油一覧」『教草』文部省博物局、一八七三年
吉田桂一「家庭で出来る柿の渋抜法」『実際園芸』第一九巻五号、一九三七年
米森敬三「カキ」、杉浦明ら編集『果実の事典』朝倉書店、二〇〇八年
李時珍 著、劉衡如 校点『本草綱目・校点本』第3冊、人民衛生出版社、一九七八年

## 第二章

赤井達郎「和菓子」『日本史大事典』第六巻、平凡社、一九九四年
秋元浩一『千年の歴史の味、堂上蜂屋柿』新農林社、二〇〇〇年
網野善彦・石井進『米・百姓・天皇――日本史の虚像のゆくえ』ちくま学芸文庫、二〇一一年
イエズス会 編、土井忠生・森田武・長南実 編訳『邦訳 日葡辞書』岩波書店、一九九三年
市田柿の由来研究委員会 監修『市田柿のふるさと 第2改訂版』長野県下伊那郡高森町、二〇〇九年
伊藤伊兵衛三之丞・伊藤伊兵衛政武 著『花壇地錦抄 増補地錦抄』八坂書房、一九八三年
伊藤圭介『日本産物志』文部省、一八七三～七七年
井上鋭夫 校注『戦国史料叢書第二期第12 上杉史料集 中』人物往来社、一九六七年
今井敬潤「柿」、関沢まゆみ 編『日本の食文化6 菓子と果物』吉川弘文館、二〇一九年
今井敬潤『栗』法政大学出版局、二〇一四年
大蔵永常 著、飯沼二郎 校注『日本農書全集14 広益国産考』農山漁村文化協会、一九七八年
恩田鉄弥・村松春太郎『実験・柿栗栽培法』博文館、一九二八年
貝原益軒 著、白井光太郎 考註『大和本草』春陽堂、一九三二年
果樹農業発達史編集委員会 編『果樹農業発達史』農林統計協会、一九七二年
『角川日本地名大辞典21 岐阜県』角川書店、一九九七年
菊地秋雄『果樹園芸学・上巻』養賢堂、一九四八年
岐阜県『岐阜県史 通史編 近世下』同発行、一九七二年
久保健一郎『戦国大名の兵粮事情』吉川弘文館、二〇一五年
三条西実隆 著、高橋隆三 編『実隆公記』巻八、続群書類従完成会、一九五八年

『時代別国語大辞典 室町時代編』全五巻、三省堂、一九八五〜二〇〇一年
下久堅村誌編纂委員会 編『下久堅村誌』下久堅村誌刊行会、一九七三年
千宗室 編纂（代表）『茶道古典全集』第九巻、淡交新社、一九五七年
竹内理三 編『鎌倉遺文・古文書編』第二巻、東京堂出版、一九七二年
立川美彦 編『訓読雍州府志』臨川書店、一九九七年
谷晃「茶会記に見る菓子」『和菓子』（虎屋文庫）第六号、一九九九年
筒井紘一『利休の茶会』角川書店、二〇一五年
寺島良安 著、島田勇雄・竹島淳夫・樋口元巳 訳注『和漢三才図会15』平凡社、一九九〇年
寺島良安 著、島田勇雄・竹島淳夫・樋口元巳 訳注『和漢三才図会16』平凡社、一九九〇年
長野県編『長野県史 近世資料編』第四巻二、長野県史刊行会、一九八二年
名古屋市教育委員会 編『名古屋叢書続編第14巻 金城温古録第2』同発行、一九六五年
名古屋市役所 編『名古屋城史』同発行、一九五九年
農商務省農事試験場『農事試験場特別報告』第二十八号（「柿の品種に関する調査」）一九一二年
農文協 編『果樹園芸大百科6 カキ』農山漁村文化協会、二〇〇〇年
塙保己一 編、太田藤四郎 補『お湯殿の上の日記』第八、続群書類従完成会、一九五七年
林昌利『名古屋城の自然・樹木薬草編』名古屋城振興協会、二〇〇一年
人見必大 著、島田勇雄 訳注『本朝食鑑2』平凡社、一九七七年
広島県果樹試験場 編『昭和五三年度種苗特性分類調査報告書（カキ）』同発行、一九七九年
〔舟橋秀賢〕著、山本武夫 校訂『史料纂集 慶長日件録』第一、続群書類従完成会、一九八一年
仏書刊行会 編纂『大日本仏教全書 蔭凉軒日録第三』名著普及会、一九八七年
松江重頼 編輯、新村出校閲、竹内若 校訂『毛吹草』岩波書店、一九四三年

松平定能 編、佐藤八郎 校訂『大日本地誌大系43 甲斐国志第一巻』雄山閣、一九六八年
美濃加茂市 編『美濃加茂市史 史料編』同発行、一九七七年
美濃加茂市 編『美濃加茂市史 通史編』同発行、一九八〇年
美濃加茂市教育委員会 編『市民のための美濃加茂の歴史』美濃加茂市、一九九五年
美濃加茂市民ミュージアム 編『蜂屋柿 その歴史と人々展』同発行、二〇〇八年
三穂村史編纂刊行会 編『三穂村史』同発行、一九八八年
宮崎安貞 著、山田龍雄・井浦徳 監修『日本農書全集13 農業全書』農山漁村文化協会、一九七八年
盛永俊太郎・安田健 編『江戸時代中期における諸藩の農作物——享保・元文諸国産物帳から』私家版、一九八六年
山岸徳平・佐野正巳 編『新編林子平全集1』第一書房、一九七八年
吉田豊 訳『雑兵物語』教育社、一九八〇年

第三章

池田伴親『園芸果樹論』成美堂書店、一九〇四年
遠藤融郎『カキ品種名鑑』日本果樹種苗協会、一九八七年
大蔵永常 著、飯沼二郎 校注『日本農書全集14 広益国産考』農山漁村文化協会、一九七八年
菊池秋雄『果樹園芸学・上巻』養賢堂、一九四八年
木村光雄『農学大系 園芸部門 柿編（訂正第四版）』養賢堂、一九五七年
熊澤恵里子「経験知から科学知へ——駒場農学校化学教師エドワード・キンチ」『実学ジャーナル』二〇一一年一一月号、東京農業大学
小崎格・上野勇・土屋七郎・梶浦一郎 監修『新編 原色果物図説』養賢堂、一九九六年
佐々木厚子「村人のあだ名(1)」『西郊民俗』第一〇一号、一九八二年

平智 編『伝九郎柿のはなし』山形大学農学部果樹生産学研究室、二〇一二年
日本種苗株式会社 編『柿樹栽培法 附・加工品製法』同発行、一九一一年
農商務省農事試験場『農事試験場特別報告』第二十八号（「柿ノ品種ニ関スル調査」）一九一二年
農林省農林水産技術会議 編『戦後農業技術発達史』第五巻（果樹編）、日本農業研究所、一九六九年
広島県果樹試験場 編『昭和五三年度種苗特性分類調査報告書（カキ）』同発行、一九七九年
松澤市之助 編『実物写生柿実図譜』日本種苗株式会社、一九一一年
宮崎安貞 著、山田龍雄・井浦徳 監修『日本農書全集13 農業全書』農山漁村文化協会、一九七八年
山口昭 編『フルーツのはなしⅡ』技報堂出版、一九八六年
山田昌彦『果樹の交雑育種法』養賢堂、二〇一一年
吉岡金市『果樹の接木交雑による新種・新品種育成の理論と実際・第1巻』新科学文献刊行会、一九六七年

## 第四章

赤座憲久・河合孝・伊藤安男『ふるさとの宝もの「輪中」』じゃこめてい出版、一九九二年
浅川征一郎 編『宝暦期上方子供絵本十種』太平書屋、一九九三年
浅見与七「序」、石原三一『柿の栽培技術・5版』朝倉書店、一九五一年
足柄上郡 編『足柄上郡誌』千秋社、一九八七年
安藤萬寿男「木曽三川低地部（輪中地域）の人々の生活」『地学雑誌』第九七巻二号、一九八八年
飯塚宗雄「果樹園芸」『日本大百科全書』第五巻、小学館、一九八五年
市田柿の由来研究委員会 監修『市田柿のふるさと 第2改訂版』長野県下伊那郡高森町、二〇〇九年
今井敬潤『柿渋』法政大学出版局、二〇〇三年
益軒会 編纂『益軒全集』巻之六、益軒全集刊行部、一九一一年

大垣市 編『大垣市史 輪中編』同発行、二〇〇八年
岡田勉『柿の文化誌——柿物語・第二版』南信州新聞社出版局、二〇一五年
おけさ柿物語編集委員会『羽茂町誌第1巻 おけさ柿物語』羽茂町、一九八五年
尾山圭二・吉崎司・前重通雅・倉橋孝夫・吉原利一・猪谷富雄「古木の形態形質およびRFLP分析によるカキ品種「西条」の均一性の検証」『育種学研究』第九巻二号、二〇〇七年
梶浦一郎『日本果物史年表』養賢堂、二〇〇八年
梶浦実 編『果樹つくりの技術と経営5 カキ・クリ』農山漁村文化協会、一九五八年
金森勝「長島輪中の水屋」加藤秀俊ほか 編『江戸時代・人づくり風土記24 ふるさとの人と知恵 三重』農山漁村文化協会、一九九二年
河合孝 写真、伊藤安男 解説『輪中——写真集 水と闘ってきた人々の記録』大垣青年会議所、一九七六年
喜多村信節 著、日本随筆大成編輯部 編『嬉遊笑覧 下』成光館出版部、一九三二年
北村晥庸『美濃神戸 水との闘いのあと』私家版、二〇〇三年
『岐阜県輪中地区民俗資料報告書』岐阜県教育委員会、一九六八〜七〇年
岐阜新聞情報センター 編、伊坂敏彦 写真『多芸輪中の暮らしと水害』木曽三川フォーラム、二〇〇七年
木村光雄『農学大系 園芸部門 柿編(訂正第4版)』養賢堂、一九五七年
『京都府茶業百年史』京都府茶業会議所、一九九四年
京都府ふるさと文化再興事業推進委員会『宇治田原の古老柿作り』同発行、二〇〇八年
『櫛形町誌』櫛形町、一九六六年
熊谷元一『農家の四季』家の光協会、一九六一年
小菅桂子『近代日本食文化年表』雄山閣出版、一九九七年
小林章・庵原遜・村井兼三・林眞二「果樹種類間の耐水性の比較」『園芸学研究集録』養賢堂、一九四九年

『最新園芸大辞典』第三巻、誠文堂新光社、一九七三年
志村勲「果樹農業近代化への道」『昭和農業技術発達史第5巻　果樹作編・野菜作編』農林水産技術情報協会、一九九七年
『白根町誌』白根町、一九六九年
杉浦明　編著『新版　果樹栽培の基礎』農山漁村文化協会、二〇〇四年
鈴木棠三『日本俗信辞典』角川書店、一九八二年
傍島善次「わが国での栽培技術史」農文協　編『果樹園芸大百科6　カキ』農山漁村文化協会、二〇〇〇年
髙橋榮治「竹棚と枝折器――果実剪定技術の起源をめぐって」『民具研究』一二二号、二〇〇〇年
立川美彦　編『訓読雍州府志』臨川書店、一九九七年
塚原美村『行商人の生活』雄山閣出版、一九七〇年
鳥取県果実農業協同組合連合会『鳥取二十世紀梨沿革史』同発行、一九七二年
中込松弥　著・中込義守　編『西郡史話』西郡史話刊行会、一九六七年
長野県　編『長野県果樹発達史』同発行、一九七九年
奈良県農業試験場　編『大和の農業技術発達史』農業試験場百周年記念事業実行委員会、一九九五年
『農業用語大辞典』農林図書刊行会、一九八三年
農林省農林水産技術会議　編『戦後農業技術発達史』第五巻（果樹編）、日本農業研究所、一九六九年
野呂界雄・吉田豊「立田輪中の水屋」『ふるさとの人と知恵　愛知』農山漁村文化協会、一九九五年
橋本朝生・土井洋一　校註『狂言記』、『新日本古典文学大系58』岩波書店、一九九六年
早川純三郎『近世文芸叢書　第12』国書刊行会、一九一二年
林屋辰三郎・吉村亨・若原英弌『宇治川』光村推古書院、一九八〇年
平瀬徹斎　著、長谷川光信　画『日本山海名物図会』名著刊行会、一九六九年

広島県果樹試験場 編『昭和五三年度種苗特性分類調査報告書（カキ）』同発行、一九七九年
堀井信夫『宇治茶を語り継ぐ』私家版、二〇〇六年
松平定能 編、佐藤八郎 校訂『大日本地誌大系43 甲斐国志第一巻』雄山閣、一九六八年
溝口常俊「御勅使川扇状地畑作農村における行商活動」『人文地理』第二八巻二号、一九七六年
室崎益輝 研究代表「地震・津波・火災に対する生活の安全性と産業の持続性を考慮した三陸沿岸都市の復興計画の提案」京都大学防災研究所、二〇一一年
『山梨百科事典（増補改訂版）』山梨日日新聞社、一九八九年
渡辺信一郎『江戸川柳飲食事典』東京堂出版、一九九六年
渡辺信一郎『江戸の生業事典』東京堂出版、一九九七年
渡辺とよ子「捨ててあるものを拾って食べる暮し」『戦争中の暮しの記録』暮しの手帖社、一九六九年

## 第五章

五十川才吉『和紙の里　わらび』一九八三年
今井敬潤「柿」、関沢まゆみ 編『日本の食文化6 菓子と果物』吉川弘文館、二〇一九年
岩井宏實・日和祐樹『神饌』法政大学出版局、二〇〇七年
上原敬二『樹木大図説』有明書房、一九八五年
遠藤融郎『カキ品種名鑑』日本果樹種苗協会、一九八七年
ガーデンライフ 編『くだもの作りの実際』誠文堂新光社、一九七九年
香川県教育委員会 編『香川県の祭り・行事――香川県祭り・行事調査報告書』同発行、二〇〇八年
加藤友康・高埜利彦・長沢利明・山田邦明 編『年中行事大辞典』吉川弘文館、二〇〇九年
『上伊那郡誌 民俗編上』上伊那郡誌刊行会、一九八〇年

菊池秋雄『果樹園芸学・上巻』養賢堂、一九四八年
喜多村信節 著、日本随筆大成編輯部 編『嬉遊笑覧 下』成光館出版部、一九三二年
木村光雄『農学大系 園芸部門 柿編（訂正第四版）』養賢堂、一九五七年
熊谷元一『農家の四季』家の光協会、一九六一年
黒板勝美 編『新訂増補・国史大系第26巻 延喜式』国史大系刊行会、一九三七年
斎藤義政『くだもの百科』婦人画報社、一九六四年
小豆島町の文化財編集委員会 編『小豆島町の文化財』小豆島町教育委員会、二〇一二年
高橋秀男 監修『葉っぱで見わける樹木ハンドブック』池田書店、二〇一一年
高森町史編纂委員会 編『高森町史』上・下巻、高森町史刊行会、一九七五年
高谷重夫『盆行事の民俗学的研究』岩田書院、一九九五年
竹内利美・原田伴彦・平山敏治郎 編『日本庶民生活史料集成』第九巻（風俗）、三一書房、一九六九年
津村正恭『譚海』国書刊行会、一九七〇年
中島誠一・宇野日出生『神々の酒肴――湖国の神饌』思文閣出版、一九九九年
中谷妙子『我が家の年中行事とその食べもの』私家版、一九八八年
奈良市史編集審議会 編『奈良市史 民俗編』同発行、一九七一年
日本名著全集刊行会 編『大和耕作絵抄』『復刻版・日本風俗絵集』日本図書センター、一九八三年
野口勝一 編輯『風俗画報』第224号（明治三四年一月二〇日発行）、東洋堂
はぎわら文庫編集委員会 編『はぎわら文庫第4集 萩原の四季と味』萩原町教育委員会、一九八一年
東近江市史愛東の歴史編集委員会 編『東近江市史 愛東の歴史』第3巻（本文編）、東近江市、二〇一〇年
広島県果樹試験場『昭和五三年度種苗特性分類調査報告書（カキ）』同発行、一九七九年
人見必大 著、島田勇雄 訳注『本朝食鑑2』平凡社、一九七七年

福田アジオほか 編『日本民俗大辞典』吉川弘文館、一九九九―二〇〇〇年
文化庁 編『日本民俗地図Ⅱ 年中行事2』国土地理協会、一九七一年
牧野富太郎『新牧野日本植物図鑑』北隆館、二〇〇八年
松島正喜『小豆島の四季 松島正喜記者写真集』朝日新聞高松支局同人会、一九八五年
松平君山 著、松平士竜 書『年中行事故実考（写本・書写年不明）』早稲田大学所蔵
南信州新聞社出版局 編集『信州伊那谷のまつり 三石家の一年』同出版局発行、二〇〇五年
美濃市 編『美濃市史 通史編』上巻、同発行、一九七九年
民俗学研究所 編、柳田國男 監修『民俗学辞典』東京堂出版、一九七七年
吉川雅章『談山神社の祭――嘉吉祭神饌「百味の御食」』綜文館、一九九五年

## 第六章

五十嵐脩・小林彰夫・田村真八郎 編『丸善食品総合辞典』丸善、一九九八年
池上洵一 編『今昔物語集・本朝部（下）』岩波書店、二〇〇一年
大垣市 編『大垣市史 民俗編』同発行、二〇〇八年
大垣商業学校経済調査部 編「柿羊羹」『経済調査部報 第一輯』同部発行、一九三九年
小野良充「カキの葉のビタミンC含量」『農試情報』第九四号、奈良県農業試験場、一九九六年
恩田鉄弥・村松春太郎『実験・柿栗栽培法』博文館、一九二八年
笠井一男『農産物の家庭加工 食品貯蔵』積善館、一九四七年
門有紀「カキ紅葉を奈良県の特産品に」『奈良県農業総合センターニュース』第一三四号、奈良県農業総合センター、二〇〇九年
北川博敏「柿の文化誌」『植物の自然誌・プランタ』第四八号、研成社、一九九六年

木村俊之・山岸賢治・鈴木雅博・新本洋士「農産物のラジカル消去能の検索」『日本食品科学工学会誌』第四九巻四号、二〇〇二年
黒板勝美 編『新訂増補・国史大系第26巻 延喜式』国史大系刊行会、一九三七年
小池芳子『小池芳子の手づくり食品加工コツのコツ2 果実酢・ウメ加工品・ドレッシング』農山漁村文化協会、二〇〇六年
『時代別国語大辞典 室町時代編』全五巻、三省堂、一九八五〜二〇〇一年
島地謙・伊藤隆夫 編『日本の遺跡出土木製品総覧』雄山閣出版、一九八八年
鈴木棠三『日本俗信辞典』角川書店、一九八二年
関根真隆『正倉院の木工芸』『日本の美術 No.193』至文堂、一九八二年
傍島善次『柿と人生』明玄書房、一九八〇年
高田十郎『大和習俗百話』大淀文庫、一九七三年
『谷崎潤一郎全集第20巻 陰翳礼讃』中央公論社、一九六八年
築田多吉『家庭における実際的看護の秘訣（増補改訂版）』研数広文館、一九八〇年
告井幸男「大饗小考」『杉橋隆夫教授退職記念論集』、立命館大学人文学会編『立命館文学』六二四号
寺島良安 著、島田勇雄・竹島淳夫・樋口元巳 訳注『和漢三才図会15』平凡社、一九九〇年
東京大学史料編纂所編纂『岡谷関白記』岩波書店、一九八八年
東京大学史料編纂所編纂『九暦』岩波書店、一九五八年
『日本の食生活全集29 聞き書 奈良の食事』農山漁村文化協会、一九九二年
『日本の食生活全集41 聞き書 佐賀の食事』農山漁村文化協会、一九九一年
塙保己一 編纂、太田藤四郎 補『続群書類従・第三十二輯下 雑部』巻第九百五十六（訂正第三版）、続群書類従完成会、一九六一年

濱崎貞弘「カキ紅葉の長期保存技術」『農技情報』第一一一号、奈良県農業技術センター、二〇〇二年
濱崎貞弘『柿づくし――柿渋、干し柿、柿酢、柿ジャム、紅葉保存』農山漁村文化協会、二〇一六年
平井俊次「カキタンニンⅣ――カキタンニンの健康機能性を活かした柿の新商品開発」『日本食品保蔵科学会誌』第三四巻第四号、二〇〇八年
広島県果樹試験場 編『昭和五三年度種苗特性分類調査報告書（カキ）』同発行、一九七九年
古田道夫「果実酢・特徴的な加工品と加工法（柿酢）」『地域資源活用食品加工総覧11』農山漁村文化協会、二〇〇一年
室井綽 編『竹類語彙――自然科学から民俗学まで』農業図書、一九六八年
守安正『和菓子』毎日新聞社、一九七三年
和田萃・安田次郎・幡鎌一弘・谷山正道・山上豊『奈良県の歴史』山川出版社、二〇〇三年

＊本章3の古記録にみえる語彙の検索には、東京大学史料編纂所「古記録フルテキストデータベース」を利用した。

# あとがき

まず、本文では触れられなかったが、筆者が関わってきている幾つかの地域の柿・柿渋をもとにした地域おこしの中で、昨今の厳しい農業情勢の下においてもたゆまぬ努力を続けられている二つの事例を紹介しておきたい。

（財）地域総合整備事業団の新分野進出等アドバイザー（二〇〇五年度）として関わった宮城県丸森町大張地区は生糸生産と干し柿作りの古い歴史があり、干し柿作りは現在も続けられており、この地方では名の知れた「ころ柿」の産地である。古くは柿渋を製造・利用していたが最近では、製造技術も途絶えていた。そこで、地域経済の活性化に活かす目的で、柿渋製造事業に取り組むこととなった。山間部における過疎等の問題は深刻で、二〇〇四年に地域振興を目的とした会（まゆっこ・かきっこ）が発足し、柿渋作りを復活しようとする取り組みがされてきていた。筆者は二〇〇五年度、三回にわたり実施された「柿渋講習会」の講師を務めた。その後、会として精力的に製造に取り組み、数年後には、製品を作りあげるまでにこぎつけることができた。その後も製品の品質向上に向けて研鑽を積まれてきた。二〇一一年には、東日本大震災並びにそれに伴う東京電力福島第一原子力発電所事故により困難な局面がもたらされたが、会の結束した努力でそれも乗り越えられた。その後のことは、『現代農業』（二〇一四年八月号）の特集「アク・シブ・ヤニこそ役に立つ」において、「カキ畑を守り、

新たな特産に　みんなで柿渋つくっぺや」として紹介されている。また、『家の光』(二〇一六年八月号)の「農ライフのすすめ」では、「いいね柿渋　使い込むほどに味わいが増す」として、「まゆっこ・かきっこ」の柿渋の作り方が取り上げられている。くしくも同特集の監修を頼まれたのも深い縁というものを感じざるを得ない。ただ、同町では二〇一九年一〇月一二日に来襲した令和元年東日本台風により、尊い命が奪われ、甚大な町政史上最大の被害がもたらされた。復旧・復興への道は緒に就いたばかりである中でのコロナ禍で厳しい状況にある。「まゆっこ・かきっこ」の活動について、同会の事務局長の鎌田実氏は「会の動けるメンバーは限られてきてはいるが、柿渋の在庫に余裕があることから柿渋つくりから柿渋石鹸にシフトしている。出荷先の複数の直売所からは品切れの連絡が度々あるほどでありがたい」とのことである。なお、丸森町の柿渋作りの輪は広がりを見せ、七、八年前に山形県飯豊町から研修に来た方は安定的な柿渋作りと柿酢作りもしている。また、丸森町に隣接する白石市の工芸のグループでは、三年ほど前に柿渋作りの見学に来たひとを中心に柿渋作りを行っており、同グループの柿渋研修に鎌田氏が講師として出かけることもあるという。

一方、数年前からは、かつては産地であった「ころ柿」作りに力を入れ、「丸森ころ柿くらぶ」を立ち上げ、再び丸森町の特産にするために岐阜県美濃加茂市の堂上蜂屋をはじめ名だたる干し柿の生産地の見学などを実施している。鎌田氏は六、七年ほど前に干し柿と柿渋の原料の柿果実を安定的に確保できるように、自分の畑に「蜂屋柿」を五〇本植えている。

十数年ほど前からはじめられた柿を基軸にした地域おこしの動きが、点から線へ、それから面へと展開しようとしている事は喜ばしい。柿栽培・加工の古い歴史という土壌があったことはいうまでもないが、それを再度見出して現代にマッチした形で生業に結びつけようとするこの地域の人々の創出の努力に感服する。

また、筆者在住の岐阜県瑞穂市は富有柿発祥の地で、同市の柿振興会では富有柿の生みの親である福嶌才治の功績を讃えることを目的に、二〇一五年から柿感謝祭が行われている。五回目となる二〇一九年には記念事業として『富有柿発祥の地　瑞穂市――福嶌才治さんありがとう』を刊行（私家版、二〇二〇年には岐阜新聞社刊）、富有柿の歌も作られてCD化された。同書の編集委員は全て柿栽培農家の方で農作業の合間を見つけて三年がかりで完成されたことには頭が下がる。筆者も編集のお手伝いをさせて貰ったが、粘り強く取り組んで出来上がった同書を見た時、万感胸に迫るものがあった。

さて、『柿の民俗誌』（現代創造社、一九九〇年）で、柿は日本人にとって「生活樹」「同伴樹」であったと記した。その後、柿の話をするとき、「古来、柿は日本人と苦楽を共にした〈生活樹〉であった」と繰り返し述べて来ている。かつてどこの庭にもみられた柿の木は食用の他、柿渋に用いられ、洗濯物が干され、農耕用の牛が繋がれ、緑陰ともなった。大阪の南河内地方では荼毘《だび》に付すための薪として用いられ、「娘が嫁ぐときには柿の苗をもって行かせた」と伝えられる。生きていくための樹であり、亡くなった後も見送ってくれた樹であった。今、「現代人にとっての柿とは」と考えた時、心象の世界では「柿」＝「日本の原風景」はまだ生きているが、実際には、かつてのように食される機会も少なくなり、日常生活において柿は遠い存在になりつつあると言ってもよい。筆者はノスタルジアの世界の柿の復活を言うつもりはない。生活樹として先人の生活を支えてきた柿の姿が忘れ去られていく事は先人が生きて来た土台、大袈裟な言い方をすれば日本の文化の一部がないがしろにされていくような気がしてならないのである。先人とともに歩んできた柿の姿は「柿の文化」ともいえ、そこには計り知れないほどの民俗の知恵と技術の知恵が詰まっている。それらは、今を生きる私たちにも、これからを生きていく上でも大きな示唆を与えてくれるものとなろう。ただ、先人が築き上げた「柿の文化」の継承は記録に残し、資料館や博物館で保存するだけでは難しい。はじめに二つの事例を挙げて述べたが、まだ、十分汲みつくしていない柿のもつ力を見出し、新しい時代に即応したかたちでの柿の生産、生活の中での利用も考えて行く事が必要であると思う。

なお、巻末の付表「全国の柿品種分布（甘柿・渋柿）」は明治四五年の『農事試験場特別報告』第二十八号をもとにまとめたが、当時、各府県から全ての品種が報告されているとは限らない。したがって、記載されなかった品種もあると思われる。読者諸氏が漏れている品種を補足して頂ければ、さらに充実した柿の在来品種図鑑ができるし、ひいては、それぞれの地域の柿の文化の語り部の役割を果たすものとなるのではと考える。

本書の出版に際して、多くの方から資料の提供、並びに聞き取り調査のご協力を頂きながら、掲載できなかったものがある。これは、筆者の力量もさることながら、一冊にはまとめきれないほどの膨大な資料であったことも事実である。これらの方々のご協力に報いるためにも、今後、何らかの形で、活字にして残しておく必要があると考えている。個人的レベルで積み残した大きなテーマとしては

「現代人と柿」などがある。ただ、本書をまとめる過程で、柿の姿を浮き彫りにしようとするこの仕事は筆者だけの力では到底手に負えないもので、プロジェクトを組んで行うような仕事ではなかろうかと思うに至った。それほど、柿の姿は大きく、先人の生活に入り込んでいる。柿渋も含めた「柿の文化」なるテーマで農学、歴史、民俗などの色々な角度から光を照射し、柿の姿＝柿の文化というものを浮き彫りにできればと切望するところである。

本書は二〇一〇年、一三年から一六年にかけて、『食生活研究』（食生活研究会刊）に二〇回にわたって連載された「くだものの文化誌・カキ」をもとに大幅に加筆、修正したものと新たに書き下ろしたもの数編からなる。巻末の付表は『柿の民俗誌』（現代創造社、一九九〇年）の付図をもとに加筆修正した。なお、昨年刊行の『日本の食文化6　菓子と果物』の拙稿「柿」は本書の原案をもとにしており、同様な内容となっている部分があることをお断りしておく。

終始、懇切丁寧なご教示ならびにご助言を頂いた日本中世史がご専門の大村拓生氏、果樹園芸学がご専門の大阪府立大学の塩崎修志氏ならびに、特に柿の栽培技術に関わる部分について丁寧なご指導を賜った岐阜県農業技術センターの新川猛氏に感謝の意を表する。他に、本書のそれぞれの項目においては、多くの方々から資料提供ならびにご教示を賜った。ここで、一人一人のお名前を記すことはできないが、お礼を申し上げておきたい。また、本書の元となった「くだものの文化誌・カキ」の連載並びに、このたびの出版に際し、ご配慮を頂いた食生活研究会の高木良吉氏に感謝の意を表する。

なお、本書ならびに『柿渋』の原型となった『柿の民俗誌』の出版に際して、ご尽力賜った元近畿民俗学会代表理事故・原泰根《やすもと》氏にも謝意を表しておきたい。

最後に、原稿の大幅な手直しならびに提出期限のたび重なる遅れなど、編集の労をとって頂いた出版局の奥田のぞみ氏には大変お世話になった。また、組版や図版のレイアウト等に関しては、同出版局OBの秋田公士氏に担当していただいた。深くお礼を申し上げる。とりわけ、本書の制作の終盤はコロナ禍の真只中ですすめられ、ようやく刊行までこぎつけることができた。これはひとえに、このような中にあっても、ご教示、ご助言を賜った多くの方々、編集を担当していただいた方の支えによるものである。改めて感謝の意を表したい。

私事ではあるが、本書の出版に際して妻眞理子が大きな支えとなってくれたこと、この場を借りて記させて頂きたい。

令和二年　一一月

今井　敬潤

## 著者略歴

**今井敬潤**（いまい きょうじゅん）

1949 年、岐阜県に生まれる．京都府立大学農学部卒業．大阪府立大学農学部大学院修士課程修了．大阪府立農芸高等学校、同園芸高等学校教論を経て、現在、大阪府立大学大学院客員研究員、岐阜女子大学非常勤講師．果樹園芸学専攻．学術博士．園芸学会、日本民俗学会、近畿民俗学会、日本民具学会、近畿民具学会の各会員．
著書：ものと人間の文化史 115『柿渋』、同 166『栗』（以上、法政大学出版局）、『柿の民俗誌』（初版：現代創造社、第二版：初芝文庫）、『くだもの・やさいの文化誌』（文理閣）．
共著：『日本の食文化 6　菓子と果物』（吉川弘文館）など．



ものと人間の文化史　185・**柿**

---

2021 年 2 月 1 日　初版第 1 刷発行





発行所　一般財団法人 法政大学出版局
〒102-0071 東京都千代田区富士見 2-17-1
電話 03 (5214) 5540 振替 00160-6-95814
組版：秋田印刷工房　印刷：平文社　製本：誠製本

---

ISBN 978-4-588-21851-4

Printed in Japan

## ものと人間の文化史

★第9回梓会出版文化賞受賞

人間が〈もの〉とのかかわりを通じて営々と築いてきた暮らしの足跡を具体的に辿りつつ文化・文明の基礎を問いなおす。手づくりの〈もの〉の記憶が失われ、〈もの〉離れが進行する危機の時代におくる豊穣な百科叢書。

### 1 船　須藤利一編

海国日本では古来、漁業・水運・交易はもとより、大陸文化も船によって運ばれた。本書は造船技術、航海の模様の推移を中心に、漂流、船霊信仰、伝説の数々を語る。四六判368頁　'68

### 2 狩猟　直良信夫

人類の歴史は狩猟から始まった。本書は、わが国の遺跡に出土する獣骨、猟具の実証的考察をおこないながら、狩猟をつうじて発展した人間の知恵と生活の軌跡を辿る。四六判272頁　'68

### 3 からくり　立川昭二

〈からくり〉は自動機械であり、驚嘆すべき庶民の技術的創意がこめられている。本書は、日本と西洋のからくりを発掘・復元・遍歴し、埋もれた技術の水脈をさぐる。四六判410頁　'69

### 4 化粧　久下司

美を求める人間の心が生みだした化粧—その手法と道具に語らせた人間の欲望と本性、そして社会関係。歴史を遡り、全国を踏査して書かれた比類ない美と醜の文化史。四六判368頁　'70

### 5 番匠　大河直躬

番匠はわが国中世の建築工匠。地方・在地を舞台に開花した彼らの造型・装飾・工法等の諸技術、さらに信仰と生活等、職人以前の独自で多彩な工匠的世界を描き出す。四六判288頁　'71

### 6 結び　額田巌

〈結び〉の発達は人間の叡知の結晶である。本書はその諸形態および技法を作業・装飾・象徴の三つの系譜に辿り、〈結び〉のすべてを民俗学的・人類学的に考察する。四六判264頁　'72

### 7 塩　平島裕正

人類史に貴重な役割を果たしてきた塩をめぐって、発見から伝承・製造技術の発展過程にいたる総体を歴史的に描き出すとともに、その多彩な効用と味覚の秘密を解く。四六判272頁　'73

### 8 はきもの　潮田鉄雄

田下駄・かんじき・わらじなど、日本人の生活の礎となってきた伝統的はきものの成り立ちと変遷を、二〇年余の実地調査と細密な観察・描写によって辿る庶民生活史　四六判280頁　'73

### 9 城　井上宗和

古代城塞・城柵から近世代名の居城として集大成されるまでの日本の城の変遷を辿り、文化の各領野で果たしてきたその役割を再検討。あわせて世界城郭史に位置づける。四六判310頁　'73

### 10 竹　室井綽

食生活、建築、民芸、造園、信仰等々にわたって、竹と人間との交流史は驚くほど深く永い。その多岐にわたる発展の過程を個々に辿り、竹の特異な性格を浮彫にする。四六判324頁　'73

### 11 海藻　宮下章

古来日本人にとって生活必需品とされてきた海藻をめぐって、その採取・加工法の変遷、商品としての流通史および神事・祭事での役割に至るまでを歴史的に考証する。四六判330頁　'74

12 絵馬　岩井宏實

古くは祭礼における神への献馬にはじまり、民間信仰と絵画のみごとな結晶として民衆の手で描かれ祀り伝えられてきた各地の絵馬を豊富な写真と史料によってたどる。四六判３０２頁
'74

13 機械　吉田光邦

畜力・水力・風力などの自然のエネルギーを利用し、幾多の改良を経て形成された初期の機械の歩みを検証し、日本文化の形成における科学・技術の役割を再検討する。四六判２４２頁
'74

14 狩猟伝承　千葉徳爾

狩猟には古来、感謝と慰霊の祭祀がともない、人獣交渉の豊かで意味深い歴史があった。狩猟用具、巻物、儀式具、またけものたちの生態を通して語る狩猟文化の世界。四六判３４６頁
'75

15 石垣　田淵実夫

採石から運搬、加工、石積みに至るまで、石垣の造成をめぐって積み重ねられてきた石工たちの苦闘の足跡を掘り起こし、その独自な技術の形成過程と伝承を集成する。四六判２２４頁
'75

16 松　高嶋雄三郎

日本人の精神史に深く根をおろした松の伝承に光を当て、食用、薬用等の実用の松、祭祀・観賞用の松、さらに文学・芸能・美術に表現された松のシンボリズムを説く。四六判３４２頁
'75

17 釣針　直良信夫

人と魚との出会いから現在に至るまで、釣針がたどった一万有余年の変遷を、世界各地の遺跡出土物を通して実証しつつ、漁撈によって生きた人々の生活と文化を探る。四六判２７８頁
'76

18 鋸　吉川金次

鋸鍛冶の家に生まれ、鋸の研究を生涯の課題とする著者が、出土遺品や文献・絵画により各時代の鋸を復元・実験し、庶民の手仕事にみられる驚くべき合理性を実証する。四六判３６０頁
'76

19 農具　飯沼二郎／堀尾尚志

鍬と犂の交代・進化の歩みとして発達したわが国農耕文化の発展経過を世界史的視野において再検討しつつ、無名の農民たちによる驚くべき創意のかずかずを記録する。四六判２２０頁
'76

20 包み　額田巌

結びとともに文化の起源にかかわる〈包み〉の系譜を人類史的視野において捉え、衣・食・住をはじめ社会・経済史、信仰、祭事などにおけるその実際と役割とを描く。四六判３５４頁
'77

21 蓮　阪本祐二

仏教における蓮の象徴的位置の成立と深化、美術・文芸等に見る人間とのかかわりを歴史的に考察。また大賀蓮はじめ多様な品種とその来歴を紹介しつつその美を語る。四六判３０６頁
'77

22 ものさし　小泉袈裟勝

ものをつくる人間にとって最も基本的な道具であり、数千年にわたって社会生活を律してきたその変遷を実証的に追求し、歴史の中で果たしてきた役割を浮彫りにする。四六判３１４頁
'77

23-I 将棋I　増川宏一

その起源を古代インドに、我国への伝播の道すじを海のシルクロードに探り、また伝来後一千年におよぶ日本将棋の変化と発展を盤、駒、ルール等にわたって跡づける。四六判２８０頁
'77

### 23-Ⅱ 将棋Ⅱ　増川宏一

わが国伝来後の普及と変遷を貴族や武家・豪商の日記等に博捜し、遊戯者の歴史をあとづけると共に、中国伝来説の誤りを正し、将棋宗家の位置と役割を明らかにする。　四六判３４６頁　'85

### 24 湿原祭祀　第2版　金井典美

古代日本の自然環境に着目し、各地の湿原聖地を稲作社会との関連において捉え直して古代国家成立の背景を浮彫にしつつ、水と植物にまつわる日本人の宇宙観を探る。　四六判４１０頁　'77

### 25 臼　三輪茂雄

臼が人類の生活文化の中で果たしてきた役割を、各地に遺る貴重な民俗資料・伝承と実地調査にもとづいて解明。失われゆく道具のなかに、未来の生活文化の姿を探る。　四六判４１２頁　'78

### 26 河原巻物　盛田嘉徳

中世末期以来の被差別部落民が生きる権利を守るために偽作し護り伝えてきた河原巻物を全国にわたって踏査し、そこに秘められた最底辺の人びとの叫びに耳を傾ける。　四六判２２６頁　'78

### 27 香料　日本のにおい　山田憲太郎

焼香供養の香から趣味としての薫物へ、さらに沈香木を焚く香道へと変遷した日本の「匂い」の歴史を豊富な史料に基づいて辿り、我国風俗史の知られざる側面を描く。　四六判３７０頁　'78

### 28 神像　神々の心と形　景山春樹

神仏習合によって変貌しつつも、常にその原型＝自然を保持してきた日本の神々の造型を図像学的方法によって捉え直し、その多彩な形象に日本人の精神構造をさぐる。　四六判３４２頁　'78

### 29 盤上遊戯　増川宏一

祭具・占具としての発生を『死者の書』をはじめとする古代の文献にさぐり、形状・遊戯法を分類しつつその〈進化〉の過程を考察。〈遊戯者たちの歴史〉をも跡づける。　四六判３２６頁　'78

### 30 筆　田淵実夫

筆の里・熊野に筆づくりの現場を訪ねて、筆匠たちの境涯と製筆の由来を克明に記録しつつ、筆の発生と変遷、種類、製筆法、さらには筆塚、筆供養にまで説きおよぶ。　四六判２０４頁　'78

### 31 ろくろ　橋本鉄男

日本の山野を漂移しつづけ、高度の技術文化と幾多の伝説とをもたらした特異な旅職集団＝木地屋の生態を、その呼称、地名、伝承、文書等をもとに生き生きと描く。　四六判４６０頁　'79

### 32 蛇　吉野裕子

日本古代信仰の根幹をなす蛇巫をめぐって、祭事におけるさまざまな蛇の「もどき」や各種の蛇の造型・伝承に鋭い考証を加え、忘れられたその呪性を大胆に暴き出す。　四六判２５０頁　'79

### 33 鋏（はさみ）　岡本誠之

梃子の原理の発見から鋏の誕生に至る過程を推理し、日本鋏の特異な歴史的位置を明らかにするとともに、刀鍛冶等から転進した鋏職人たちの創意と苦闘の跡をたどる。　四六判３９６頁　'79

### 34 猿　廣瀬鎮

嫌悪と愛玩、軽蔑と畏敬の交錯する日本人とサルとの関わりあいの歴史を、狩猟伝承や祭祀・風習、美術・工芸や芸能のなかに探り、日本人の動物観を浮彫りにする。　四六判２９２頁　'79

35 鮫　矢野憲一

神話の時代から今日まで、津々浦々につたわるサメの伝承とサメをめぐる海の民俗を集成し、神饌、食用、薬用等に活用されてきたサメと人間のかかわりの変遷を描く。四六判292頁 '79

36 枡　小泉袈裟勝

米の経済の枢要をなす器として千年余にわたり日本人の生活の中に生きてきた枡の変遷をたどり、記録・伝承をもとにこの独特な計量器が果たした役割を再検討する。四六判322頁 '80

37 経木　田中信清

食品の包装材料として近年まで身近に存在した経木の起源を、こけら経や塔婆、木簡、屋根板等に遡って明らかにし、その製造・流通に携った人々の労苦の足跡を辿る。四六判288頁 '80

38 色　染と色彩　前田雨城

わが国古代の染色技術の復元と文献解読をもとに日本色彩史を体系づけ、赤・白・青・黒等におけるわが国独自の色彩感覚を探りつつ日本文化における色の構造を解明。四六判320頁 '80

39 狐　陰陽五行と稲荷信仰　吉野裕子

その伝承と文献を渉猟しつつ、中国古代哲学＝陰陽五行の原理の応用という独自の視点から、謎とされてきた稲荷信仰と狐との密接な結びつきを明快に解き明かす。四六判232頁 '80

40-I 賭博I　増川宏一

時代、地域、階層を超えて連綿と行なわれてきた賭博。——その起源を古代の神判、スポーツ、遊戯等の中に探り、抑圧と許容の歴史を物語る。全III分冊の〈総説篇〉。四六判298頁 '80

40-II 賭博II　増川宏一

古代インド文学の世界からラスベガスまで、賭博の形態・用具・方法の時代的特質を明らかにし、夥しい禁令に賭博の不滅のエネルギーを見る。全III分冊の〈外国篇〉。四六判456頁 '82

40-III 賭博III　増川宏一

聞香、闘茶、笠附等、わが国独特の賭博を中心にその具体例を網羅し、方法の変遷に賭博の時代性を探りつつ禁令の改廃に時代の賭博観を追う。全III分冊の〈日本篇〉。四六判388頁 '83

41-I 地方仏I　むしゃこうじ・みのる

古代から中世にかけて全国各地で作られた無銘の仏像を訪ね、素朴で多様なノミの跡に民衆の祈りと地域の願望を探る。宗教の伝播、文化の創造を考える異色の紀行。四六判256頁 '80

41-II 地方仏II　むしゃこうじ・みのる

紀州や飛騨を中心に草の根の仏たちを訪ねて、その相好と像容の魅力を探り、技法を比較考証して仏像彫刻史に位置づけつつ、中世地域社会の形成と信仰の実態に迫る。四六判260頁 '97

42 南部絵暦　岡田芳朗

田山・盛岡地方で「盲暦」として古くから親しまれてきた独得の絵解き暦を詳しく紹介しつつその全体像を復元する。その無類の生活暦は、南部農民の哀歓をつたえる。四六判288頁 '80

43 野菜　在来品種の系譜　青葉高

蕪、大根、茄子等の日本在来野菜をめぐって、その渡来・伝播経路、品種分布と栽培のいきさつを各地の伝承や古記録をもとに辿り、畑作文化の源流とその風土を描く。四六判368頁 '81

44 **つぶて** 中沢厚

弥生投弾、古代・中世の石戦と印地の様相、投石具の発達を展望しつつ、願かけの小石、正月つぶて、石こづみ等の習俗を辿り、石塊に託した民衆の願いや怒りを探る。四六判338頁 '81

45 **壁** 山田幸一

弥生時代から明治期に至るわが国の壁の変遷を壁塗＝左官工事の側面から辿り直し、その技術的復元・考証を通じて建築史・文化史における壁の役割を浮き彫りにする。四六判296頁 '81

46 **簞笥**（たんす） 小泉和子

近世における簞笥の出現＝箱から抽斗への転換に着目し、以降近現代に至るその変遷を社会・経済・技術の側面からあとづける。著者自身による簞笥製作の記録を付す。四六判378頁 '82

47 **木の実** 松山利夫

山村の重要な食糧資源であった木の実をめぐる各地の記録・伝承を集成し、その採集・加工における幾多の試みを実地に検証しつつ、稲作農耕以前の食生活文化を復元。四六判384頁 '82

48 **秤**（はかり） 小泉袈裟勝

秤の起源を東西に探るとともに、わが国律令制下における中国制度の導入、近世商品経済の発展に伴う秤座の出現、明治期近代化政策による洋式秤受容等の経緯を描く。四六判326頁 '82

49 **鶏**（にわとり） 山口健児

神話・伝説をはじめ遠い歴史の中の鶏を古今東西の伝承・文献に探り、特に我国の信仰・絵画・文学等に遺された鶏の足跡を追って、鶏をめぐる民俗の記憶を蘇らせる。四六判346頁 '83

50 **燈用植物** 深津正

人類が燈火を得るために用いてきた多種多様な植物との出会いと個々の植物の来歴、特性及びはたらきを詳しく検証しつつ「あかり」の原点を問いなおす異色の植物誌。四六判442頁 '83

51 **斧・鑿・鉋**（おの・のみ・かんな） 吉川金次

古墳出土品や文献・絵画をもとに、古代から現代までの斧・鑿・鉋を復元・実験し、労働体験によって生まれた民衆の知恵と道具の変遷を蘇らせる異色の日本木工具史。四六判304頁 '84

52 **垣根** 額田巌

大和・山辺の道に神々と垣との関わりを探り、各地に垣の伝承を訪ねて、寺院の垣、民家の垣、露地の垣など、風土と生活に培われた生垣の独特のはたらきと美を描く。四六判234頁 '84

53-Ⅰ **森林Ⅰ** 四手井綱英

森林生態学の立場から、森林のなりたちとその生活史を辿りつつ、産業の発展と消費社会の拡大により刻々と変貌する森林の現状を語り、未来への再生のみちをさぐる。四六判306頁 '85

53-Ⅱ **森林Ⅱ** 四手井綱英

森林と人間との多様なかかわりを包括的に語り、人と自然が共生するための森や里山をいかにして創出するか、森林再生への具体的な方策を提示する21世紀への提言。四六判308頁 '98

53-Ⅲ **森林Ⅲ** 四手井綱英

地球規模で進行しつつある森林破壊の現状を実地に踏査し、森と人が共存する日本人の伝統的自然観を未来へ伝えるために、いま何が必要なのかを具体的に提言する。四六判304頁 '00

54 **海老**（えび）　酒向昇

人類との出会いからエビの科学、漁法、さらには調理法を語り、めでたい姿態と色彩にまつわる多彩なエビの民俗を、地名や人名、詩歌・文学、絵画や芸能の中に探る。四六判４２８頁　'85

55-Ⅰ **藁**（わら）**Ⅰ**　宮崎清

稲作農耕とともに二千年余の歴史をもち、日本人の全生活領域に生きてきた藁の文化を日本文化の原型として捉え、風土に根ざしたそのゆたかな遺産を詳細に検討する。四六判４００頁　'85

55-Ⅱ **藁**（わら）**Ⅱ**　宮崎清

床・畳から壁・屋根にいたる住居における藁の製作・使用のメカニズムを明らかにし、日本人の生活空間における藁の役割を見なおすとともに、藁の文化の復権を説く。四六判４００頁　'85

56 **鮎**　松井魁

清楚な姿態と独特な味覚によって、日本人の目と舌を魅了しつづけてきたアユ——その形態と分布、生態、漁法等を詳述し、古今のアユ料理や文芸にみるアユにおよぶ。四六判２９６頁　'86

57 **ひも**　額田巌

物と物、人と物とを結びつける不思議な力を秘めた「ひも」の謎を追って、民俗学的視点から多角的なアプローチを試みる。『結び』、『包み』につづく三部作の完結篇。四六判２５０頁　'86

58 **石垣普請**　北垣聰一郎

近世石垣の技術者集団「穴太」の足跡を辿り、各地城郭の石垣遺構の実地調査と資料・文献をもとに石垣普請の歴史的系譜を復元しつつ石工たちの技術伝承を集成する。四六判４３８頁　'87

59 **碁**　増川宏一

その起源を古代の盤上遊戯に探ると共に、定着以来二千年の歴史を時代の状況や遊び手の社会環境との関わりにおいて跡づける。逸話や伝説を排して綴る初の囲碁全史。四六判３６６頁　'87

60 **日和山**（ひよりやま）　南波松太郎

千石船の時代、航海の安全のために観天望気した日和山——多くは忘れられ、あるいは失われた船舶・航海史の貴重な遺跡を追って、全国津々浦々におよんだ調査紀行。四六判３８２頁　'88

61 **篩**（ふるい）　三輪茂雄

臼とともに人類の生産活動に不可欠な道具であった篩、箕(み)、笊(ざる)の多彩な変遷を豊富な図解入りでたどり、現代技術の先端に再生するまでの歩みをえがく。四六判３３４頁　'89

62 **鮑**（あわび）　矢野憲一

縄文時代以来、貝肉の美味と貝殻の美しさによって日本人を魅了し続けてきたアワビ——その生態と養殖、神饌としての歴史、漁法、螺鈿の技法からアワビ料理に及ぶ。四六判３４４頁　'89

63 **絵師**　むしゃこうじ・みのる

日本古代の渡来画工から江戸前期の菱川師宣まで、時代の代表的絵師の列伝で辿る絵画制作の文化史。前近代社会における絵画の意味や芸術創造の社会的条件を考える。四六判２３０頁　'90

64 **蛙**（かえる）　碓井益雄

動物学の立場からその特異な生態を描き出すとともに、和漢洋の文献資料を駆使して故事・習俗・神事・民話・文芸・美術工芸にわたる蛙の多彩な活躍ぶりを活写する。四六判３８２頁　'89

**65-Ⅰ 藍**（あい）**Ⅰ** 風土が生んだ色　竹内淳子

全国各地の〈藍の里〉を訪ねて、藍栽培から染色・加工のすべてにわたり、藍とともに生きた人々の伝承を克明に描き、風土と人間が生んだ〈日本の色〉の秘密を探る。四六判４１６頁 '91

**65-Ⅱ 藍**（あい）**Ⅱ** 暮らしが育てた色　竹内淳子

日本の風土に生まれ、伝統に育てられた藍が、今なお暮らしの中で生き生きと活躍しているさまを、手わざに生きる人々との出会いを通じて描く。藍の里紀行の続篇。四六判４０６頁 '99

**66 橋**　小山田了三

丸木橋・舟橋・吊橋から板橋・アーチ型石橋まで、人々に親しまれてきた各地の橋を訪ねて、その来歴と築橋の技術伝承を辿り、土木文化の伝播・交流の足跡をえがく。四六判３１２頁 '91

**67 箱**　宮内悊

日本の伝統的な箱（櫃）と西欧のチェストを比較文化史の視点から考察し、居住・収納・運搬・装飾の各分野における箱の重要な役割とその多彩な文化を浮彫りにする。四六判３９０頁 '91

**68-Ⅰ 絹Ⅰ**　伊藤智夫

養蚕の起源を神話や説話に探り、伝来の時期とルートを跡づけ、記紀・万葉の時代から近世に至るまで、それぞれの時代・社会・階層が生み出した絹の文化を描き出す。四六判３０４頁 '92

**68-Ⅱ 絹Ⅱ**　伊藤智夫

生糸と絹織物の生産と輸出が、わが国の近代化にはたした役割を描くと共に、養蚕の道具、信仰や庶民生活にわたる養蚕と絹の民俗、さらには蚕の種類と生態におよぶ。四六判２９４頁 '92

**69 鯛**（たい）　鈴木克美

古来「魚の王」とされてきた鯛をめぐって、その生態・味覚から漁法、祭り、工芸、文芸にわたる多彩な伝承文化を語りつつ、鯛と日本人とのかかわりの原点をさぐる。四六判４１８頁 '92

**70 さいころ**　増川宏一

古代神話の世界から近現代の博徒の動向まで、さいころの役割を各時代・社会に位置づけ、木の実や貝殻のさいころから投げ棒型や立方体のさいころへの変遷をたどる。四六判３７４頁 '92

**71 木炭**　樋口清之

炭の起源から炭焼、流通、経済、文化にわたる木炭の歩みを歴史・考古・民俗の知見を総合して描き出し、独自で多彩な文化を育んできた木炭の尽きせぬ魅力を語る。四六判２９６頁 '93

**72 鍋・釜**（なべ・かま）　朝岡康二

日本をはじめ韓国、中国、インドネシアなど東アジアの各地を歩きながら鍋・釜の製作と使用の現場に立ち会い、調理をめぐる庶民生活の変遷とその交流の足跡を探る。四六判３２６頁 '93

**73 海女**（あま）　田辺悟

その漁の実際と社会組織、風習、信仰、民具などを克明に描くとともに海女の起源・分布・交流を探り、わが国漁撈文化の古層としての海女の生活と文化をあとづける。四六判２９４頁 '93

**74 蛸**（たこ）　刀禰勇太郎

蛸をめぐる信仰や多彩な民間伝承を紹介するとともに、その生態・分布・捕獲法・繁殖と保護・調理法などを集成し、日本人と蛸との知られざるかかわりの歴史を探る。四六判３７０頁 '94

75 曲物（まげもの）　岩井宏實

桶・樽出現以前から伝承され、古来最も簡便・重宝な木製容器として愛用された曲物の加工技術と機能・利用形態の変遷をさぐり、手づくりの「木の文化」を見なおす。四六判318頁 '94

76-Ⅰ 和船Ⅰ　石井謙治

江戸時代の海運を担った千石船（弁才船）について、その構造と技術、帆走性能を綿密に調査し、通説の誤りを正すとともに、海難と信仰、船絵馬等の考察にもおよぶ。四六判436頁 '95

76-Ⅱ 和船Ⅱ　石井謙治

造船史から見た著名な船を紹介し、遣唐使船や遣欧使節船、幕末の洋式船における外国技術の導入について論じつつ、船の名称と船型を海船・川船にわたって解説する。四六判316頁 '95

77-Ⅰ 反射炉Ⅰ　金子功

日本初の佐賀鍋島藩の反射炉と精練方＝理化学研究所、島津藩の反射炉と集成館＝近代工場群を軸に、日本の産業革命の時代における人と技術を現地に訪ねて発掘する。四六判244頁 '95

77-Ⅱ 反射炉Ⅱ　金子功

伊豆韮山の反射炉をはじめ、全国各地の反射炉建設にかかわった有名無名の人々の足跡をたどり、開国か攘夷かに揺れる幕末の政治と社会の悲喜劇をも生き生きと描く。四六判226頁 '95

78-Ⅰ 草木布（そうもくふ）Ⅰ　竹内淳子

風土に育まれた布を求めて全国各地を歩き、木綿普及以前に山野の草木を利用して豊かな衣生活文化を築き上げてきた庶民の知られざる知恵のかずかずを実地にさぐる。四六判282頁 '95

78-Ⅱ 草木布（そうもくふ）Ⅱ　竹内淳子

アサ、クズ、シナ、コウゾ、カラムシ、フジなどの草木の繊維から、どのようにして糸を採り、布を織っていたのか――聞書きをもとに忘れられた技術と文化を発掘する。四六判282頁 '95

79-Ⅰ すごろくⅠ　増川宏一

古代エジプトのセネト、ヨーロッパのバクギャモン、中近東のナルド、中国の双陸などの系譜に日本の盤雙六を位置づけ、遊戯・賭博としてのその数奇なる運命を辿る。四六判312頁 '95

79-Ⅱ すごろくⅡ　増川宏一

ヨーロッパの鵞鳥のゲームから日本中世の浄土双六、近世の華麗な絵双六、さらには近現代の少年誌の附録まで、絵双六の変遷を追って時代の社会・文化を読みとる。四六判390頁 '95

80 パン　安達巖

古代オリエントに起ったパン食文化が中国・朝鮮を経て弥生時代の日本に伝えられたことを史料と伝承をもとに解明し、わが国パン食文化二〇〇〇年の足跡を描き出す。四六判260頁 '96

81 枕（まくら）　矢野憲一

神さまの枕・大嘗祭の枕から枕絵の世界まで、人生の三分の一を共に過す枕をめぐって、その材質の変遷を辿り、伝説と怪談、俗信と民俗、エピソードを興味深く語る。四六判252頁 '96

82-Ⅰ 桶・樽（おけ・たる）Ⅰ　石村真一

日本、中国、朝鮮、ヨーロッパにわたる厖大な資料を集成してその豊かな文化の系譜を探り、東西の木工技術史を比較しつつ世界史的視野から桶・樽の文化を描き出す。四六判388頁 '97

### 82-Ⅱ 桶・樽（おけ・たる）Ⅱ　石村真一

多数の調査資料と絵画・民俗資料をもとにその製作技術を復元し、東西の木工技術を比較考証しつつ、技術文化史の視点から桶・樽製作の実態とその変遷を跡づける。　四六判３７２頁　'97

### 82-Ⅲ 桶・樽（おけ・たる）Ⅲ　石村真一

樹木と人間とのかかわり、製作者と消費者とのかかわりを通じて桶樽と生活文化の変遷を考察し、木材資源の有効利用という視点から桶樽の文化史的役割を浮彫にする。　四六判３５２頁　'97

### 83-Ⅰ 貝Ⅰ　白井祥平

世界各地の現地調査と文献資料を駆使して、古来至高の財宝とされてきた宝貝のルーツとその変遷を探り、貝と人間とのかかわりの歴史を「貝貨」の文化史として描く。　四六判３８６頁　'97

### 83-Ⅱ 貝Ⅱ　白井祥平

サザエ、アワビ、イモガイなど古来人類とかかわりの深い貝をめぐって、その生態・分布・地方名、装身具や貝貨としての利用法などを豊富なエピソードを交えて語る。　四六判３２８頁　'97

### 83-Ⅲ 貝Ⅲ　白井祥平

シンジュガイ、ハマグリ、アカガイ、シャコガイなどをめぐって世界各地の民族誌を渉猟し、それらが人類文化に残した足跡を辿る。参考文献一覧／総索引を付す。　四六判３９２頁　'97

### 84 松茸（まつたけ）　有岡利幸

秋の味覚として古来珍重されてきた松茸の由来を求めて、稲作文化と里山（松林）の生態系から説きおこし、日本人の伝統的生活文化の中に松茸流行の秘密をさぐる。　四六判２９６頁　'97

### 85 野鍛冶（のかじ）　朝岡康二

鉄製農具の製作・修理・再生を担ってきた農鍛冶の歴史的役割を探り、近代化の大波の中で変貌する職人技術の実態をアジア各地のフィールドワークを通して描き出す。　四六判２８０頁　'98

### 86 稲　品種改良の系譜　菅　洋

作物としての稲の誕生、稲の渡来と伝播の経緯から説きおこし、明治以降主として庄内地方の民間育種家の手によって飛躍的発展をとげたわが国品種改良の歩みを描く。　四六判３３２頁　'98

### 87 橘（たちばな）　吉武利文

永遠のかぐわしい果実として日本の神話・伝説に特別の位置を占めて語り継がれてきた橘をめぐって、その育まれた風土とかずかずの伝承の中に日本文化の特質を探る。　四六判２８６頁　'98

### 88 杖（つえ）　矢野憲一

神の依代としての杖や仏教の錫杖に杖と信仰とのかかわりを探り、人類が突きつつ歩んだその歴史と民俗を興味ぶかく語る。多彩な材質と用途を網羅した杖の博物誌。　四六判３１４頁　'98

### 89 もち（糯・餅）　渡部忠世／深澤小百合

モチイネの栽培・育種から食品加工、民俗、儀礼にわたってそのルーツと伝承の足跡をたどり、アジア稲作文化という広範な視野からこの特異な食文化の謎を解明する。　四六判３３０頁　'98

### 90 さつまいも　坂井健吉

その栽培の起源と伝播経路を跡づけるとともに、わが国伝来後四百年の経緯を詳細にたどり、世界に冠たる育種と栽培・利用法を築いた人々の知られざる足跡をえがく。　四六判３２８頁　'99

## 91 珊瑚（さんご）　鈴木克美

海岸の自然保護に重要な役割を果たす岩石サンゴから宝飾品として知られる宝石サンゴまで、人間生活と深くかかわってきたサンゴの多彩な姿を人類文化史として描く。四六判３７０頁 '99

## 92-Ⅰ 梅Ⅰ　有岡利幸

万葉集、源氏物語、五山文学などの古典や天神信仰に表れた梅の足跡を克明に辿りつつ日本人の精神史に刻印された梅を浮彫にし、梅と日本人の二〇〇〇年史を描く。四六判２７４頁 '99

## 92-Ⅱ 梅Ⅱ　有岡利幸

その植生と栽培、伝承、梅の名所や鑑賞法の変遷から戦前の国定教科書に表れた梅まで、梅と日本人との多彩なかかわりを探り、桜との対比において梅の文化史を描く。四六判３３８頁 '99

## 93 木綿口伝（もめんくでん）　第2版　福井貞子

老女たちからの聞書を経糸とし、厖大な遺品・資料を緯糸として、母から娘へと幾代にも伝えられた手づくりの木綿文化を掘り起し、近代の木綿の盛衰を描く。増補版　四六判３３６頁 '00

## 94 合せもの　増川宏一

「合せる」には古来、一致させるの他に、競う、闘う、比べる等の意味があった。貝合せや絵合せ等の遊戯・賭博を中心に、広範な人間の営みを「合せる」行為に辿る。四六判３００頁 '00

## 95 野良着（のらぎ）　福井貞子

明治初期から昭和四〇年までの野良着を収集・分類・整理し、それらの用途と年代、形態、材質、重量、呼称などを精査して、働く庶民の創意にみちた生活史を描く。四六判２９２頁 '00

## 96 食具（しょくぐ）　山内昶

東西の食文化に関する資料を渉猟し、食法の違いを人間の自然に対するかかわり方の違いとして捉えつつ、食具を人間と自然をつなぐ基本的な媒介物として位置づける。四六判２９２頁 '00

## 97 鰹節（かつおぶし）　宮下章

黒潮からの贈り物・カツオの漁法から鰹節の製法や食法、商品としての流通までを歴史的に展望するとともに、沖縄やモルジブ諸島の調査をもとにそのルーツを探る。四六判３８２頁 '00

## 98 丸木舟（まるきぶね）　出口晶子

先史時代から現代の高度文明社会まで、もっとも長期にわたり使われてきた刳り舟に焦点を当て、その技術伝承を辿りつつ、森や水辺の文化の広がりと動態をえがく。四六判３２４頁 '01

## 99 梅干（うめぼし）　有岡利幸

日本人の食生活に不可欠の自然食品・梅干をつくりだした先人たちの知恵に学ぶとともに、健康増進に驚くべき薬効を発揮する、その知られざるパワーの秘密を探る。四六判３００頁 '01

## 100 瓦（かわら）　森郁夫

仏教文化と共に中国・朝鮮から伝来し、一四〇〇年にわたり日本の建築を飾ってきた瓦をめぐって、発掘資料をもとにその製造技術、形態、文様などの変遷をたどる。四六判３２０頁 '01

## 101 植物民俗　長澤武

衣食住から子供の遊びまで、幾世代にも伝承された植物をめぐる暮らしの知恵を克明に記録し、高度経済成長期以前の農山村の豊かな生活文化を愛惜をこめて描き出す。四六判３４８頁 '01

102 **箸**（はし） 向井由紀子／橋本慶子

そのルーツを中国、朝鮮半島に探るとともに、日本人の食生活に不可欠の食具となり、日本文化のシンボルとされるまでに洗練された箸の文化の変遷を総合的に描く。 四六判３３４頁 '01

103 **採集** ブナ林の恵み 赤羽正春

縄文時代から今日に至る採集・狩猟民の暮らしを復元し、動物の生態系と採集生活の関連を明らかにしつつ、民俗学と考古学の両面から山に生かされた人々の姿を描く。 四六判２９８頁 '01

104 **下駄** 神のはきもの 秋田裕毅

古墳や井戸等から出土する下駄に着目し、下駄が地上と地下の他界を結ぶ聖なるはきものであったという大胆な仮説を提出、日本の神々の忘れられた側面を浮彫にする。 四六判３０４頁 '02

105 **絣**（かすり） 福井貞子

膨大な絣遺品を収集・分類し、絣産地を実地に調査して絣の技法と文様の変遷を地域別・時代別に跡づけ、明治・大正・昭和の手づくりの染織文化の盛衰を描き出す。 四六判３１０頁 '02

106 **網**（あみ） 田辺悟

漁網を中心に、網に関する基本資料を網羅して網の変遷と網をめぐる民俗を体系的に描き出し、網の文化を集成する。「網に関する小事典」「網のある博物館」を付す。 四六判３１６頁 '02

107 **蜘蛛**（くも） 斎藤慎一郎

「土蜘蛛」の呼称で畏怖される一方「クモ合戦」など子供の遊びとしても親しまれてきたクモと人間との長い交渉の歴史をその深層に遡って追究した異色のクモ文化論。 四六判３２０頁 '02

108 **襖**（ふすま） むしゃこうじ・みのる

襖の起源と変遷を建築史・絵画史の中に探りつつその用と美を浮彫にし、衝立・障子・屏風等と共に日本建築の空間構成に不可欠の建具となるまでの経緯を描き出す。 四六判２７０頁 '02

109 **漁撈伝承**（ぎょろうでんしょう） 川島秀一

漁師たちからの聞き書きをもとに、寄り物、船霊、大漁旗など、漁撈にまつわる〈もの〉の伝承を集成し、海の道によって運ばれた習俗や信仰の民俗地図を描き出す。 四六判３３４頁 '03

110 **チェス** 増川宏一

世界中に数億人の愛好者を持つチェスの起源と文化を、欧米における膨大な研究の蓄積を渉猟しつつ探り、日本への伝来の経緯から美術工芸品としてのチェスにおよぶ。 四六判２９８頁 '03

111 **海苔**（のり） 宮下章

海苔の歴史は厳しい自然とのたたかいの歴史だった——採取から養殖、加工、流通、消費に至る先人たちの苦難の歩みを史料と実地調査によって浮彫にする食物文化史。 四六判１７２頁 '03

112 **屋根** 檜皮葺と杮葺 原田多加司

屋根葺師一〇代の著者が、自らの体験と職人の本懐を語り、連綿として受け継がれてきた伝統の手わざを体系的にたどりつつ伝統技術の保存と継承の必要性を訴える。 四六判３４０頁 '03

113 **水族館** 鈴木克美

初期水族館の歩みを創始者たちの足跡を通して辿りなおし、水族館をめぐる社会の発展と風俗の変遷を描き出すとともにその未来像をさぐる初の〈日本水族館史〉の試み。 四六判２９０頁 '03

114 **古着**（ふるぎ）　朝岡康二

仕立てと着方、管理と保存、再生と再利用等にわたり衣生活の変容を近代の日常生活の変化として捉え直し、衣服をめぐるリサイクル文化が形成される経緯を描き出す。　四六判２９２頁　'03

115 **柿渋**（かきしぶ）　今井敬潤

染料・塗料をはじめ生活百般の必需品であった柿渋の伝承を記録し、文献資料をもとにその製造技術と利用の実態を明らかにして、忘れられた豊かな生活技術を見直す。　四六判２９４頁　'03

116-Ⅰ **道Ⅰ**　武部健一

道の歴史を先史時代から説き起こし、古代律令制国家の要請によって駅路が設けられ、しだいに幹線道路として整えられてゆく経緯を技術史・社会史の両面からえがく。　四六判２４８頁　'03

116-Ⅱ **道Ⅱ**　武部健一

中世の鎌倉街道、近世の五街道、近代の開拓道路から現代の高速道路網までを通観し、道路を拓いた人々の手によって今日の交通ネットワークが形成された歴史を語る。　四六判２８０頁　'03

117 **かまど**　狩野敏次

日常の煮炊きの道具であるとともに祭りと信仰に重要な位置を占めてきたカマドをめぐる忘れられた伝承を掘り起こし、民俗空間の壮大なコスモロジーを浮彫りにする。　四六判２９２頁　'04

118-Ⅰ **里山Ⅰ**　有岡利幸

縄文時代から近世までの里山の変遷を人々の暮らしと植生の変化の両面から跡づけ、その源流を記紀万葉に描かれた里山の景観や大和・三輪山の古記録・伝承等に探る。　四六判２７６頁　'04

118-Ⅱ **里山Ⅱ**　有岡利幸

明治の地租改正による山林の混乱、相次ぐ戦争による山野の荒廃、エネルギー革命、高度成長による大規模開発など、近代化の荒波に翻弄される里山の見直しを説く。　四六判２７４頁　'04

119 **有用植物**　菅　洋

人間生活に不可欠のものとして利用されてきた身近な植物たちの来歴と栽培・育種・品種改良・伝播の経緯を平易に語り、植物と共に歩んだ文明の足跡を浮彫にする。　四六判３２４頁　'04

120-Ⅰ **捕鯨Ⅰ**　山下渉登

世界の海で展開された鯨と人間との格闘の歴史を振り返り、「大航海時代」の副産物として開始された捕鯨業の誕生以来四〇〇年にわたる盛衰の社会的背景をさぐる。　四六判３１４頁　'04

120-Ⅱ **捕鯨Ⅱ**　山下渉登

近代捕鯨の登場により鯨資源の激減を招き、捕鯨の規制・管理のための国際条約締結に至る経緯をたどり、グローバルな課題としての自然環境問題を浮き彫りにする。　四六判３１２頁　'04

121 **紅花**（べにばな）　竹内淳子

栽培、加工、流通、利用の実際を現地に探訪して紅花とかかわってきた人々からの聞き書きを集成し、忘れられた〈紅花文化〉を復元しつつその豊かな味わいを見直す。　四六判３４６頁　'04

122-Ⅰ **もののけⅠ**　山内昶

日本の妖怪変化、未開社会の〈マナ〉、西欧の悪魔やデーモンを比較考察し、名づけ得ぬ未知の対象を指す万能のゼロ記号〈もの〉をめぐる人類文化史を跡づける博物誌。　四六判３２０頁　'04

122-Ⅱ **もののけⅡ**　山内昶

日本の鬼、古代ギリシアのダイモン、中世の異端狩り・魔女狩り等々をめぐり、自然＝カオスと文化＝コスモスの対立の中で〈野生の思考〉が果たしてきた役割をさぐる。　四六判２８０頁　'04

123 **染織**（そめおり）　福井貞子

自らの体験と厖大な残存資料をもとに、糸づくりから織り、染めにわたる手づくりの豊かな生活文化を見直す。創意にみちた手わざのかずかずを復元する庶民生活誌。　四六判２９４頁　'05

124-Ⅰ **動物民俗Ⅰ**　長澤武

神として崇められたクマやシカをはじめ、人間にとって不可欠の鳥獣や魚、さらには人間を脅かす動物など、多種多様な動物たちと交流してきた人々の暮らしの民俗誌。　四六判２６４頁　'05

124-Ⅱ **動物民俗Ⅱ**　長澤武

動物の捕獲法をめぐる各地の伝承を紹介するとともに、全国で語り継がれてきた多彩な動物民話・昔話を渉猟し、暮らしの中で培われた動物フォークロアの世界を描く。　四六判２６６頁　'05

125 **粉**（こな）　三輪茂雄

粉体の研究をライフワークとする著者が、粉食の発見からナノテクノロジーまで、人類文明の歩みを〈粉〉の視点から捉え直した壮大なスケールの〈文明の粉体史観〉　四六判３０２頁　'05

126 **亀**（かめ）　矢野憲一

浦島伝説や「兎と亀」の昔話によって親しまれてきた亀のイメージの起源を探り、古代の亀卜の方法から、亀にまつわる信仰と迷信、鼈甲細工やスッポン料理におよぶ。　四六判３３０頁　'05

127 **カツオ漁**　川島秀一

一本釣り、カツオ漁場、船上の生活、船霊信仰、祭りと禁忌など、カツオ漁にまつわる漁師たちの伝承を集成し、黒潮に沿って伝えられた漁民たちの文化を掘り起こす。　四六判３７０頁　'05

128 **裂織**（さきおり）　佐藤利夫

木綿の風合いと強靭さを生かした裂織の技と美をすぐれたリサイクル文化として見なおす。東西文化の中継地・佐渡の古老たちからの聞書をもとに歴史と民俗をえがく。　四六判３０８頁　'05

129 **イチョウ**　今野敏雄

「生きた化石」として珍重されてきたイチョウの生い立ちと人々の生活文化とのかかわりの歴史をたどり、この最古の樹木に秘められたパワーを最新の中国文献にさぐる。　四六判３１２頁〔品切〕　'05

130 **広告**　八巻俊雄

のれん、看板、引札からインターネット広告までを通観し、いつの時代にも広告が人々の暮らしと密接にかかわって独自の文化を形成してきた経緯を描く広告の文化史。　四六判２７６頁　'06

131-Ⅰ **漆**（うるし）**Ⅰ**　四柳嘉章

全国各地で発掘された考古資料を対象に科学的解析を行ない、縄文時代から現代に至る漆の技術と文化を跡づける試み。漆が日本人の生活と精神に与えた影響を探る。　四六判２７４頁　'06

131-Ⅱ **漆**（うるし）**Ⅱ**　四柳嘉章

遺跡や寺院等に遺る漆器を分析し体系づけるとともに、絵巻物や文学作品の考証を通じて、職人や産地の形成、漆工芸の地場産業としての発展の経緯などを考察する。　四六判２１６頁　'06

132 **まな板** 石村眞一

日本、アジア、ヨーロッパ各地のフィールド調査と考古・文献・絵画・写真資料をもとにまな板の素材・構造・使用法を分類し、多様な食文化とのかかわりをさぐる。 四六判３７２頁 '06

133-Ⅰ **鮭・鱒**（さけ・ます）**Ⅰ** 赤羽正春

鮭・鱒をめぐる民俗研究の前史から現在までを概観するとともに、原初的な漁法から商業的漁法にわたる多彩な漁法と用具、漁場と社会組織の関係などを明らかにする。 四六判２９２頁 '06

133-Ⅱ **鮭・鱒**（さけ・ます）**Ⅱ** 赤羽正春

鮭漁をめぐる行事、鮭捕り衆の生活等を聞き取りによって再現し、人工孵化事業の発展とそれを担った先人たちの業績を明らかにするとともに、鮭・鱒の料理におよぶ。 四六判３５２頁 '06

134 **遊戯** その歴史と研究の歩み 増川宏一

古代から現代まで、日本と世界の遊戯の歴史を概説し、内外の研究者との交流の中で得られた最新の知見をもとに、研究の出発点と目的を論じ、現状と未来を展望する。 四六判２９６頁 '06

135 **石干見**（いしひみ） 田和正孝編

沿岸部に石垣を築き、潮汐作用を利用して漁獲する原初的漁法を日・韓・台に残る遺構と伝承の調査・分析をもとに復元し、東アジアの伝統的漁撈文化を浮彫りにする。 四六判３３２頁 '07

136 **看板** 岩井宏實

江戸時代から明治・大正・昭和初期までの看板の歴史を生活文化史の視点から考察し、多種多様な生業の起源と変遷を多数の図版をもとに紹介する〈図説商売往来〉。 四六判２６６頁 '07

137-Ⅰ **桜Ⅰ** 有岡利幸

そのルーツと生態から説きおこし、和歌や物語に描かれた古代社会の桜観から「花は桜木、人は武士」の江戸の花見の流行まで、日本人と桜のかかわりの歴史をさぐる。 四六判３８２頁 '07

137-Ⅱ **桜Ⅱ** 有岡利幸

明治以後、軍国主義と愛国心のシンボルとして政治的に利用されてきた桜の近代史を辿るとともに、日本人の生活と共に歩んだ「咲く花、散る花」の栄枯盛衰を描く。 四六判４００頁 '07

138 **麹**（こうじ） 一島英治

日本の気候風土の中で稲作と共に育まれた麹菌のすぐれたはたらきの秘密を探り、醸造化学に携わった人々の足跡をたどりつつ醱酵食品と日本人の食生活文化を考える。 四六判２４４頁 '07

139 **河岸**（かし） 川名登

近世初頭、河川水運の隆盛と共に物流のターミナルとして賑わい、船旅や遊廓などをもたらした河岸（川の港）の盛衰を河岸に生きる人々の暮らしの変遷としてえがく。 四六判３００頁 '07

140 **神饌**（しんせん） 岩井宏實／日和祐樹

土地に古くから伝わる食物を神に捧げる神饌儀礼に祭りの本義を探り、近畿地方主要神社の伝統的儀礼をつぶさに調査して、豊富な写真と共にその実際を明らかにする。 四六判３７４頁 '07

141 **駕籠**（かご） 櫻井芳昭

その様式、利用の実態、地域ごとの特色、車の利用を抑制する交通政策との関連から駕籠かきたちの風俗までを明らかにし、日本交通史の知られざる側面に光を当てる。 四六判２９４頁 '07

142 **追込漁**（おいこみりょう） 川島秀一

沖縄の島々をはじめ、日本各地で今なお行なわれている沿岸漁撈を実地に精査し、魚の生態と自然条件を知り尽した漁師たちの知恵と技を見直しつつ漁業の原点を探る。 四六判３６８頁 '08

143 **人魚**（にんぎょ） 田辺悟

ロマンとファンタジーに彩られて世界各地に伝承される人魚の実像をもとめて東西の人魚誌を渉猟し、フィールド調査と膨大な資料をもとに集成したマーメイド百科。 四六判３５２頁 '08

144 **熊**（くま） 赤羽正春

狩人たちからの聞き書きをもとに、かつては神として崇められた熊と人間との精神史的な関係をさぐり、熊を通して人間の生存可能性にもおよぶユニークな動物文化史。 四六判３８４頁 '08

145 **秋の七草** 有岡利幸

『万葉集』で山上憶良がうたいあげて以来、千数百年にわたり秋を代表する植物として日本人にめでられてきた七種の草花の知られざる伝承を掘り起こす植物文化誌。 四六判３０６頁 '08

146 **春の七草** 有岡利幸

厳しい冬の季節に芽吹く若菜に大地の生命力を感じ、春の到来を祝い新年の息災を願う「七草粥」などとして食生活の中に巧みに取り入れてきた古人たちの知恵を探る。 四六判２７２頁 '08

147 **木綿再生** 福井貞子

自らの人生遍歴と木綿を愛する人々との出会いを織り重ねて綴り、優れた文化遺産としての木綿衣料を紹介しつつ、リサイクル文化としての木綿再生のみちを模索する。 四六判２６６頁 '09

148 **紫**（むらさき） 竹内淳子

今や絶滅危惧種となった紫草（ムラサキ）を育てる人びと、伝統の紫根染を今に伝える人びとを全国にたずね、貝紫染の始原を求めて吉野ヶ里におよぶ「むらさき紀行」。 四六判３２４頁 '09

149-I **杉I** 有岡利幸

その生態、天然分布の状況から各地における栽培・育種、利用にいたる歩みを弥生時代から今日までの人間の営みの中で捉えなおし、わが国林業史を展望しつつ描き出す。 四六判２８２頁 '10

149-II **杉II** 有岡利幸

古来神の降臨する木として崇められるとともに生活のさまざまな場面で活用され、絵画や詩歌に描かれてきた杉の文化をたどり、さらに「スギ花粉症」の原因を追究する。 四六判２７８頁 '10

150 **井戸** 秋田裕毅（大橋信弥編）

弥生中期になぜ井戸は突然出現するのか。飲料水など生活用水ではなく、祭祀用の聖なる水を得るためだったのではないか。目的や構造の変遷、宗教との関わりをたどる。 四六判２６０頁 '10

151 **楠**（くすのき） 矢野憲一／矢野高陽

語源と字源、分布と繁殖、文学や美術における楠から医薬品としての利用、キューピー人形や樟脳の船まで、楠と人間の関わりの歴史を辿りつつ自然保護の問題に及ぶ。 四六判３３４頁 '10

152 **温室** 平野恵

温室は明治時代に欧米から輸入された印象があるが、じつは江戸時代半ばから「むろ」という名の保温設備があった。絵巻や小説、遺跡などより浮かび上がる歴史。 四六判３１０頁 '10

## 153 檜（ひのき） 有岡利幸

建築・木彫・木材工芸に最良の材としてわが国の〈木の文化〉に重要な役割を果たしてきた檜。その生態から保護・育成・生産・流通・加工までの変遷をたどる。 四六判３２０頁 '11

## 154 落花生 前田和美

南米原産の落花生が大航海時代にアフリカ経由で世界各地に伝播していく歴史をたどるとともに、日本で栽培を始めた先覚者や食文化との関わりを紹介する。 四六判３１２頁 '11

## 155 イルカ（海豚） 田辺悟

神話・伝説の中のイルカ、イルカをめぐる信仰から、漁撈伝承、食文化の伝統と保護運動の対立までを幅広くとりあげ、ヒトと動物との関係はいかにあるべきかを問う。 四六判３３０頁 '11

## 156 輿（こし） 櫻井芳昭

古代から明治初期まで、千二百年以上にわたって用いられてきた輿の種類と変遷を探り、天皇の行幸や斎王群行、姫君たちの輿入れにおける使用の実態を明らかにする。 四六判２５２頁 '11

## 157 桃 有岡利幸

魔除けや若返りの呪力をもつ果実として神話や昔話に語り継がれ、近年古代遺跡から大量出土して祭祀との関連が注目される桃。日本人との多彩な関わりを考察する。 四六判３２８頁 '12

## 158 鮪（まぐろ） 田辺悟

古文献に描かれ記されたマグロを紹介し、漁法・漁具から運搬と流通・消費、漁民たちの暮らしと民俗・信仰までを探りつつ、マグロをめぐる食文化の未来にもおよぶ。 四六判３５０頁 '12

## 159 香料植物 吉武利文

クロモジ、ハッカ、ユズ、セキショウ、ショウノウなど、日本の風土で育った植物から香料をつくりだす人びとの営みを現地に訪ね、伝統技術の継承・発展を考える。 四六判２９０頁 '12

## 160 牛車（ぎっしゃ） 櫻井芳昭

牛車の盛衰を交通史や技術史との関連で探り、絵巻や日記・物語等に描かれた牛車の種類と構造、利用の実態を明らかにして、読者を平安の「雅」の世界へといざなう。 四六判２２４頁 '12

## 161 白鳥 赤羽正春

世界各地の白鳥処女説話を博捜し、古代以来の人々が抱いた〈鳥への想い〉を明らかにするとともに、その源流を、白鳥をトーテムとする中央シベリアの白鳥族に探る。 四六判３６０頁 '12

## 162 柳 有岡利幸

日本人との関わりを詩歌や文献をもとに探りつつ、容器や調度品に、治山治水対策に、火薬や薬品の原料に、さらには風景の演出用に活用されてきた歴史をたどる。 四六判３２８頁 '13

## 163 柱 森郁夫

竪穴住居の時代から建物を支えてきただけでなく、大黒柱や鼻っ柱などさまざまな言葉に使われている柱。遺跡の発掘でわかった事実や、日本文化との関わりを紹介。 四六判２５２頁 '13

## 164 磯 田辺悟

人間はもとより、動物たちにも多くの恵みをもたらしてきた磯——その豊かな文化をさぐり、東日本大震災以前の三陸沿岸を軸に磯漁の民俗を聞書きによって再現する。 四六判４５０頁 '14

165 タブノキ　山形健介

南方から「海上の道」をたどってきた列島文化を象徴する樹木について、中国・台湾・韓国も視野に収めて記録や伝承を掘り起こし、人々の暮らしとの関わりを探る。　四六判３１６頁　'14

166 栗　今井敬潤

縄文人が主食とし栽培していた栗。建築や木工の材、鉄道の枕木といった生活に密着した多様な利用法や、品種改良に取り組んだ技術者たちの苦闘の足跡を紹介する。　四六判２７２頁　'14

167 花札　江橋崇

法制史から文学作品まで、厖大な文献を渉猟して、その誕生から現在までを辿り、花札をその本来の輝き、自然を敬愛して共存する日本の文化という特性のうちに描く。　四六判３７２頁　'14

168 椿　有岡利幸

本草書の刊行や栽培・育種技術の発展によって近世初期に空前の大ブームを巻き起こした椿。多彩な花の紹介をはじめ、椿油や木材の利用、信仰や民俗まで網羅する。　四六判３３６頁　'14

169 織物　植村和代

人類が初めて機械で作った製品、織物。機織り技術の変遷を世界史的視野で見直し、古来より日本と東南アジアやインド、ペルシアの交流や伝播があったことを解説。　四六判３４６頁　'14

170 ごぼう　冨岡典子

和食に不可欠な野菜ごぼうは、焼畑農耕から生まれ、各地の風土のなか固有の品種や調理法が育まれた。そのルーツを稲作以前の神饌や祭り、儀礼に探る和食文化誌。　四六判２７６頁　'15

171 鱈（たら）　赤羽正春

漁場開拓の歴史と漁法の変遷、漁民たちのくらしを跡づけ、戦時の非常食としての役割を明らかにしつつ、「海はどれほどの人を養えるか」についても考える。　四六判３３６頁　'15

172 酒　吉田元

酒の誕生から、世界でも珍しい製法が確立しブランド化する近世までの長い歩みをたどる。飢饉や幕府の規制をかいくぐり、いかにその香りと味を生みだしたのか。　四六判２５６頁　'15

173 かるた　江橋崇

外来の遊技具でありながら二百年余の鎖国の間に日本の美術・文芸・芸能を幅広く取り入れ、和紙や和食にも匹敵する存在として発展した〈かるた〉の全体像を描く。　四六判３５８頁　'15

174 豆　前田和美

ダイズ、アズキ、エンドウなど主要な食用マメ類について、その栽培化と作物としての歩みを世界史的視野で捉え直し、食文化に果たしてきた役割を浮き彫りにする。　四六判３７０頁　'15

175 島　田辺悟

日本誕生神話に記された島々の所在から南洋諸島の巨石文化まで、島をめぐる数々の謎を紹介し、残存する習俗の古層を発掘して島の精神性にもおよぶ島嶼文化論。　四六判３０６頁　'15

176 欅（けやき）　有岡利幸

長年営林事業に携わってきた著者が、実際に見聞きした事例や文献・資料を駆使し、その生態から信仰や昔話、防災林や木材としての利用にいたる歴史を物語る。　四六判３０６頁　'16

177 **歯** 大野粛英

虫歯や入れ歯など、古来より人は歯に悩んできた。著者は小説や日記、浮世絵や技術書まで多岐にわたる資料を駆使し、歯科医ならではの視点で治療法の変遷も紹介。 四六判250頁 '16

178 **はんこ** 久米雅雄

「漢委奴国王」印から織豊時代のローマ字印章、歴代の「天皇御璽」、さらには「庶民のはんこ」まで、歴史学と考古学の知見を綜合して、印章をめぐる数々の謎に挑む。 四六判344頁 '16

179 **相撲** 土屋喜敬

一五〇〇年の歴史を誇る相撲はもとは芸能として庶民に親しまれていた。力士や各地の興行の実態、まわしや土俵の変遷、櫓の意味、文学など多角的に興味深く解説。 四六判298頁 '17

180 **醤油** 吉田元

醤油の普及により、江戸時代に天ぷらや寿司、蕎麦など一気に食文化が花開く。濃口・淡口の特徴、外国産との製法の違い、代用醤油、海外輸出の苦労話等を紹介。 四六判272頁 '18

181 **和紙植物** 有岡利幸

奈良時代から現代まで、和紙原木の育成・伐採・皮剝ぎの工程を軸に、生産者たちの苦闘の歴史を描き、生産地の過疎化・高齢化、野生獣による被害の問題にもおよぶ。 四六判318頁 '18

182 **鋳物** 中江秀雄

仏像や梵鐘、武器、貨幣から大砲、橋梁、自動車やジェット機エンジンまで。古来から人間活動を支えてきた金属鋳物の技術史を、燃料や炉の推移に注目して概観する。 四六判236頁 '18

183 **花火** 福澤徹三

戦国期に唐人が披露した花火は武士の狼煙と融合して独自の進化を遂げ、江戸時代に庶民の娯楽として全国に広まった。大人も子供も夢中になった夏の風物詩の歩み。 四六判268頁 '19

184 **掃除道具** 小泉和子／渡辺由美子

古代から現代まで、掃除の歴史を道具と精神性の視点から概観し、箒を巡る習俗、名称と分類、素材や産地・製法を精査して日本人の暮らしとの関わりを明らかにする。 四六判320頁 '20

185 **柿** 今井敬潤

柿は古来、日本人と苦楽を共にする「生活樹」であった。その深く豊かな歴史をたどり、調査・研究の発展、栽培の技術、採取と脱渋の方法から民俗・風習等におよぶ。 四六判220頁 '21